KB190359

하이델베르크 교리문답서의 다차원적 읽기

(Reading Heidelberg Catechism
Multi-Dimensionally)

하이델베르크 교리문답서 원본

향기교리
시리즈 01

교리서 다차원적 읽기 시리즈 01

하이델베르크 교리문답서

1쇄 인쇄 2022년 12월 25일
1쇄 발행 2022년 12월 25일

지은이 | 송영목
펴낸이 | 이은수

편 집 | 이은수
교 정 | 차은자
디자인 | 디자인 향기

펴낸곳 | 도서출판 향기
등 록 | 제 325-2020-000007호
주 소 | 부산광역시 중구 대청로 69-12
전 화 | 051-256-4788
팩 스 | 051-256-4688
이메일 | onearoma@hanmail.net

ISBN 979-11-973080-4-8

향기교리
시리즈 01

송 영 목 지음

교리서 다차원적 읽기 01

하이델베르크 교리문답서

도서출판

저자 서문

송영목 교수
고신대학교

  그리스도인이 신앙교육을 위한 교리문답서(catechism)와 신앙
고백서(confession)를 이해하려면, 무엇보다 그 문서가 출현하게
된 배경을 알아야 합니다. 그리고 그 교리문답서와 신앙고백서의 목
적과 구조는 물론, 주요 신학도 파악해야 합니다. 또한 그 이전과 이
후의 교리문답서들 및 신앙고백서들과 주고받은 상관성도 살필 수
있으면 금상첨화입니다. 이런 연구 주제들은 필자의 역량을 넘어섭
니다. 대신 이 책의 목적은 하이델베르크 교리문답서의 요점을 가능
하면 성경신학을 중심으로 다차원적으로 간명하게 해설하는 데 있
습니다. 앞으로 초등학생조차 쉽게 이해할 수 있는 용어로 작성된
관련 해설서가 필요합니다.[1] 본 서가 그런 해설서를 위한 디딤돌이
되기 바랍니다. 2021년 주일 오후 예배에 하이델베르크 교리문답서
설교에 참여한 부산범천교회와 정바울목사님께 감사드립니다. 또한
교회가 누릴 복음과 교리의 유익을 위해 부족한 원고를 기꺼이 출판
해 주신 부산 향기목회아카데미 대표 이은수목사님께 감사를 전합
니다.

---

1) 화란 개혁교회의 Gereformeerd Kerk Boek(개혁교회 핸드북)는 어린이를 위하
   여 하이델베르크 교리문답서를 총 74문으로 간추린 해설서(Kort Begrip)를 포함한
   다. 미델뷔르흐(Middelburg) 총회(1608)는 Kort Begrip을 성찬 참여를 위한 시
   험 지침서로 채택했다. 정찬도·문지환 편역, 『코르트 버흐립』, *Kort Begrip* (서
   울: 세움북스, 2021), 11.

편집인의 글

이은수 목사

발행인 / 편집인

기독교 교리는 성경을 요약한 것으로 교회가 하나 되게 하며, '신앙의 정통'과 '생활의 순결'을 지키는 데 뼈대 같은 역할을 하기에 교회는 배우고 가르치기에 전념해야 합니다. 중세에 보석처럼 만들어진 교리문답의 중요성을 알아도 교리교육을 배우거나 가르쳐본 적이 없으면 어떻게 시작할지 주저하기 마련인데, 송영목 교수님의 '하이델베르크 교리문답서의 다차원적 읽기' 원고를 보고는 고민하지도 않고 오히려 서둘러 출판하게 되었습니다. 이는 한국교회의 교리교육과 하이델베르크 교리문답서를 가르치기에 너무도 중요한 교재이었기 때문입니다.

첫째, 이 책은 저자가 출판을 위해서가 아니라 협동목사로 봉사하고 있는 교회에서 매주 오후 예배에 전 교인을 대상으로 강의한 내용이기에 효과나 실제적인 면에서 이미 검증된 내용입니다.

둘째, 이 교리문답 해설은 책의 제목처럼 다차원적(多次元的)으로 해석한 것으로 지·정·의를 통합적으로 교육하게 하는 교재입니다. 교리뿐만 아니라 성경신학, 공공신학, 선교적 교회, 설교학, 기독교교육학, 예배학, 교회음악 등을 고려하여 다차원적으로 해석한 것이기에 포괄적이며 폭넓은 시각을 갖게 해준다는 것이 기존 교리문답서와 차별됩니다.

셋째, 이 책은 시중의 어느 해설서보다 자료가 많고 친절하게 출처를 밝히고 있어 독자(讀者)가 더 깊은 교리를 공부하거나 가르치기에 유익하게 집필이 되어 있습니다. 또 해설의 내용이 객관적이며 초신자부터 지적인 신앙인까지 만족할 수 있습니다. 지금까지의 교리문답 해설서가 대중적이며, 쉽게 가르쳐서 흥미를 유발하는 데 초점을 맞추었다면, 이 해설서는 전문적으로 배우고 싶은 이들이나 심화 과정을 공부거나 더 깊이 가르치고 싶었던 분들에게는 오아시스와 같다고 할 수 있습니다.

넷째, 이 책은 52주로 편집이 되어 있고, 교리문답과 해설 및 적용으로 이루어져 있기에 때문에 교회에서 신앙교육 교재로 활용하기가 좋습니다. 주일 낮 예배 시간에는 모든 교인이 문답만 하고 오후 예배에 함께 읽어가며 공부하면 공 예배와 교리교육의 효과를 충분히 볼 수 있습니다. 그만큼 이 책의 내용이 간결하면서도 명확합니다.

다섯째, 주일예배에 다 함께 사용하기 어렵다면 개인적으로 읽게 하거나 주중에 교리학교를 열어 가르쳐도 좋고, 또 가정에서 가정예배로 자녀들을 교리로 교육하기에도 유익한 책입니다.

여섯째, 하이델베르크 교리문답서의 다차원적 읽기를 시작으로 해마다 웨스트민스터 신앙고백 등 다른 교리문답도 연이어 발행할 예정으로 지속하여 교리문답을 공부하는 데에 도움이 될 것이고 성도들의 신앙이 반석 위에 세운 집처럼 단단하게 서갈 것을 확신합니다.

추천사 1

이 민 희 목사

대한예수교개혁회 주님의교회 담임

"하이델베르크 교리문답(HC)은 수천 톤의 금으로도 살 수 없는 것이다." 이는 HC를 벨직신앙고백서 및 도르트신경과 함께 개혁교회 3대 신앙고백서로 채택한 도르트회의(1618-1619)에 참석한 영국 신학자들의 고백입니다. 그러나 400여 년이 지난 지금 이 정금은 점차 교회들의 무관심으로 금고에서 잠자고 있습니다. 이에 저자는 HC의 진가를 다시 드러내는데, 특히 세 가지 면이 돋보입니다.

첫째, HC와 관련해 귀중하고 방대한 연구 서적 및 논문(한서 80여 개, 영서 등 원서 160여 개)을 참고하고 있습니다.

둘째, 이를 바탕으로 당시의 여러 신앙고백서 및 교리문답서와의 상관관계를 살피려는 노력이 본문과 각주에서 틈틈이 드러납니다.

셋째, HC 채택 당시와 현대 사이의 간극을 줄이기 위해, 개혁주의 성경신학자요 다차원적인 해석가의 안목으로 그리스도 중심적인 주해와 함께 공공선교적인 적용과 교훈을 시의적절하게 담아냅니다. 이에 HC 전체 해설 및 설교를 해 본 본인의 소견으로, 본서는 수천 톤의 금이 잠자는 금고를 열 수 있는, 작지 않은 열쇠 중의 하나라 믿어 강력하게 추천합니다.

추천사 2

정 바 울 목사
부산범천교회 담임

기독교 신앙은 '무엇을 믿을 것인가'와 '어떻게 믿을 것인가'에 대한 성경적 이해가 필요로 합니다. 그래서 무조건 믿으라고 하기보다 잘 이해되고 믿어지도록 도와야 합니다. 신앙에 대한 이해를 돕기 위해 반드시 요구되는 것이 교리교육입니다. 교리를 잘 배우게 되면 신앙이 더욱 견실해지고 풍성해집니다.

하지만 목회자들과 성도들은 교리가 어렵다고 생각하고 접근하기를 꺼리는 형편입니다. 이는 한국교회 목회 현장에서 교리교육이 제대로 이루어지지 않는 것을 보면 알 수 있습니다. 이런 맹점을 극복하고 교리교육을 활성화하기 위해 좋은 해설서가 필요합니다.

저자는 하이델베르크 교리문답서를 이해하기 쉽게 설명해 주고 있습니다. 아울러 신앙의 선배들이 오랜 시간에 걸쳐 집대성한 교리의 풍성함을 오늘의 상황에 맞게 적용하기도 합니다.

이 책은 성도들에게 교리를 잘 가르치기 원하는 목회자들과 교리를 보다 쉽게 이해하기 바라는 성도들에게 탁월한 해설서이기에 적극 추천합니다.

추천사 3

문 지 원 집사
부산범천교회 유치부간사

하이델베르크 교리문답서라는 다소 생소한 용어 그리고 오후 예배 시간에, 또 설교자는 신학과 교수이신 목사님...... 조금은 지루하고 따분할 것 같던 첫 시간이었습니다. 1563년에 만들어졌다는 하이델베르크 교리문답서의 역사적인 설명과 함께 26주에 걸쳐 공부를 한다기에 "도대체 하이델베르크 교리문답서가 무엇이기에 약 460년이나 지난 지금에서야 들어야 하는가?"라는 질문이 가장 먼저 떠올랐습니다. 목사님께서 질문을 하면 답을 함께 읽어가는 가운데 이해하기 쉬운 언어와 성경을 근거로 한 적절한 예시, 그리고 부드럽지만 단호한 가르침으로 하이델베르크 교리문답서는 어느새 저의 머리와 마음으로 흡수되고 있었습니다. 특히 죄와 비참에서 우리를 건져 위로하시는 하나님께서 영혼의 호흡과 같은 기도를 통해 우리와 교제하시기 기뻐하신다는 말씀은 단순히 지식을 쌓아가는 배움의 시간이라는 생각을 넘어 점점 나의 신앙고백이 되었습니다. 어린 자녀를 두고 있는 부모로서 이단의 세력이 기승을 부리는 이 시대에 하이델베르크 교리문답서가 영적 분별력을 가지도록 돕고 신앙과 실천에 올바른 방향을 제시할 것으로 기대합니다. 그리고 교리문답서 설교를 통해 받은 은혜를 기억하면서, 주님께서 맡겨주신 자녀와 다음 세대에게 어릴 때부터 하나님의 말씀만이 참 진리임을 가르치는 것이 부모의 사명이자 교사로서의 사명임을 깨닫고 감사와 기쁨으로 그 사명을 감당하리라고 다짐해 봅니다.

목차

하이델베르크 교리문답서 다차원적 읽기에 나오는 약어표

BC The Belgic Confession
벨직신앙고백서

HC The Heidelberg Catechism
하이델베르크 교리문답서

WC The Westminster Confession of Faith
웨스트민스터신앙고백서

WLC The Westminster Larger Catechism
웨스트민스터 대교리문답서

WSC The Westminster Shorter Catechism
웨스트민스터 소교리문답서

교재로 활용하는 방법

이 책을 가지고 주일 오후에 설교할 경우, 하이델베르크 교리문답서를 가지고 1년 52주 내내 연속 설교를 할 수 있습니다. 하지만 너무 길어서 진행하기가 쉽지 않을 때는 이 교리문답서의 두 주일의 분량을 하나로 묶어 설교할 수 있습니다. 그렇게 하면 26회로 마칠 수 있습니다.

두 주일 분량을 묶어, 한 번 설교할 때는 포괄할 수 있는 성경 구절을 선택하여 설교 본문으로 삼고, 관련 찬송가를 선택하면 됩니다. 각 주일의 교리문답서의 질문은 설교자가 읽고, 답은 회중이 읽는 교독 방식을 추천합니다. 이를 위해 해당 문답을 주보에 실으면 더욱 좋습니다.

이 책을 가지고 주중이나 주일 오후에 교리공부반을 운영할 때도 한 주일씩 나누어 공부하거나 두 주일을 묶어 공부하면 효율적일 것입니다. 각 주일에 해당하는 문답과 관련 성경 구절을 찾아서 미리 읽도록 학습자들에게 안내하면 좋습니다.

또한 하이델베르크 교리문답의 적절한 해설서를 보조 교재로 소개하면 좋습니다.

주요 신앙고백서들에 대한 개관

들어가면서

　개신교 교파(教派) 중에서 특히 개혁교회와 장로교회는 기독교의 본질적 신앙을 '신조'(信條, creed), 신앙고백서(信仰告白書, confession, symbol), 그리고 교리문답(教理問答, catechism)으로 정리해 왔다.[2] 이 가운데 신앙고백서(symbol)는 그리스어 명사 σύμβολον (쉼볼론)에서 파생했는데, 무언가의 정체를 가리키는 표(mark, token) 혹은 배지(badge)를 의미한다.[3] 교회는 신앙고백서라는 표 곧 신분증을 가지고 있으므로, 불신자와 확연히 구분된다(마 16:16; 벨직신앙고백 29조). 그런데 그리스도인의 신앙고백이 자신의 삶보다 너무 앞서 종종 실천이 따라가지 못하기도 한다. 하지만 신앙을 고백하는 교회라면 성령님께서 이런 간격을 줄여주시도록 기도해야 한다. 그리고 참된 교회라면 성경의 교훈을 요약한 신조와 신앙고백서 그리고 교리 문답서를 활용하여 회중을 교육하고, 이단이나 다른 복음으로부터 교회를 보호해야 한다.

　여기서 '신앙고백'(信仰告白)과 '신앙고백서'를 구분해야 한다.

---

2) 영어 'catechism'은 '교훈'을 암시하는 헬라어 동사 καταλέω(카탈레오, to cause to listen)에서 유래했다. 그리고 16세기 초순에 보편화된 라틴어 'catachismus' 는 입에서 나온 교훈의 말씀을 가리킨다. 원래 교리문답서는 신앙고백(소위 '입교')을 준비하기 위해 사용된 교육 자료였다. 참고. P. A. Potgieter, "A Confident Call to Faith: Rediscovering the Relevance of Christian Catechisms," *In die Skriflig* 47/2 (2013), 2.

3) F. Montanari, *The Brill Dictionary of Ancient Greek* (Leiden: Brill, 2015), 1999.

'신앙고백'은 하나님의 말씀에 대한 사람의 응답이다. 우리는 흔히 '신앙고백'은 '신앙고백서'라는 의미로 사용한다. 하지만 '신앙고백서'라는 문서는 '신앙고백'이라는 과정의 결과로서의 공적 문서이다. 신앙고백서는 진리의 기둥과 터인 교회가 성경에 따라 진리라고 여기는 바를 표현한 문서인데, 성경의 주된 요점과 기독교의 교리를 간명하고도 권위 있게 요약한 것이다(딤전 3:15).[4] 물론 성경은 인간이 탁월하게 요약한 말이나 신앙고백서로 대체될 수 없다. 따라서 '그 책의 사람들'인 성도에게 신앙고백서만으로는 충분하지 않다. 우리는 신앙고백서의 배후에 있는 마르지 않는 원천, 곧 성경으로 돌아가야 한다. 신앙고백서는 인간이 작성한 문서이므로, 성격상 불완전하며 앞으로도 불완전할 것이다(벨직신앙고백 7조).[5] 신앙고백서는 성경에서 파생된 권위를 가진다. 따라서 신앙고백에 입각한 논증이나 사유는 끊임없이 성경으로부터 자양분을 공급받을 때만 성경적이다. 그런 자양분이 없다면 개혁주의의 가르침은 그 활력을 상실하고, 남는 것은 죽은 정통밖에 없게 될 것이다.[6]

---

4) 이런 차이를 염두에 둔 채, 이 글에서 '신앙고백'과 '신앙고백서'를 교차적으로 사용하는 경우가 있다. 참고. J. van Bruggen, 『네덜란드 신앙고백 해설』, *Het Amen der Kerk: De Nederlandse Geloofsbelijdenis Toegelicht*, 김진홍 역 (서울: 성약, 2021), 20; Potgieter, "A Confident Call to Faith," 1.

5) 벨직신앙고백서(The Belgic Confession, 1561; 이하 BC)는 '네덜란드 신앙고백서'라 불린다. 이 고백서는 칼빈의 신학에 근거한 것으로, 종교개혁이 진행 중이던 16세기 네덜란드에서 작성된 개혁주의 신앙고백서이다. 라틴어로는 'Confessio Belgica'라고 불리는데, 'Belgica'는 벨기에와 네덜란드로 나뉘기 전의 네덜란드 전체를 가리키는 말이다. 네덜란드 개혁교회의 설교자 귀도 드 브레(Guido de Bres)가 작성했으며, 그는 이로 인해 1567년에 순교했다. 이 고백서는 총 37개 조항으로 구성되는데 구조는 다음과 같다. (1) 1-2항: 하나님에 대하여, (2) 3-7항: 성경에 대하여, (3) 8-13항: 삼위일체론에 대하여 (4) 14항: 사람에 대하여, (5) 15항: 죄에 대하여, (6) 16-17항: 구원에 대하여, (7) 18-21항: 그리스도에 대하여, (8) 22-26항: 칭의, 성화에 대하여, (9) 27-36항: 교회에 대하여, (10) 37항: 종말에 대하여. 도르트총회(1618-1619)는 BC를 하이델베르크 교리문답서 및 도르트신경과 더불어 공식 신앙고백서로 채택했는데, 개혁교회의 신앙을 대변하는 중요한 문서로 오늘날까지 전수되고 있다.

신앙고백서는 성도가 무엇을 믿는가를 성경에 기초하여 요약해서 밝힌 문서이다(참고. 신 6:4-5). 신앙공동체가 동일한 신앙을 함께 고백하는 것은 마땅하고 귀하다. 신앙고백서는 신자의 일치를 증진하고, 다음 세대를 위하여 진리를 보존한다. 또한 교회를 대적하고 성경을 왜곡하는 온갖 이단에게 답하기 위해서도 신앙고백서가 필요하다.[7] 창조주 하나님, 구속주(救贖主) 예수님, 보혜사 성령님, 죄 사함, 보편적인 교회, 그리고 영생 등을 믿고 고백하는 자체는 성령께서 신자들 가운데 거하시고 그들이 거듭났다는 증거이다(고전 12:3). 그러므로 세상 학식이 많은 사람일지라도 거듭나지 않은 이상 이런 신앙고백을 할 수 없다.

그런데 신앙고백서를 교육하는 것이 마땅하고 요긴하지만, 한국교회는 대체로 이것을 반기지 않는다. 이유가 무엇일까?

> 목회자들의 전문성 부재, 성도들의 삶에 대한 교리적 적용의 실천성 부재, 하향 평준화된 신앙생활로 인한 교리 자체의 필요성에 대한 부재, 교리교육을 위한 교회 현장 및 수요자 맞춤형 교재와 프로그램의 부재, 교리에 대한 왜곡된 인식과 고정관념의 존재, 목회와 사역에 대한 양적성장 중심 패러다임의 존재 등으로 확인되었다.[8]

신앙고백서를 성공적으로 가르친 사례를 발굴하여 소개하며, 신

---

6) 참고. Frank van der Pol, "개혁주의 신앙고백, 충분한 활력이 있는가?: 신앙고백서에 관한 질문들(Gereformeerd Belijden, Vitaal Genoeg?: Vragen rond de Belijdenis)"(이 글은 1994-1995년에 "개혁신학의 활력"[De Vitaliteit van de Gereformeerde Theologie]이라는 주제로 개최되었던 개혁주의학회[Gereformeerd Wetenschappelijk Genootschap]에서 발표된 것임).
7) 참고. Van Bruggen, 『네덜란드 신앙고백 해설』, 22.
8) 이현철, "한국교회 내 교리교육의 부재와 딜레마에 대한 내러티브(Narrative) 탐구," 『갱신과 부흥』 22 (2018), 195.

학교의 교과과정에 반영하고, 신앙고백서를 교육 실천적으로 가르치는 방안을 수립하며, 담임목사 및 교역자들이 신앙고백서의 중요성을 회중에게 계속 상기하는 것이 필요하다.9) 이제 개혁(장로)교회가 소중하게 전수해 온 몇몇 신앙고백서들을 간략히 살펴보자.10)

---

9) 이현철, "한국교회 내 교리교육의 부재와 딜레마에 대한 내러티브(Narrative) 탐구," 196-97.
10) 신앙고백서들을 한 권으로 간략히 비교하면서 살펴보려면, 김의환 편역, 『개혁주의 신앙고백』(대한예수교장로회총회[합동], 2003)을 참고하라.

1. 주요 신앙고백서들에 대한 개관

1.1. 사도신경

사도신경(Symbolum Apostolicum)은 교회에서 가장 보편적 (ecumenical)으로 사용하는 신앙고백서이다. 사도신경은 니케아신 경 및 아타나시우스신경과 더불어 개혁교회가 고백하는 주요 신경 이다. 예수님께서 승천하신 후 10일째 되던 날 곧 오순절 성령강림 때에 사도가 성령의 감동으로 한 구절씩 말한 것이 취합된 것이 사 도신경이라는 주장은 그야말로 전설에 지나지 않는다. 이 전설은 사 도신경을 존경하고 마치 영감된 것처럼 꾸미기 위한 과장이다. '사 도신경'(The Apostles' Creed)이라 불리는 이유는 12사도가 만들 었기 때문이 아니라, 사도들의 가르침을 요약한 것이기 때문이다. 현재 우리가 사용하는 사도신경은 바울의 주요 서신인 로마서에 기 초하여 세례문답 교육을 위해 로마에서 사용된 '로마신경'(The Old Roman Creed, AD 170-180)의 증보판이다. '사도신경'이라는 이 름은 이탈리아 밀라노의 노회가 교황 시리키우스에게 보낸 편지(AD 390)에 처음으로 사용되었다. 사도신경의 현재 형태는 빨라야 5세 기 말엽에 확립되었고, 8-9세기 무렵 비로소 서방교회 전역에 사용 된 것으로 보인다. 사도신경은 니케아신경 다음으로 기독교와 천주 교 안에서 가장 광범위하게 사용되는 신조이다. 하지만 이 신경은 다른 어떤 신앙고백서보다 예배 시에 가장 널리 사용되고 있다. 사 도신경은 사도가 직접 만든 것이 아니지만 사도가 전한 복음에서 유 래했으며, 속사도 시대의 세례 문답 교육을 위한 신앙고백으로 사용 되었다가 점차 신앙고백서로 확정되어 전수되었기에, 이후의 모든 신경의 골격과도 같다.11)

1.2. 니케아신경

니케아신경(Symbolum Nicaeanum, the Nicene Creed)은 '콘스탄티노플신경'이라고도 불리는데, 전 세계 교회가 최초로 발표한 공적 신조이다. 니케아신경은 325년의 니케아회의와 381년의 콘스탄티노플회의의 결과물로서 이후 칼세톤회의(AD 451)에서 최종적으로 확정되었다.[12] 325년 6월 14일, 기독교를 로마제국의 국교로 선포했던 콘스탄틴 황제는 군사-정치적으로는 제국의 통일을 이루었으나 신학적으로는 통일을 이루지 못한 점을 알고, 터키의 북동쪽 도시인 니케아(Nicaea)에 318명의 사람을 회의에 소집했다.[13] 콘스탄틴은 교회 내의 불일치를 해결하여 로마제국의 평화를 지키려고 회의를 개최했다. 그런데 니케아 종교회의를 소집했던 직접적인 원인은 알렉산드리아의 감독 알렉산더와 이단 아리우스(Arius) 사이의 논쟁이었다. AD 313년에 알렉산드리아에서 사제가 된 아리우스는 예수님은 성부 하나님보다 못한 분이고 가장 중요한

---

11) 사도신경의 '음부에 내려가사'라는 내용은 조선에 온 외국 선교사들이 오해를 방지하려고 삭제했다.
12) 칼세톤신경(The Creed of Chalcedon, 451)의 내용은 다음과 같다(이정석교수 사역). "거룩한 교부를 따라, 우리는 일치하여 모든 사람이 하나의 동일한 아들이며 우리의 주님이신 예수 그리스도를 고백하도록 가르친다. 그는 신성과 인성이 완전하여 참 신이며, 이성적 영혼과 육체를 가진 참 인간이다. 신성으로는 성부와 본질이 동일하고, 인성으로는 우리와 본질이 동일하다. 모든 면에서 우리와 같으시되, 죄는 없으시다. 신성으로는 창세 전에 성부로부터 출생하셨고, 인성으로는 이 마지막 때에 우리와 우리 구원을 위하여 신의 수태자인 동정녀 마리아에게 태어나셨다. 우리는 또한 하나의 동일한 그리스도, 성자, 주님, 독생자의 양성이 혼합, 변질, 구분, 분리되지 않는다는 사실을 인정한다. 양성의 구별이 연합으로 제거되지 않고, 각 성의 속성들이 한 인격과 한 실재 안에서 보존되고 협력한다. 두 인격으로 분리되거나 구분되지 않고, 하나의 동일한 성자, 독생자, 참 신, 주 예수 그리스도이시다. 일찍이 선지자들이 이와 같이 증거하였으며, 예수 그리스도께서도 친히 우리에게 그렇게 가르쳤고, 우리에게 전수된 교부들의 신앙고백도 그러하다."
13) W. A. Dreyer, "'N Heilige, Algemene Kerk," *HTS Teologiese Studies* 71/3 (2015), 1-2.

피조물에 불과하다고 주장했는데, 적지 않는 일반 성도로부터 지지를 얻었다. 아리우스는 예수님이 존재하지 않았을 때가 있었고, 성부께서 예수님을 창조하셨을 때 이후의 다른 모든 피조물의 창조를 내다보셨다고 주장했다.14)

니케아 회의가 열린 날, 알렉산더 감독은 신학 자문관인 '정통의 아버지'(pater orthodoxiae) 아타나시우스를 대동했고, 아리우스는 니코메디아의 유세비우스를 대동했다. 회의가 시작되자 세 가지 입장으로 나뉘었다. 첫째, 알렉산더 감독의 입장으로 예수님은 성부 하나님과 똑같은 본질이라는 주장이고, 둘째, 아리우스의 입장으로 성부 하나님만 유일한 신이고 예수님은 창조되었다는 주장이며, 셋째, 앞의 두 입장의 중간으로 유세비우스를 비롯한 회의에 참석했던 대다수 사람의 견해였다. 감독 알렉산더의 대변자였던 아타나시우스는 "만약 예수님께서 하나님이 아니고 단지 피조물이라면 우리는 구원을 받을 수 없다."라고 주장했다. 회의를 지켜보던 콘스탄틴 황제는 여러 번의 수정을 거듭한 후, "예수님은 하나님의 독생자이시지 만들어진 분은 아니기에 동일 본질(homoousios)이다."라고 선언했다. 당연히 아리우스와 그를 따르던 두 명의 감독은 끝까지 이 결정에 반대했고 결국 출교당했다. 그래서 니케아신경은 "하나님의 독생자이시며, 만세 전에 아버지로부터 나신 예수 그리스도 한 분을 저희가 믿사오니, 이는 하나님으로부터 오신 하나님이시며...... 나시었고, 지으심을 받지 아니하시었으며, 아버지와 같은 본체를 가지시었고......"라고 천명한다.15)

하지만 문제는 여기서 끝나지 않았다. 로마제국의 동쪽 지역에서

---

14) 참고. Van Bruggen, 『네덜란드 신앙고백 해설』, 111.
15) 참고. 고병찬·김주한, "니케아 신경: 헬라어 원문 재구성과 번역," 『성경과 신학』 60 (2011), 161-88.

다시 아리우스의 견해가 힘을 얻었다. 콘스탄틴 황제의 아들 콘스탄티우스(350-361)도 아리우스의 편을 들었다. 알렉산더 감독의 후임이 된 아타나시우스는 아리우스의 복직을 반대하다가 5회 이상이나 유배되었다. 그 후 콘스탄티우스 황제는 터키의 서머나회의(358)를 소집했고, 중도파에 속한 많은 사람은 성부와 성자는 동일 본질(homoousios)이 아니라 유사 본질(homoiousios)이라고 결론을 내렸다. 황제 데오도시우스 1세는 콘스탄티노플에 회의(381)를 다시 소집했다. 아리우스를 지지하던 사람들과 아타나시우스를 지지하던 사람들 그리고 유사 본질(homoiousios)을 주장하던 중도파가 모두 모였다. 하지만 이 회의에서는 이미 결정된 니케아신경을 조금 수정할 뿐이었다. 따라서 우리가 고백하고 있는 니케아신경의 모습과 같은 것이 확정되었다. 따라서 성부와 성자는 하나의 동일 본질이라고 재확인되었다. 참고로 성령 하나님과 관련하여 니케아회의 때 밝힌 것은 오직 "우리는 또한 성령을 믿는다."라는 내용뿐이었다.[16] 콘스탄티노플 회의 때 성령님에 대한 고백이 추가되었다.[17]

    니케아신경의 의의는 성부와 성자의 관계를 동일 본체로, 그리고 예수님은 하나님이신 동시에 사람이라는 사실을 확증함으로써 신학 논쟁을 해결한 데 있다. 니케아신경은 6세기 이후로 오늘까지 예배 중에 사용되고 있다. 니케아신경은 동방교회, 천주교 그리고 개신교가 모두 사용하는 유일한 에큐메니칼 신앙고백서이다.[18]

---

16) Dreyer, "'N Heilige, Algemene Kerk," 2.

17) 589년 스페인의 톨레도(Toledo)교회회의 이후 서방교회는 "성령이 성부와 성자로부터 나오신다."라고 결정했다(성령복발설[聖靈復發說]; 비교. 성령이 성부에게서 나온다는 동방교회의 성령단발설[聖靈單發說]). 이것은 '필리오케(*filioque*, proceeds) 논쟁'이라 불리며, 교회가 동서로 분열된 이유 중 하나였다. 참고로 동방교회와 달리 서방교회는 성상 숭배를 찬성했다.

18) 참고로 신앙고백은 기도가 아니기에, 예배 중에 반드시 눈을 감고 고백할 필요는 없다.

1.3. 아타나시우스신경

아타나시우스 신경(the Athanasian Creed)은 아타나시우스(293-373)가 직접 작성한 것은 아니지만, 그가 기여한 바 있는 니케아신경을 잘 반영한 결과물이다. 앞에서 살핀 대로, 그는 삼위일체 교리를 잘못 주장한 이단 아리우스의 공격으로부터 교회를 수호했다. 이 신경은 AD 5세기에 프랑스에서 작성된 것으로 추정되는데, 서방교회에서 나온 것이기에 동방교회에는 잘 알려지지 않았다. 이 신경은 서론(1-2)과 결론 부분(44)을 제외하면, 크게 두 부분으로 나뉜다. 첫째, 삼위일체의 정통 교리를 진술하는 것(3-28), 둘째, 예수님의 성육신 및 인성과 신성에 관한 교리(29-43)이다. 아타나시우스신경은 사도신경이나 니케아신경보다 내용이 더 분명하며 신학적으로도 더 발전된 것이지만, 단순함, 자연스러움 그리고 장엄함은 약간 부족하다. 이 신경의 의의는 교회의 삼위일체 교리의 출발점과 같다는 데 있다. 참고로 "누구든지(Quicumque) 구원받기를 원하는 사람은"으로 시작하는 이 신경은 1부터 44번까지 각 고백마다 번호가 매겨져 있다.[19]

1.4. 도르트신경

개혁교회의 교리 규범들 가운데 하나인 도르트신경(the Canon[20] of Dordt, 1619)은 소위 '반대자들에 대항하는 다섯 조항'이라 불린다. 이 신경은 네덜란드 도르트레흐트의 개혁 종교회의(the Reformed Synod of Dordrecht, 1618-1619)에서 채택되었다.

---

19) 사도신경, 니케아신경, 칼세돈신경, 그리고 아타나시우스신경은 '고전적인 신앙고백서들'이다.

20) 여기서 'Canon'은 '정경'이 아니라, '교회의 규정이나 원칙'이라는 의미이다(참고. 갈 6:16).

아르미니우스주의에 대처하기 위해 소집된 이 회의에 네덜란드의 개혁교회의 대표자들을 비롯하여 국외의 27명의 대표자도 함께했다. 레이든대학교의 교수 아르미니우스(Arminius)는 다섯 가지 점에서 개혁신앙으로부터 이탈했다. 그는 예지에 근거한 조건적 선택, 무제한적 속죄, 부분적 타락, 저항할 수 있는 은혜, 그리고 은혜로부터의 타락 가능성을 주장했다. 도르트레흐트 종교회의는 다섯 사항(무조건적 선택, 제한 속죄, 전적 타락, 불가항력적 은혜, 그리고 성도의 견인)을 개혁주의 교리로 확정했다. 이것이 소위 '칼빈주의 5대 교리'인 'TULIP'이다(Total Depravity, Unconditional Election, Limited Atonement, Irresistible Grace, Perseverance of the Saints).

이 신경은 각각 긍정적인 면과 부정적인 면이 있는데, 전자는 주요 주제들을 개혁신앙의 교리의 관점에서 설명한 것이라면, 후자는 아르미니우스주의의 오류를 비판하여 배격하는 것이다. 비록 형태에 있어서 제3장과 제4장이 하나로 통합되어 단지 제4장(인간의 타락과 하나님께로 회심 그리고 회심 이후의 태도)이 되었지만, 통상적으로 다섯 개의 신경이라고 부른다.[21]

1.5. 벨직신앙고백서

벨직신앙고백서는 네덜란드 남쪽 즉 저지대의 프랑스어권 개혁교인을 위해 작성된 신앙고백서이다. 저자는 벨기에 남부 몽스(Mons)에서 장 드 브레의 아들로 출생한 귀도 드 브레(Guido de Brès, 1522-1567)이다. 귀도는 천주교 영향 아래 성장했지만, 형과 개혁

---

[21] 참고로 16세기 루터교의 경우, '콘코드 신앙고백'(the Formula of Concord, 1577)과 '콘코드 책'(the Book of Concord, 1580) 이후 새로운 신앙고백서는 거의 출현하지 않았다.

주의 순회설교자들의 영향 등으로 25세가 되기 전에 개혁교리를 수용했다. BC는 1562년에 네덜란드어로 번역된 후 안트베르펜총회(1566), 엠던총회(1571) 그리고 도르트총회(1619)가 개혁교회의 신앙고백서로 수정 후 채택했다. 우리는 BC에서 개혁신앙을 위해 순교한 신앙 선배들의 결연한 의지를 만난다.

(1) BC의 작성 배경과 목적

BC이 작성될 당시 네덜란드의 통치자는 카를 5세(d. 1558)의 아들이자 스페인 출신 천주교도 펠리페 2세(1527-1598)였다. 펠리페 2세는 1556년부터 스페인과 네덜란드를 모두 통치했다. 펠리페는 교황 피오 4세(d. 1565)와 협력하여 개신교도를 박해했다. 귀도는 1548-1552년에 에드워드 6세 치하의 영국으로 도피하여, 마르턴 미크론(d. 1559)과 요하네스 아 라스코(d. 1560)와 같은 개혁주의자들과 교제했다. 그 후 귀도는 프랑스의 최북단 릴(Lille)에 정착하여 4년간 장미교회에서 목회했다. 귀도는 첫 저작 『기독교 신앙의 무기』(1554)를 익명으로 출판하여 개혁신앙을 변호했는데, 이것은 BC의 초본과 같다. 귀도는 1556년 9월에 프랑크푸르트에 도피 중 낙스와 칼빈을 만났고, 그 후 3년간 칼빈과 베자에게서 신학을 배웠다. 그는 1559년 네덜란드의 도르니크로 돌아와 종려나무교회에서 목회했는데, 그 해 카타리나 라몽과 혼인했다. 귀도가 프랑스신앙고백서(1559)를 참고하여 BC를 작성한 시기는 1559- 1561년이었다. 이 신앙고백서를 작성할 때, 아드리안 아 사라비아, 공작 빌럼 판 오란여(Oranje, 1533-1584)의[22] 군목인 모데투스, 그리고 갓프리 판 빙언은 조력자들이지 공동 저자들은 아니었다. 1561년 11

---

22) 1568년까지 합스부르크의 충신이었던 오란여는 1571년부터 '조국의 아버지'라 불렸고, 1573년에 칼빈주의로 개종했다.

월 2일 궁궐 문지기는 귀도가 던져놓은 BC와 펠리페 2세에게 보낸 서신 뭉치를 발견하여 왕에게 전달했다. 1561년 12월에 귀도는 도르니크를 떠나 프랑스의 북부 지역으로 도피하여 위그노에서 목회를 했다. 1566년 5월 안트베르펜 총회에서 BC가 채택되었다. 귀도는 1566년 8월 발렌시앙에서 목회했는데, 성상파괴운동이 일어나자 그 도시는 펠리페 왕의 공격을 받았고 1567년 3월에 함락되었다. 성상파괴운동을 반대했던 귀도는 검거되어 고문을 당한 후 1567년 5월 31일에 순교했다.[23] BC의 목적은 개신교를 변호하고, 천주교와 재세례파를 반대하는 데 있다.[24]

(2) BC의 구조

총 37개 조항으로 구성되는데, 11주제를 다룬다. (1) 하나님(1-2조), (2) 성경(3-7조), (3) 삼위일체(8-13조), (4) 사람(14조), (5) 죄(15조), (6) 예정과 구원(16-17조), (7) 그리스도(18-21조), (8) 구원의 유익인 칭의와 성화(22-26조), (9) 은혜의 방편을 받은 교회(27-35조), (10) 시민정부(36조), 그리고 (11) 종말(37조).

첫째 주제인 '하나님'과 셋째 주제인 '삼위일체'를 구분한 점이 특이하다. 대체로 신앙고백은 '하나님'으로 시작하는 것이 마땅하지만, 하나님의 자기 계시인 '성경'을 통하여 '삼위일체'를 제대로 알 수 있다는 논리 전개로 보인다.

---

23) 이 단락은 귀도 드 브레를 BC의 저자로 명시한 W. te Water(1762)의 자료를 분석한 N. H. Gootjes, "The Earliest Report on the Author of the Belgic Confession (1561)," *Nederlands Archief voor Kerkgeschiedenis* 82/1 (2002), 86-94, 그리고 라은성, "벨지카 고백서의 저자 귀도 드 브레," 『신학지남』 82/1 (2015), 151-67에서 요약.

24) 강병훈, "귀도 드 브레(Guido de Brès, 1522-1567)의 재세례파 반대의 이유: 『재세례파의 뿌리와 기원 및 기초』(La Racine)를 중심으로," 『한국개혁신학』 75 (2022), 64-99.

1.6. 웨스트민스터신앙고백서

17세기에 영국에서 청교도 장군 올리버 크롬웰이 이끈 혁명군이 국군을 물리치고 청교도공화국을 수립했다(1640). 크롬웰은 1643년 7월 웨스트민스터 회의를 소집하여 교회개혁을 논의했다. 웨스트민스터 신앙고백서(1646)는 영국 웨스트민스터 사원에 모인 신학자들과 목사들의 총회에서 승인된 신앙고백서이다. 다시 말해, 스코틀랜드와 영국 그리고 아일랜드에 있던 성공회의 개혁을 위해 웨스트민스터 성당에서 열린 교회회의가 장로교에 입각하여 제정 및 채택한 신앙고백서이다. 그 후 세계 여러 나라의 장로교회들은 이 고백서의 내용을 성경에 계시 된 기독교 신앙의 표준적 진술로 인정해왔다. 1만 4천여 단어에 걸쳐 총 33장으로 구성된 이 신앙고백서가 성립되기까지 많은 논란이 거듭되었는데, 의회의 승인은 1649년에야 이루어졌다.[25] 이 신앙고백서는 스코틀랜드교회의 영향을 받아 정통 칼빈주의를 표방하지만 아일랜드 성공회의 신앙고백서의 영향도 컸다. 이 신앙고백서는 영어를 공용어로 사용하는 국가들의 장로교회에서 기본적인 교의(教義)로 자리매김했다. 이 신앙고백서는 고전적 신앙고백서로서 마지막 결과물인데, '성경의 권위'를 교리해석의 중심으로 삼으며, 기존 신앙고백서들의 형식에 구애받지 않고, 참신하다고 평가할 수 있다.[26]

---

[25] 1643년 7월 1일부터 1649년 2월 22일까지 5년 6개월에 걸쳐, 매주 월-금요일 오전 9시-오후 1:30까지 총 1,163회의 정규모임을 가졌다.

[26] 웨스트민스터 교리문답서의 성격도 중요하다. 대교리문답(이하 WLC, 1648)은 주로 성인과 목사의 교리교육과 설교에 도움을 주기 위해 작성되었다. WLC은 특히 웨스트민스터신앙고백서(이하 WC)의 각 조항을 더욱 자세하게 주석하는 성격을 가지고 있어서 가치가 매우 크다(정경론, 신론, 인간론, 기독론, 구원론, 교회론, 종말론). 소교리문답(이하 WSC)은 대교리문답의 주제를 간략하게 정리해서 아이들의 교육용으로 작성되었다. 따라서 WSC에 교회정치와 권징이 생략되어있는 것이 특징이다. WLC와 WSC는 1647년 가을에 심사와 승인을 받기

1.7. 소결론

고대교회의 신앙고백서들은 특히 기독론 관련 이단들과의 투쟁에서 태어났다고 말해도 과언은 아니다. 그 후 종교개혁 시기의 신앙고백서들은 칭의, 교회, 성례들과 직분에 관한 천주교의 가르침에 반대하여 나타났다. 이처럼 기독교 신앙에 대한 긍정적 고백 그리고 오류들에 대한 배격은 항상 함께 가기 마련이다. 우리는 종교개혁 전후의 신앙고백서들이 오늘날에도 유용함을 인정한다면, 신앙고백서는 과거와 현재를 연결한다. 신앙고백서는 작성되던 그 당시의 산물이기에 현대 성도에게 제한적 가치를 가질 수 있다. 하지만 우리는 하나님, 하나님의 섭리, 예정, 타락과 구원, 회심, 칭의, 교회, 성례들, 그리고 세속당국에 관한 신앙고백의 가르침을 오늘날에도 계승하고 발전시켜야 한다. 16세기에는 별로 중요하지 않았으나, 오늘날 교회가 직면한 중요한 주제들이 있는데 그것들은 새로 만들어질 필요가 있는 신앙고백서 안에 포함되어야 한다. 예를 들어, 산아제한, 낙태, 안락사, 혼외동거, 이혼, 동성애, 젠더 이데올로기, 교회에서의 여성의 지위, 생태 문제, 에너지자원의 고갈, 과학기술의 기능과 한계, 사회 정의, 소수민족의 문제, 인권, 인종 분규 및 차별, 선진국과 후진국 사이의 큰 격차, 이슬람 같은 다른 종교에 대한 대처 등이다.27) 본 연구자는 '역사적이며 신앙고백적 칼빈주의'(historical

---

위해 의회로 보내졌으며, 에든버러 총회는 1648년 7월 20일에 WLC를 그리고 7월 28일에는 WSC를 각각 승인하면서, 이 두 교리문답서는 "하나님의 말씀과 일치하며, 공인된 교리, 예배, 권징, 교회정치에 위배 된 것이 전혀 없다."라고 선언했다. 이 결정 사항은 1649년 2월 7일에 스코틀랜드 의회에서 비준받았다. 상세한 사항은 김혜성과 남정숙이 번역한 『웨스트민스터 신앙고백』(서울: 생명의 말씀사, 2008)을 참고하라. 참고로 한국기독교장로회는 WC를 17세기에 국한된 율법주의적이며 근본주의적 고백서로 간주하여 수용하지 않는다.

27) 참고. 송영목, "아크라신앙고백서에 대한 성경신학적 비평," 『교회와 문화』 45 (2021), 118-45.

confessional Calvinism)에 뿌리를 두고 논의할 것이다.28)

2. 하이델베르크 교리문답서 개관

2.1. 신앙교리문답서

포스트모던 시대는 절대 진리를 부정하기에, 그런 절대 진리를 담아낸 신앙고백서도 외면한다. 하지만 역사적 장로교회와 루터교회처럼, 개혁교회는 신앙고백을 매우 중요하게 여기므로 본질적으로 신앙고백적 특징을 띤다.29) 교회는 '고백공동체'이므로, 고백이 약해질수록 교회의 정체성도 약화되기 마련이다.30) 장로교회와 개혁교회는 합의된 신앙고백을 통해 자신의 정체성과 실천을 형성해 왔다.31) 역사적 개혁주의의 귀한 유산인 신앙고백은 성경 진리의 진액(엑기스)을 정리한 것이다. 성인은 물론 청소년도 이 진액을 먹고 자라야 하는데, 질문하고 대답하는 방식의 교육이 효과적이다.32) 그런

---

28) 참고로 높은 칼빈주의 혹은 격렬 칼빈주의(Hyper Calvinism, Higher Calvinism)는 타락 전 선택, 반율법주의, 그리고 하나님의 주권을 매우 강조한다. 그 결과 이 이론은 인간의 책임을 약화시켰고, 일반은총을 부정하고, 선택받은 자들만의 세상을 강조한다. 반면 낮은 칼빈주의(Lower Calvinism)는 제한적 구속을 크게 강조하지 않는다.

29) S. N. Jooste and J. C. Potgieter, "The Legacy of Singing Scripture only in the Reformed Churches in South Africa: The Regulating Role of the Word from Heidelberg to Dordrecht," *In die Skriflig* 54/2 (2020), 1.

30) C. F. C. Coetzee, "Die Plek en Funksie van die Heidelbergse Kategismus in 'n Omkeerstrategie in die Gereformeerde Kerke in Suid-Afrika," *In die Skriflig* 48/1 (2014), 4.

31) Jooste and Potgieter, "The Legacy of Singing Scripture only in the Reformed Churches in South Africa," 2.

32) W. Verboom, "Vijf Parels in de Heidelbergse Catechismus," *In die Skriflig* 47/2 (2013), 2. 참고로 프린스턴신학교의 찰스 하지와 웨스트민스터 신학교의 그레샴 메이첸 등은 어린 시절에 어머니로부터 성경과 신앙고백서를 배웠다. 그런데 루터의 대교리문답(1529)과 최초의 제네바 교리문답(1537)은

방식을 '신앙교리문답서'(catechism) 혹은 '신앙교육서'라 부른다. 그리스어 동사 $κατηχέω$(카테케오)는 '정보를 주다'(눅 1:4; 행 21: 21, 24) 혹은 '가르치다'라는 뜻이다(행 18:25; 롬 2:18; 고전 14:19; 갈 6:6). 교리문답서는 성경의 요긴한 내용이 우리 마음과 입에 메아리치도록($ηχέω$, 에케오) 만든다.

2.2. 하이델베르크 교리문답서의 출현 배경

스위스 종교개혁자 존 칼빈(1509-1564)이 별세하기 약 1년 전인 1563년 1월에 개혁교회에 있어 매우 중요한 사건이 발생했다.[33] 그 것은 독일에서 가장 영향력이 컸던 동남부의 주(州)인 팔츠(Pfalz)의 선제후(選帝侯, elector) 프리드리히 3세(1515-1576)가 천주교의 잘못을 바로잡고 종교개혁 과정에서 드러난 혼란(예. 천주교와 개신 교의 대립, 루터 사후 루터교회 안의 이견, 개신교회의 분열)을 수습 하기 위해 하이델베르크 교리문답서(The Heidelberg Catechism; 이하 HC)을 준비하여 하이델베르크 총회의 승인을 받은 것이다.[34] HC의 원래 제목은 'Catechismus oder christlicher Underricht/

문답형식을 따르지 않았다. 황대우, "하이델베르크 신앙교육서에 나타난 성찬 론: 75-82문답을 중심으로," 『한국개혁신학』 40 (2013), 252.

33) 1563년에 Palatine Church Order가 작성되었으며, 조선 여류 시인 허난설헌이 태어났고 이순신은 18세였다. A. I. C. Heron, "Calvin and the Confessions of the Reformation," *HTS Teologiese Studies* 70/1 (2014), 3.

34) W. A. Dreyer, "The Heidelberg Catechism: A 16th Century Quest for Unity," *HTS Teologiese Studies* 70/1 (2014), 3. 참고로 1559년경 팔츠 (Electoral Paletinate)는 영국, 프랑스, 그리고 네덜란드와 같은 서유럽 국가들 로부터 다양한 성향의 개신교 난민들을 수용했으며, 서유럽에서 젊은 시절을 보 내었던 프레드리히 3세는 그 가운데 일부를 신학 교수로 임명했다. K. Labuschagne, "A Hermeneutical Reflection on the Resurrection of Jesus Christ in Question and Answer 45 of the Heidelberg Catechism," *In die Skriflig* 47/2 (2013), 2; C. Strohm, "On the Historical Origins of the Heidelberg Catechism," *Acta Theologica Suppl* 20 (2014), 22.

wie der in Kirchen und Schulen der Churfuerstlichen Pfaltz getrieben wirdt'('선제후의 통치를 받는 팔츠 주의 교회와 학교에서 행해져야 할 교리문답 또는 기독교 수업')이었다.[35] 그런데 하이델베르크 총회가 승인한 문서는 전쟁의 와중에 분실되었거나, 도시 하이델베르크가 다시 천주교로 넘어간 후에 바티칸에 소장되었을 가능성이 있다.[36]

1562년 2월 26일, 천주교 트렌트회의(the Council of Trent)는 천주교의 첫 번째 교리문답서를 라틴어와 여러 언어로 만들기로 결정했다(참고. 1564년의 트렌트신조). 프레드리히 3세는 앞으로 제작될 천주교의 교리문답서가 어떤 내용을 담아낼지 몰랐지만, 천주교의 이런 결정은 HC를 작성하는 데 촉매제가 되었음은 분명하다.[37] 실제로 HC는 천주교의 일곱 성례, 화체설, 그리고 미신적이며 그릇된 교리들을 반박하는 데 많은 분량을 할애한다.

루터의 종교개혁을 지지했던 프리드리히 2세를 계승한 프리드리히 3세는 1566년에 제국회의에서 HC가 공식적으로 승인받도록 만

---

35) 화란에서는 1586년부터 HC를 활용한 예배가 시작되었다. 교리문답 설교는 성경의 핵심을 가르치는 지름길이며, 회중이 진리로써 이단에 맞서도록 하며, 설교자의 선호 사항에 따라 치우치려는 경향을 극복하면서 교육하기에 유용하다. 목사는 HC를 설교하기 전에, HC를 반복해서 읽고, 구조와 요점을 파악하며, 관련 성경 구절을 확인하고, 현대와의 적용과 연관성을 찾아야 한다. HC는 오늘날 약화되는 주일 오후 예배에 모든 세대가 함께 예배드리면서 배우기에 적합하다. 그리고 연초의 교회학교 교사를 위한 교육이나 새 가족 교육에도 적절하다. 또한 직분자들을 임직하기 전에 교육용으로 유용하다. 어떤 경우는 태아 교육을 위해 활용하기도 한다. 참고. 권호, "하이델베르크요리문답 설교를 통한 개혁주의 신앙교육," 『개혁논총』 28 (2013), 220-22, 226-34; 강미랑, "하이델베르크요리문답교육을 통한 개혁주의 종말신앙 형성," 273, 283.
36) C. F. C. Coetzee, "The Doctrine on God, as demonstrated and confessed in the Heidelberg Catechism," *In die Skriflig* 47/2 (2013), 2-3.
37) E. van Alten, "From Reformation to Counter-Reformation to Further Reformation: A Picture of the Anti-Roman Background of the Heidelberg Catechism," *In die Skriflig* 47/2 (2013), 3.

들었다. 팔츠의 수도에 소재한 하이델베르크대학교(1386년에 설립)의 교수이자 프리드리히 3세의 가정신학자(haustheologe)인 우르시누스(Zacharius Ursinus, 1534-1583)와 부르주대학교 법학박사(1557) 출신 궁정 설교자인 올레비아누스(Caspar Olevianus, 1536-1587)가 중심이 되어 HC를 작성했다.38) HC의 주요 작성자인 우르시누스는 비텐베르크대학교에서 7년간 수학할 때 멜란히톤의 집에 머물렀으며, 1560년에 취리히에서 불링거에게서 배웠다. 불링거의 추천으로 하이델베르크대학교 교수가 된 우르시누스는 결국 칼빈주의자로 돌아섰다. 불링거의 추천사에 따르면, 우르시누스는 학생 시절부터 작시(作詩)의 재능과 바르고 점잖은 기풍을 갖추었고, 사람들의 사랑과 칭송을 받았다.39)

1563년 하이델베르크 총회가 HC를 정식으로 채택한 직후부터 많은 교회가 호응을 보였고, 그 후 약간의 수정을 거치면서 기독교 역사에서 권위 있는 신앙고백서로 자리 잡게 되었다.40) 도르트회의

---

38) Heinrich Alting의 『팔츠교회의 역사』(History of the Palatine Church, 1644)에 따르면, 우르시누스의 소교리문답(Catechesis minor)과 대교리문답(Catechesis Maior, 혹은 신학요목문답[Catechesis Summa Theologiae], 1561/1562)은 HC의 기초가 되었다. E. de Boer, "Christology and Christianity: The Theological Power of the Threefold Office in Lord's Day 12," *In die Skriflig* 47/2 (2013), 5; Labuschagne, "A Hermeneutical Reflection on the Resurrection of Jesus Christ in Question and Answer 45 of the Heidelberg Catechism," 4. 하지만 칼빈, 베자, 루터, 츠빙글리, 그리고 멜란히톤 등의 영향을 두루 받은 위원회가 HC를 작성했기에, HC가 '진정한 개혁주의 에큐메니칼 신앙고백서'라는 주장도 있다. Coetzee, "The Doctrine on God, as demonstrated and confessed in the Heidelberg Catechism," 3.
39) 한상진, "하이델베르크 신앙교육서에 나타난 칼빈주의 교육," 『복음과 교육』 6 (2010), 14.
40) 1563년 1-4월 사이에 HC는 총 3판이나 발행되었기에 수정을 거듭했다. 참고로 네덜란드에서는 HC가 출간되자마자 네덜란드어로 번역하고 1566년 '제네바 시편집'의 화란어 번역본에 HC를 추가한 이는 팔츠에 거주한바 있는 페트루스 다테누스(Petrus Dathenus)였다. 참고. Strohm, "On the Historical Origins

(1618-1619)에 참석한 후 본국 영국으로 돌아온 이들은 "대륙의 형제들이 가지고 있는 소책자는 수 톤의 금으로도 살 수 없는 것이다."라고 보고했다.[41] 그 소책자는 다름 아닌 HC였다. 도르트회의는 HC를 BC(1561)와 도르트신경과 더불어 개혁교회 3대 신앙고백서로 채택했는데, 이 세 신조 간의 연관성을 살피는 것도 큰 유익이 있을 것이다. 기독교인들은 성경, 『천로역정』, 그리고 『그리스도를 본받아』 다음으로 HC를 많이 읽는다는 주장도 있다.[42]

2.3. 하이델베르크 교리문답서의 구조와 강조점

563년에 작성된 HC는 총 3부로 구성된다. 비참(3-11문), 구원(12-85문), 그리고 감사(86-129문)이다. 로마서에서 바울의 논증도 비참(롬 1:18-3:20), 구원(롬 3:21-11:36), 그리고 감사(롬 12:1-16:27)의 순서를 따른다.[43] HC를 '언약' 관점에서 본다면, "첫 번째 부분, 즉 비참을 다루는 부분은 행위언약과 연결되고(참고. WC 7:2), 두 번째 부분 즉 구원에 대한 부분은 은혜언약과 연결되며(WC 7:3), 세 번째 부분은 은혜언약 아래 있는 성도들의 삶의 방도에 대해서 다루고 있다고 할 수 있다."[44]

---

of the Heidelberg Catechism," 26; J. P. Oberholzer, "Die Heidelbergse Kategismus in Sy Eerste Jare," *HTS Teologiese Studies* 45/3 (1989), 602-607.

41) R. Vosloo, "Remembering the Heidelberg Catechism in South Africa Today?: Some Remarks on the Commemoration of a 16th Century Reformed Confession," *Acta Theologica Suppl* 20 (2014), 1.

42) 참고. Labuschagne, "A Hermeneutical Reflection on the Resurrection of Jesus Christ in Question and Answer 45 of the Heidelberg Catechism," 1. 참고로 18세기에 조나단 에드워즈를 비롯한 뉴잉글랜드 지역의 청교도 사이에 HC가 읽혔다는 증거는 K. P. Minkema, "Jonathan Edwards and the Heidelberg Catechism," *NGTT* 54/3-4 (2013), 1-10을 보라.

43) L. D. Bierma, "The Theological Distinctiveness of the Heidelberg Catechism," *Theologia Reformata* 49 (2006), 335.

이 교리문답서는 총 129개의 질문과 답으로 구성되며 52등분되기에, 1년 52주일 동안 전체를 배울 수 있다.[45) 하이델베르크가 속한 팔츠 지방의 교회들은 HC를 활용해 주일 오후 예배 때 청소년들을 교육했으며, 가정과 학교에서도 이 '위로의 신앙고백서'를 가르쳐야 했다.[46) 팔츠 주(州)의 교회들은 주일예배 중에 HC를 정기적

---

44) HC의 기초가 된 우르시누스의 소교리문답(1562)은 청소년과 일반 회중을 염두에 두었기에 난해한 용어 '언약'을 드물게 사용했다. 이 이유로 HC에 명사 '언약'은 5회만 등장한다(74, 77, 79, 87문). 참고. 이남규, "하이델베르크요리문답서 구조에 나타난 개혁신학의 특징," 『신학정론』 33/1 (2015), 237-39; Verboom, "Vijf Parels in de Heidelbergse Catechismus," 1.

45) HC는 원래 총 323개의 질문으로 의도되었으나 너무 길고 신학적이어서 수정되었다. Dreyer, "The Heidelberg Catechism," 3. 참고로 제네바 교리문답(1542)은 55단락으로 나누어졌는데, 교회학교 학생들은 매 주일 정오에 모여 학습했다. 1년에 4회 성찬식이 있는 주일에는 학생들이 공개적으로 교리문답에 대답하거나 암송해야 했다. A. I. C. Heron, "Calvin and the Confessions of the Reformation," *HTS Teologiese Studies* 70/1 (2014), 3.

46) V. E. D'Assonville, "And Thou shalt teach These Words Diligently …: Remarks on the Purpose of the Heidelberg Catechism regarding Its Teaching Nature," *In die Skriflig* 47/2 (2013), 2. 참고로 16세기 중순, 칼빈주의를 반영하는 주목할 만한 신앙고백서들이 더 있었는데, 주로 주제별로 연속하여 묶어 놓았다. 예를 들어, 칼빈이 작성한 '제네바 교리문답'(the Geneva Catechism, 1537, 1542)과 '프랑스 신앙고백서'(1559)를 들 수 있다. 칼빈은 말년에 보다 더 원숙한 신학과 개혁신앙을 바탕으로 하여 자기 조국에서 소수파로서 박해를 받고 있던 프로테스탄트 교회를 위하여 신앙고백서를 준비했는데 그것이 바로 '프랑스 신앙고백서'이다. 칼빈이 준비한 프랑스 신앙고백서를 제자 샤데이우(De Chandieu)가 개편했고, 1559년 파리 노회에서 승인을 받았다. 그리고 칼빈의 동역자이며 후계자인 베자(Beza)가 1561년에 이 고백서를 프랑스의 샤를 9세에게 발송했는데, 서문은 왕에게 보내는 편지였다. 그리고 1571년 프랑스 프로테스탄트 전국 총회가 로쉘(Rochelle)에서 모였을 때 프랑스 신앙고백서는 정식으로 승인을 받았다. 그리하여 이 신앙고백서를 '로쉘신앙고백서'라고도 부르지만, 통용되고 있는 명칭은 '프랑스 신앙고백서' 혹은 '갈리칸신앙고백서'(Gallican Confession)이다. 존 낙스와 목사 5인이 작성한 '스코틀랜드 신앙고백서'(the Scots Confession, 1560)와 '제2 헬베틱 신앙고백서'(the Second Helvetic Confession, 1566)도 중요하다. 후자는 하인리히 불링거가 1565년 12월 팔츠의 선제후 프레드리히 3세의 요청으로 작성한 것이다. 이것은 HC 다음으로 스위스 개혁교회에서 널리 수용되고 사용된 신조이다. 제2 헬베틱 신앙고백서 제1조는 하나님의 말씀 선포 즉 설교는 '하나님의 말씀'이라고 천명한다. 참고. Heron, "Calvin and the Confessions of the Reformation," 3; D. J. Smit, "Oor die Inhoud en Boodskap van die

으로 낭독했기에, 회중은 1년에 최대 5회나 반복하여 들을 수 있었다. 지금도 개혁교회에서는 주일 저녁 예배에 HC를 설교하고, 교회학교에서도 가르친다.

폴란드의 대도시인 브로츠와프(Breslau)에서 출생한 자카리아스 우르시누스의 이름과 관련하여 흥미로운 사실은 그의 아버지 안드레아스 베어가 자신의 성(性) '곰'을 라틴어로 곰(bear)을 의미하는 '우르시누스'(Ursinus)로 바꾸었다는 점이다.[47] 우르시누스는 8살 무렵 어머니 안나 로트(Anna Roth)를 전염병으로 여의었고, 20세 무렵에 그의 병약한 아버지마저 투병하다 돌아가셨다. 그는 젊은 시절에 비참과 우울을 겪었기에, HC의 전체 구조에 '위로'가 부각되는 것은 이상하지 않다.[48] 우르시누스는 1562년에 기독론 연구로 박사학위를 받은 후 하이델베르크대학교 교수 취임 연설을 했다 (1562). 28세 청년 우르시누스는 하나님의 영광을 드러내는 작업인 성경신학, 인간의 구원, 그리고 양심의 위로를 통하여 이전의 신학적 논쟁을 종식하기 원한다고 연설했다.[49] 그의 포부는 그다음 해

Heidelbergse Kategismus," *Acta Theologica Suppl* 20 (2014), 51.

47) 신성로마제국의 넓은 영토는 현재 독일과 폴란드를 나누는 국경선과 차이가 났다. 이남규, 『우르시누스·올레비아누스: 하이델베르크 요리문답서의 두 거장』 (서울: 익투스, 2017), 30-32. 참고로 HC의 두 작성자도 불완전한 사람들이었다. 우르시누스는 곰처럼 갑자기 화를 내기도 했으며, 일찍 부모를 여의었기에 내면의 어두움과 우울증을 겪었다. 우르시누스는 '주저하는 개혁자'라 불렸는데 목사로 임직하지 않았다. 올레비아누스도 논쟁 중에 남에게 상처를 입혔다. 유해무·김헌수, 『하이델베르크 요리문답의 역사와 신학』 (서울: 성약, 2006), 96-97.

48) Smit, "Oor die Inhoud en Boodskap van die Heidelbergse Kategismus," 51. 참고로 우르시누스는 가난 가운데 투병 중이던 아버지가 별세하자, "제가 하나님께 온 마음으로 감사를 드리는 것은 자비롭게도 제 아버지를 이 생애의 극심한 비참함에서 영원한 안식과 즐거움으로 데려가셨기 때문입니다…… 하나님께서 한없는 선하심으로 교회에 있는 화목과 성자의 임재와 영생에 대한 위로를 우리 안에 전달하시고 확증하시는 것이 없다면 누가 이 비참한 생애를 바라보면서 눌리지 않을 수 있겠습니까?"라고 기도했다. 이남규, 『우르시누스·올레비아누스: 하이델베르크 요리문답서의 두 거장』, 34-35.

49) Smit, "Oor die Inhoud en Boodskap van die Heidelbergse Kategismus," 55.

HC로 결실했는데, 무엇보다 HC는 삼위일체 그리고 예수 그리스도 중심적 성격을 가진다.50) 교부신학을 두루 섭렵한 칼빈처럼, 우르시누스도 자신의 개혁신학을 확립하는 데 있어 교부들에게 큰 빚을 졌다. 그가 자주 인용한 어거스틴을 비롯하여, 터툴리안, 알렉산드리아의 클레멘트, 키프리안, 바실, 힐러리, 나지안주스의 그레고리, 암브로스, 크리소스톰, 그리고 데오도렛 등이 해당하는데, 그들은 반천주교 논쟁에 있어 중요했다.51)

1563년 4월 14일에 올레비아누스는 스위스 취리히의 개혁자 하인리히 불링거(1504-1576)에게 보낸 편지에서 자신이 스위스 개혁가들의 영향을 받았음을 밝혔는데, 실제로 HC에 그리스도의 삼중직과 같은 칼빈의 신학이 반영되었다.52)

2.4. 하이델베르크 교리문답서의 세계적 확산

HC는 루터의 소교리문답서 및 웨스트민스터 소교리문답서(이하 WSC)와 더불어 세계 3대 교리문답서로 꼽힌다. 이처럼 HC가 전 세계로 확산한 이유는 무엇인가? 첫째, 칼빈을 비롯하여 16세기 종교개혁자들의 신학을 구체화했다. 둘째, 사도신경, 십계명, 그리고 주기도문을 설명할 때 초대교회와 연속성을 보였다. 셋째, 총 52주일로 분류된 문답형식에 담긴 성경신학과 개혁신학은 어린이와 성인교육에 안성맞춤이었다. 넷째, 독일과 인근 국가들의 개혁교회가 공식 고백서로 채택하고 도르트회의의 공식적인 지지가 HC를 확산시

---

50) Coetzee, "The Doctrine on God, as demonstrated and confessed in the Heidelberg Catechism," 3.

51) J. van Vliet, "Experiencing Our Only Comfort: A Post-Reformation Refocus in the Heidelberg Catechism," *Puritan Reformed Journal* 6/2 (2014), 152.

52) L. F. Schulze, "Calvyn en die Heidelbergse Kategismus," *In die Skriflig* 27/4 (1993), 487.

키는 데 촉매제 역할을 했다. 다섯째, 교회와 기독교 학교에서 지속적으로 활용했다.53)

HC의 가치와 의의는 다음과 같다. "이 교리문답은 (냉엄함이 없는) 칼빈의 힘과 깊이, (우유부단함이 사라진) 멜란히톤의 신중함, 따뜻함과 (과도한 절제와 신비에 혐오감이 드러나지 않은) 츠빙글리의 단순성과 명료함이 훌륭하게 결합하여 드러나 있다"(필립 샤프).54)

HC는 독일, 스위스, 영국, 화란, 헝가리, 미국, 캐나다, 중남미, 아시아, 그리고 아프리카의 개혁(장로)교회에 골고루 번역 및 보급되었다. 1572년에 터너(William Turner) 등이 HC를 영어로 번역하자, 1579년부터 옥스퍼드대학생들은 경건 훈련을 위해서 그 교리문답서를 필독해야 했다.55) 그다음 해인 1580년에 케임브리지대학교는 HC 주석을 번역하여 출판했고, 1591년에 독일 복음주의연맹을 지지했던 제임스 4세는 HC를 승인하여 출판했으며, 1630년대에 청교도들도 HC를 애용했고, 1640년대에 웨스트민스터 총회가 WSC를 준비할 때 HC를 참고했다.56) HC는 19세기에 이미 40여개 언어로 번역되었다. 하지만 안타깝게도 오늘날 세계의 개혁교회가 HC를 어느 정도 존중하며 활용하고 있는지는 의문이 든다.

---

53) J. R. Beeke and E. D. Bristley, "Teach All Nations: The Use of the Heidelberg Catechism in North America and throughout the Non-European World," *WTJ* 78 (2016), 287.

54) 참고로 남아공 개혁교회 선교사들은 1888년에 HC를 말라위에 처음 소개했다. 하지만 HC는 2002년에야 말라위 언어로 번역되었다. W. S. D. Zeze, "The Heidelberg Catechism: A Hidden Creedal Text and Catechetical Manual in the Malawian Reformed Church 1889-2012," *Acta Theologica Suppl* 20 (2014), 256.

55) 참고. 김홍만, "하이델베르크 요리문답서와 웨스트민스터 소요리문답서의 비교: 회심과 성화 용어를 중심으로," 『한국개혁신학』 40 (2013), 9-10.

56) A. Milton, "A Missing Dimension of European Influence on English Protestantism: The Heidelberg Catechism and the Church of England, 1563-1663," *Reformation & Renaissance Review* 20/3 (2018), 237-45.

HC 450주년을 기념하여 2013년에 남아공 스텔렌보쉬대학교는 "오늘 (남)아프리카에서 하이델베르크 교리문답을 기억하기"라는 주제로 학술대회를 개최한 바 있으며, 노쓰-웨스트대학교와 프리스테이트대학교의 개혁주의 학술지들은 HC특집호를 각각 출간했다.57) HC 450주년 기념행사는 한국, 독일, 남아공, 말라위, 나이지리아, 잠비아, 미국, 스코틀랜드, 헝가리, 화란 등에서 열렸다.58)

---

57) 1665년과 1773년의 공식 문서에 따르면, 남아공 개혁교회는 HC를 교회학교에서 가르쳐 암송 훈련을 시키고 주일 오후에 교리를 설교했지만, 1806년부터 HC 교육은 점차 뒤로 물러갔다. 케이프 지역에 18세기 초부터 HC 이외에 다른 교리문답 책들이 활용되었다. 남아공의 3개혁 교파(GKSA와 NGK가 먼저 합의한 후 NHKA도 동참함)가 협력하여 HC를 아프리칸스어로 번역하려는 프로젝트는 1913년에 시작되어, 성경번역가들에 의해 1936년에 완료되었다. 그 무렵 첫 번째 아프리칸스어 성경 번역이 먼저 마무리되었다. HC는 남아공의 벨하신앙고백서(1982)에도 영향을 미쳤다. Vosloo, "Remembering the Heidelberg Catechism in South Africa Today?" 9-11; M. Welker, "What Profit is the Reign of Christ to Us?: The Heidelberg Catechism and Its Potential for the Future," *Acta Theologica Suppl* 20 (2014), 283; D. Britz, "Die Eerste Vertalings van die Heidelbergse Kategismus in Afrikaans," *In die Skriflig* 47/2 (2013), 1-6; G. M. I. van Wyk, "Mistifikasie en Geloof: Dekonstruksie van Geloofsverstaan in Kategesemateriaal van die Nederduitsch Hervormde Kerk van Afrika," *HTS Teologiese Studies* 73/5 (2017), 157; J. M. van der Merwe, "The Heidelberg Catechism and the Catechesis Material of the Dutch Reformed Church: A Church History Overview," *Acta Theologica Suppl* 20 (2014), 236, 244.
58) Welker, "What Profit is the Reign of Christ to Us?" 280.

3. 결론 및 제안:
신앙고백서와 교리문답서를 다차원적으로 해석하기

'교리, 조직신학, 교의(敎義)'를 떠올리면 어렵고 딱딱하고 사변적 분위기가 느껴진다. 이런 맥락에서 주도홍은 지금까지 신앙고백서가 주로 교의학적으로 편향되게 연구되어온 사실을 비판한 바 있다.59) 보다 더 충실한 성경 주해와 공공선교적 관점에서 신앙고백서와 교리문답서를 풀이한다면, 회중이 더 편하게 다가가도록 돕고 현대의 여러 문제에 실제적으로 적용할 수 있을 것이다.60) 따라서 신앙고백서와 교리문답서가 성경을 증거 구절로 정확하게 활용하는가는 성경주해로써 검증되어야 마땅하다.61)

다차원적 접근법은 회중의 지정의를 통합적으로 교육할 수 있는 장점이 있다.62) 한 예로, 칼 바르트가 주도한 '바르멘 선언'(1935년 5월 31일)의 첫 문장은 HC 1문을 다음과 같이 반영했다. "예수 그리스도는, 그가 성경에서 우리에게 증언되는 대로, 우리가 들어야 할, 그리고 우리가 살든지 죽든지 믿고 순종해야 할 하나님의 유일한 말씀이다."63) 따라서 HC를 성경신학, 공공신학,64) 선교적 교회

---

59) 주도홍, "『하이델베르크요리문답』의 역사와 정신: 개혁교회 그 분명한 정신을 추구하며," 『한국개혁신학』 40 (2013), 184.

60) S. Füsti-Molnár, "Can the Heidelberg Catechism be neglected in the Life of the Reformed Church of Hungary?" *Sárospataki Füzetek* 17 (2013), 48, 54. 참고로 국내의 HC 해설서들은 성경 증거구절로 로마서, 마태복음, 시편, 고린도전서, 레위기, 그리고 요한복음 순으로 자주 인용한다. 참고. 유영준·이재윤, "하이델베르크 요리문답 판본들에 대한 계량서지학적 연구," 『신앙과 학문』 20/4 (2015), 143.

61) 참고. 송영목, "벨직신앙고백서, 하이델베르크 교리문답서, 그리고 웨스트민스터 신앙고백서의 성경 증거구절 사용 분석: 종말론을 중심으로," (한국개혁신학회[국제학술대회], 2022년 5월 28일), 2-15.

62) 참고. 강미랑, "하이델베르크요리문답교육을 통한 개혁주의 종말신앙 형성," 『개혁논총』 30 (2014), 271.

에 대한 논의,65) 설교학,66) 기독교교육학, 예배학,67) 그리고 교회음악학과 같이 다차원적 방식으로 해설하려는 시도가 필요하다.68) 그런 시도는 HC를 현대 교회에게 더 적실하게 만드는 기여가 될 것이다.

남아공 노쓰-웨스트대학교의 포트히터(R. Potgieter)는 HC에 나타난 목회적 관심은 하나님과 세상, 하나님과 인류, 그리고 인류와 세상이라는 더 폭넓은 관계를 진술하는 데까지 확장될 수 있다고 본다.69) 그런 확장된 논의는 하나님의 자녀들이 이 세상에서 소금과 빛의 역할을 감당하면서 올바로 참여할 때 필요한 통찰력을 제공할 것이다. 하나님의 진리는 유통기한(sell-by)이 없으므로, 성경 진리에 입각한 HC는 오늘날 교회를 위한 진지한 길잡이가 될 것이다. 또한 개혁교회 문서인 HC는 분열과 혼합주의에 노출된 한국 장로교회의 일치와 갱신을 위한 통찰을 제공할 것이다.70)

---

63) 주도홍, 『하이델베르크요리문답』의 역사와 정신," 207.

64) 우병훈, "공공신학 교육을 위한 교본으로서 웨스트민스터 대교리문답," 『개혁논총』 39 (2016), 57-96.

65) HC에서 선교적 교회에 대한 강조는 하나님의 사랑으로 구원받아 남을 섬겨야 한다는 설명에서 쉽게 확인할 수 있다(HC 4, 9, 21, 32, 34주일). J. J. F. Krüger, "The Reformed Confessions: Embarrassment or Blessing to a Missionary Church?" In die Skriflig 41/4 (2007), 555-60; Coetzee, "Die Plek en Funksie van die Heidelbergse Kategismus in 'n Omkeerstrategie in die Gereformeerde Kerke in Suid-Afrika," 6-7.

66) 박성환, "새로운 하이델베르크 요리문답 설교," 『복음과 실천신학』 30 (2014), 114-70.

67) 장성진, "한국교회의 성찬갱신을 위한 방향 연구: Heidelberg 요리문답을 중심으로," 『복음과 실천신학』 29 (2013), 147-78.

68) 16세기 스위스 등에서 개혁교회는 찬송가(hymn)를 활용하여 신앙고백서를 교육했다. 영국의 아이작 와츠(d. 1748)는 시편과 별도로, 성경과 신앙고백서를 철저히 연구하여 찬송가에 반영하여 교화(edification)를 시도했다. R. Sherman, "The Catechetical Function of Reformed Hymnody," Scottish Journal of Theology 55/1 (2002), 81-84. 참고로 개혁교회의 유산인 시편 찬송의 현대적 가치에 대해서는 Jooste and Potgieter, "The Legacy of Singing Scripture only in the Reformed Churches in South Africa," 7을 보라.

69) Potgieter, "A Confident Call to Faith," 9.

하이델베르크 교리문답서 52주 목차

---

70) 참고로 루터의 교리 설교의 특징은 다음과 같다. (1) 교리 설교는 성경 본문에 근거해야 하며, 교회의 신조와 신앙고백과 일치해야 한다. (2) 교의학은 학문 연구에 속하지 설교단에 어울리지 않기에, 교의학의 전문적인 연구 자체가 아니라 결론이 쉽게 설교되어야 한다. (3) 추상적 교리 언어를 피하고, 교리를 삶과 생생하게 연결해야 한다. (4) 청중이 이해하기 쉽도록 거드름 피우거나 전문적인 용어나 외래어 그리고 진부하거나 저속한 표현을 삼가야 한다. (5) 칭의, 성화, 은혜, 영감, 그리고 대속(代贖)과 같은 신학 전문용어 대신에, 생생한 이미지(시각적 용어와 상상력을 중세에 '마음의 눈'이라 부름)를 활용하라. 회중은 기독교 신앙의 용어를 이해하도록 교육받아야 하지만, 교리 설교는 대학교의 교리 강의와 다르다. L. C. Green, "Justification in Luther's Preaching on Luke 18:9-14," *Concordia Theological Monthly* 43/11 (1972), 733, 747에서 요약.

하이델베르크 교리문답서의 다차원적 읽기

제1주일(제1-2문)
우리의 유일한 위로와 삼위 하나님[71]

제1문 살아서나 죽어서나 당신의 유일한 위로는 무엇입니까?

답 살아서나 죽어서나 나는 나의 것이 아니요 몸도 영혼도 나의 신실한 구주 예수 그리스도의 것입니다. 그리스도께서는 그의 보혈로 나의 모든 죗값을 완전히 치르시고 나를 마귀의 모든 권세에서 해방하셨습니다. 또한 하늘에 계신 나의 아버지의 뜻이 아니면 머리털 하나도 땅에 떨어지지 않도록 나를 보호하시며, 참으로 모든 것이 합력하여 나의 구원을 이루도록 하십니다. 그러므로 그의 성령으로 그분은 나에게 영생을 확신시켜주시고, 이제부터는 마음을 다하여 즐거이 그리고 신속히 그분을 위해 살도록 하십니다.

해설 ➡ 제1문은 HC의 서론으로서, HC의 전체 강조점과 구조가 '위로'를 중심으로 전개될 것을 미리 천명한다.[72] 위로는 참으로 따뜻하고 목회적인 주제이다. 그리스도인이 위로를 받으려면 무엇보다 범죄로 인한 비참이 위로를 필요하도록 만드는 주요 원인임을 자각해야 하고, 구주와 주이신 예수님의 주권을 확실히 믿어야 한

---

71) 이 책에서 사용한 하이델베르크 교리문답 번역은 독립개신교회 교육위원회가 번역하고 성약출판사에서 출간한 것을 출판사의 허락을 받아 사용함을 밝힌다. 김헌수, 『하이델베르크 요리문답강해 I-V』 (서울: 성약, 2004, 2010).
72) Smit, "Oor die Inhoud en Boodskap van die Heidelbergse Kategismus," 65.

다.[73]

1문의 중심 문장은 "나는 …… 예수 그리스도의 것입니다."이다.[74] 따라서 HC의 서론은 물론 전체가 위로자이신 예수님을 초점으로 두고 있다고 보아도 무방하며, 우르시누스는 '기독론적 구원론'에 입각하여 위로를 설명한다.[75] 그리고 HC는 '기독론적 삼위일체론'을 표방하기에, 성부는 예수님의 아버지이시고, 성령은 그리스도의 영으로 파악하면 안전하다.

우리가 살아있을 때뿐 아니라 죽은 후에도 받는 위로가 무엇인가? 사람과 환경이 주는 일시적인 위로가 아니라, 영원하고 불변한 위로는 무엇인가? 생사 간 유일한 위로는 우리의 몸과 영혼이 구주 예수님의 소유라는 사실에 있다(롬 14:8).[76] 우리를 위해 죽으신 예수님은 우리가 깨어 있든지 자든지(영적으로 경성하지 못함) 함께하신다는 사실을 기억하며, 공동체는 서로를 위로해야 한다(살전 5:10-11).[77] 사람은 몸과 영혼이 결합된 하나의 인격체 즉 단일체

---

73) 김성욱, "고난에 처한 성도에게 주는 신앙적 유산들," 『한국개혁신학』 44 (2014), 8-33; P. J. de Bruyn, *Your Only Comfort: The Heidelberg Catechism for Mankind Today* (Potchefstroom: PUCHE, 1997), 2.

74) De Bruyn, *Your Only Comfort*, 1.

75) A. van de Beek, "… But also Just: Reflections on the Severe God of the Catechism," *Acta Theologica Suppl* 20 (2014), 115; Verboom, "Vijf Parels in de Heidelbergse Catechismus," 3.

76) HC 1문의 그리스도의 소유는 세례받음과 동의어라는 주장은 Verboom, "Vijf Parels in de Heidelbergse Catechismus," 3을 보라.

77) 살전 4-5장에서 예수님 안에서 자는 자(살전 4:13-14)와 깨어 있지 않고 자는 자(살전 5:10)는 동일한가? 살전 4:13-14의 동사 원형은 '자다'($\kappa οιμάομαι$, 코이마오마이)이지만, 살전 5:10은 '자다'($\kappa αθεύδω$, 카쑤도, 참고. 엡 5:14; 살전 5:6-7)이다. $\kappa οιμάομαι$(코이마오마이)는 LXX에 195회 등장하는데, 79회는 신체적 수면을, 64회는 육체적 죽음을, 그리고 52회는 성관계를 가리킨다. 그리고 $\kappa οιμάομαι$(코이마오마이)는 신약에 18회 등장하는데, 14회는 죽음을 가리키며, 단 한 번도 윤리적으로 경성하지 못함을 의미하지 않는다. 반면에 $\kappa αθεύδω$(카쑤도)는 LXX(외경 제외)에 30회 등장하는데, 2회만 은유적으로 신체적 죽음을 가리킨다. $\kappa αθεύδω$(카쑤도)는 신약에 22회 등장하는데, 육체적 죽음을 가리키는

이다.78) 그렇다면 왜 예수님께서 우리의 구주와 주님이시라는 사실이 유일한 위로인가? 먼저 예수님께서 나를 대신하여 십자가에서 흘리신 보혈은 나의 죗값을 완전히 치르셨고, 마귀의 무기인 정죄와 죽음의 두려움으로부터 우리를 해방하셨기 때문이다(사 53:5; 롬 8:2; 골 2:13-14; 계 1:5). 바울은 "너희가 그리스도의 것이면(ὑμεῖς Χριστοῦ, 휘메이스 크리스투) 아브라함의 자손이요 약속대로 유업을 이을 상속자들이다"라고 밝혔다(갈 3:29). 구주 그리스도의 소유가 된 사람은 천국과 영생의 상속자이다. HC 1문에서 복수형 '죄들'은 타락한 아담이 물려준 원죄와 우리의 자범죄를 가리킨다.79)

예수님께서 주신 구원의 은혜를 통하여, 우리는 성부와 성령님께서 구원을 위해 하신 일을 이해할 수 있다. 그래서 HC 1문에 삼위일체 가운데 예수님이 맨 먼저 언급된다. 이어서 성부 하나님의 구원 사역은 우리의 위로가 된다(참고. 사 40:1-2). 모든 자비의 아버지시며 위로(παράκλησις, 파라클레시스)의 아버지 하나님은 우리의 모든 것을 보호하시고 합력하여 구원을 이루신다(고후 1:3-5; 참고. 시 4:7-8). 또한 보혜사(保惠師) 성령 하나님은 우리에게 영생과 구원의 확신을 주시고, 하나님을 위해 기꺼이 살도록 도우신다(요

경우는 거의 없다. 살전 5:1-11의 주제는 육체적 죽음이 아니라 영적인 경성함이다. 예수님과 함께하는 구원은 주님의 십자가의 대속에 달려있지, 우리의 경성에 달린 것은 아니다(살전 5:10). 하지만 공동체는 서로 경성하도록 권면하고 덕을 세우며 기도해야 한다(살전 5:11, 17). 데살로니가교회에서 영적으로 자는 자(살전 5:10)는 게으르고 마음이 약하며 힘이 없는 자일 수 있다(살전 5:14). 그리고 신약성경에 동사 '깨어있다'(γρηγορέω, 그레고레오, 살전 5:10)의 주요 의미는 육체적으로 살아남이 아니라, 윤리적인 경성함이다. 요약하면, 살전 5:10의 '자다'는 죽음이 아니라 경성하지 못함을 의미한다. T. R. Edgar, "The Meaning of 'Sleep' in 1 Thessalonians 5:10," *JETS* 22/4 (1979), 347-49.

78) 이신열 (ed), 『종교개혁과 인간』 (부산: 고신대학교출판부, 2021), 242.

79) 허순길, 『교리문답 해설 설교 I: 하이델베르그 교리문답 주의 날 1-22』 (부산: 사랑과 언약. 2010), 19.

16:13). 삼위 하나님께서 죄인을 구원하시기 위해서 행하신 완전한 일이 유일한 위로이다. 참고로 경건한 목회자였던 아버지의 훈육을 받은 후 비텐베르크대학교에 재학 중이던 우르시누스가 경험한 전염병(1552년 여름)은 그로 하여금 하나님의 위로를 더 절실히 느끼도록 만들었을 것이다.[80]

이삭은 어머니 사라를 여읜 후에 리브가와 혼인하여 위로를 얻었다(창 24:67). 우리의 목자이신 예수님은 지팡이와 막대기로 우리를 안위하시고 위로하신다(시 23:4). "이 말씀은 나의 고난 중의 위로라 주의 말씀이 나를 살리셨기 때문입니다"(시 119:50). 하나님은 말씀으로 위로하시며 인자가 충만하시다. "주님의 인자하심이 나의 위안이 되게 하시며"(시 119:76). 이스라엘 백성은 바벨론 제국에서 70년간 포로 생활을 마치고 돌아올 것이므로 하나님은 이사야를 통해 자기 백성을 위로하셨다(사 40:1).[81] 페르시아의 아하수에로 다음 자리를 차지한 모르드개는 유대인을 비롯하여 다스리던 모든 백성을 위로했다(에 10:3). 생후 40일 된 아기 예수님을 안고 찬양했던 제사장 시므온은 이스라엘의 위로를 기다렸다(눅 2:25). 하나님은 환난 중에 있는 우리를 위로하사, 우리로 하여금 하나님의 위로로써

---

80) 참고. C. J. Burchill, "On the Consolation of a Christian Scholar: Zacharias Ursinus (1534-83) and the Reformation in Heidelberg," *Journal of Ecclesiastical History* 37/4 (1986), 566. 참고로 칼빈의 제네바 교리문답(1542)의 제1문답은 하나님의 영광을 위한 삶으로 시작하는 웨스트민스터 대소교리문답(WLC, WSC)과 유사하다. "인생의 주된 목적이 무엇인가? 하나님을 인식하는 것입니다." J. Calvin, 『칼뱅의 요리문답』, *Les Catéchismes de L'Église de Geneve*, 한인수 역 (서울: 도서출판 경건, 1995), 101. 참고로 HC 1문은 WSC 1문보다 더 인간중심적이라는 평가는 Van Vliet, "Experiencing Our Only Comfort," 168을 보라. 하지만 HC 1문의 설명은 사람의 의무를 논하기보다, 성도의 위로가 구원을 이루신 예수님께 있다고 밝히므로 근본적으로 하나님 중심적이다. 우르시누스의 대교리문답서 제1문은 WLC/WSC와 HC 1문을 종합한 것과 같다.

81) 참고. 송영목, "성경신학에서 본 위로," (부산향기목회아카데미 발제 글, 2019).

환난 중에 있는 자들을 능히 위로하게 하신다(고후 1:3-5). 성부, 성자, 그리고 성령 하나님은 우리의 구원을 위해 협력하셨고, 구원받은 우리를 위해서 여전히 합력하신다.

HC의 참고 자료들인 폴란드의 칼빈주의 개혁자 라스코(Jan a Lasco, d. 1560)의 교리문답과 우르시누스의 소교리문답(1562)의 중심 주제는 다름 아니라 '위로'였다.82) 우르시누스가 주도한 팔츠 교회질서(교회법, Palatinate Church Order, 1563)에 따르면, 팔츠의 교회들은 주일예배 시(종종 설교 이후)에 범죄와 부패 가운데 출생한 자신들의 가난과 비참을 영원토록 자비로우신 하늘 아버지께 아뢰었으며, 기도 끝에 자신을 산 제물로 바침으로써 하나님의 이름의 영광과 이웃의 교화를 위해 힘쓸 것을 다짐했다.83) 그리고 팔츠 옛 예전서(The Old Palatinate Liturgy, 1563)에 따르면, 설교자는 범죄로 인한 비참에 빠진 사람의 상처 받은 양심의 필요에 따라, 비참, 구원, 그리고 감사라는 처방약을 조심스럽게 활용해야 했다.

1556년 7월 1일에 올레비아누스는 부르주 근처 강에 빠진 동료들을 구하려다 자신도 목숨을 잃을 뻔했다. 그때 그는 살려주신다면 고향 트리어(Trier)에서 복음을 전하겠다고 하나님께 서원 기도를

---

82) B. Thompson, "The Palatinate Church Order of 1563," *Church History* 23/4 (1954), 346. 참고로 교회 교육에 열정을 가진 올레비아누스도 고향 트리어(Trier)에서 아이들에게 교리문답을 가르쳤는데, 그 교리문답의 정체는 불분명하다. 참고로 올레비아누스는 영적으로 고통당하던 사람들에게 영적 위로를 주기 위해서 견고한 교리적 기초를 자신의 책 『확고한 기초』(A Firm Foundation)에 설명했는데, 초판은 하이델베르크에서 1567년에 출판되었다. 사도신경을 해설한 이 책은 224페이지에 걸쳐 179문답에 이르는데, HC와 형식과 구조 그리고 접근 방식에 있어 유사하다. C. Olevianus, *A Firm Foundation: An Aid to Interpreting the Heidelberg Catechism*, Trans. by L. D. Bierma (Grand Rapids: Bakers, 1995), xv-xviii.

83) Z. Ursinus et als.. "Palatinate Church Order 1563," in *Reformation Worship: Liturgies from the Past to the Present*, ed. J. Gibson (Greensboro: New Growth Press, 2018), 610-61.

드렸다. 그는 극적으로 구출된 것을, 하나님의 섭리라고 믿었고, 서약을 지키기 위해서 칼빈을 사사하는 등 노력을 기울였다. 20세 청년 올레비아누스는 살든지 죽든지 위로가 구주 예수님께 있음을 체험했다.[84]

팔츠 교회법 14:403-404의 병자를 위한 기도는 죄와 비참 그리고 위로가 아래와 같이 분명히 강조한다.

> 우리가 비오니 주여, 육체의 약함이나 여러 다른 슬픈 시련을 가진 우리에게 주의 성령의 은혜를 주셔서, 우리가 아버지의 이 회초리를 먼저 마음으로 깨달아, 사실 우리는 여러 죄를 범했으므로 우리에게 더 심하게 벌주셔야 했다는 것을 알게 하소서. 그다음에는 이 살아 있는 위로가 우리 마음에 끊임없이 견고하게 보존되게 하셔서 이 은혜로운 시련이 주님의 진노의 표가 아니라 오히려 우리를 향한 아버지의 사랑임을 알게 하소서.[85]

미국장로교(PCUSA)의 '간략한 신앙에 대한 진술'(Presbyterian Church's Brief Statement of Faith, 1996)도 "생사 간에 우리는 하나님께 속해 있습니다."라고 밝힌다.

적용 ▶ 회사원, 자영업자, 학생은 실적과 성과를 올리기 위해 경쟁에 뛰어든다. 행복한 사람은 거의 없고, 대다수가 우울해하는 '피로사회'가 도래했다. 교회의 양적성장이라는 압박감 속에 과잉 사역으로 탈진하는 목회자도 있다. 그들에게 필요한 것은 위로이다. '위로'(慰勞)란 '수고를 치사하여 마음을 즐겁게 함' 혹은 '괴로움과 슬픔을

---

84) 이남규, 『우르시누스·올레비아누스: 하이델베르크 요리문답서의 두 거장』, 81-82.
85) 참고. 이남규, 『우르시누스·올레비아누스: 하이델베르크 요리문답서의 두 거장』, 253-54.

잊게 하여 마음을 편하게 함'을 뜻한다. 사람의 공감과 지지 그리고 위로는 중요하다. 그러나 참되고 깊은 위로를 주시는 분은 하나님이시다. 우리는 위로의 하나님을 견고하게 신뢰하는 훈련을 해야 한다. 코로나19와 같은 재난의 때에 위로받으려면, 꼭 확인해야 할 질문이 있다. "나는 나를 책임질 수 있는 누구에게 속해 있는가?" 우리는 살아도 위로자이신 주님을 위해 살고, 죽어도 유일한 위로자이신 주님을 위해서 죽어야 한다. 그러므로 우리는 사나 죽으나 우리를 영원토록 사랑하시는 주님의 것이다(롬 8:38-39; 14:8; 고전 6:20). 주님을 섬긴다면, 이웃도 섬겨야 한다(마 22:37-39). '위로받은 위로자'(the comforted comforter)인 선교적 공동체는 이웃에게 위로와 힘을 불어넣고, 우리 자신이 이웃과 함께 있기만 해도 선물 같은 존재가 되도록 노력해야 한다.86)

제2문　이러한 위로 가운데 복된 인생으로 살고 죽기 위해서 당신은 무엇을 알아야 합니까?

답　다음의 세 가지를 알아야 합니다. 첫째, 나의 죄와 비참함이 얼마나 큰가,87) 둘째, 나의 모든 죄와 비참함으로부터 어떻게 구원받는가, 셋째, 그러한 구원을 주신 하나님께 어떻게 감사를 드려야 하는가를 알아야 합니다.

해설 ▶ 그리스도인이 죄와 비참 가운데라도 영원한 위로를 즐기며 살다가 복되게 죽기 위하여 세 가지 사실인 비참과 구원과 감사를

---

86) 공동체(community)는 라틴어 '함께(com)와 '선물'(munus)의 합성어이다.
87) HC의 첫째 큰 제목은 '죄와 비참'이 아니라, '인간의 비참'(Von Menschen Elend)이다. 원죄가 초래한 우리의 비참한 상태, 즉 실낙원의 상태를 먼저 직시해야만 은혜와 윤리를 깊이 깨닫게 된다. S. Baard, "The Heidelberg Catechism on Human Sin and Misery," *Acta Theologica Suppl* 20 (2014), 89-90.

올바로 알아야 한다. 삼위 하나님께서 합력하여 죄인 중의 괴수와 같은 비참한 우리를 구원하신 것을 올바로 알아야 한다(딤전 1:15 -16). 그리고 실낙원을 초래한 첫째 아담의 후손인 우리는 죄악 중에 출생했으며(시 51:5), 범죄의 무서운 대가가 사망인 줄 알아야 한다(롬 6:23). 범죄가 관영한 세상에 홍수 심판이 임했지만, 하나님은 위로의 사람 노아(נ)와 언약을 맺어 세상을 새롭게 창조하시고 위로 하셨다(창 7-9). 또한 하나님의 위로를 받으며 복되게 살기 위해서는 죄와 비참에 빠져 허물과 죄로 죽었던 사람들을 하나님께서 구원하신 것도 알아야 한다. 그리고 우리가 위로라는 복을 누리려면, 구원받은 후에 하나님과 교제하며 감사하는 방법을 배워야 한다. 요약하면, 하나님의 크고 완전한 위로를 받고 위로하며 살려면, 범죄가 초래한 비참, 구원 그리고 감사의 삶을 계속 배워야 한다. 참고로 HC의 비참, 구원, 그리고 감사라는 구조는 16세기 개혁가들인 루터, 멜란히톤, 그리고 칼빈의 신학에도 등장한다.[88]

베다니 나사로의 장례식에서 이웃 사람들이 마르다와 마리아 자매를 위로했지만 그것은 완전하지 못했다(요 11:19). 그러나 그 자매는 부활이요 생명이며 위로자이신 예수님께서 나사로를 부활시키시자 완전한 위로를 받았다. 예수님은 고별설교를 통해 염려하던 제자들에게 보혜사 성령님의 위로 사역을 자세히 설명하셨다(요 14:16; 16:12-15). 초대교회는 성령님의 위로로써 든든히 서며 부흥했다(행 9:31). 그리고 하나님은 유두고가 죽었다 부활한 바 있는

---

88) W. Dreyer and A. van Rensburg, "Oorsprong van die Drievoudige Struktuur van die Heidelbergse Kategismus," *HTS Teologiese Studies* 72/3 (2016), 3-4. 참고로 가난과 비참에 빠진 비관적인 인간론을 반대하면서 HC를 두 주제 즉 '소외와 선물'로 나누는 경우는 D. Smit, "Vervreemding en Gawe: Sleutelmotiewe in die Heidelbergse Kategismus?" *NGTT* 54/ 1-2 (2013), 1을 보라.

드로아교회를 위로하셨다. 위로의 방법은 사도 바울을 보내셔서 강론과 부활의 기적과 성찬이었다(행 20:7-12).

서신서에서 바울은 하나님께서 교회를 위로하시는 방편을 소개한다. 하나님의 말씀(롬 15:4; 고전 14:3)과 동역자의 방문(고후 7:6; 골 4:8), 성도의 사랑 등이다(빌 2:1; 몬 7; 참고. 살후 2:16). 성도가 이런 위로를 받을 수 있는 이유는 그들이 그리스도의 것이기 때문이다(고전 3:23). 위로의 성령님은 성도와 성도 그리고 하나님과 성도 간의 위로의 교제를 촉진하신다(고후 13:13).

적용 ▶ 솔로몬은 해 아래서 권력자로부터 온갖 학대와 악행을 받는 사람들이 눈물을 흘리지만, 위로자가 없다고 말한 바 있다(전 4:1-3). 죄와 비참과 온갖 불행은 아담의 불순종 이후 이 세상에 항상 존재한다.

제2주일(제3-5문)
언약의 율법과 참된 사랑

제3문 당신의 죄와 비참함을 어디에서 압니까?[89]

답 하나님의 율법에서 나의 죄와 비참함을 압니다.

해설 ▶ 우리가 비참한 죄인이라는 사실은 하나님의 율법에서 정확히 알 수 있다. 율법은 하나님의 입에서 나온 말씀이다.[90] 하나님께

---

89) 참고. 송영목, "성경신학에서 본 가난과 비참," (부산향기목회아카데미 발제 글, 2019).
90) 1571년 5월 28일부터 6월 19일까지 프란켄탈(Frankenthal)에서 HC 지지자들과 재세례파들 사이에 논쟁이 있었다. 후자는 구약과 신약, 예수님의 신성과 인

서 선하시고 의로우시며 거룩하시기에 율법(νόμος, 노모스)과 계명(ἐντολή, 엔톨레)도 선하고 의롭다(롬 7:12). 출애굽기 19-24장에 따르면, 이스라엘 백성이 은혜로 출애굽한 후에 시내산에 도착했을 때, 하나님은 그들과 언약을 세우시고 율법을 주셨다(참고. 출 34:27; 신 29:1). 따라서 율법은 새 언약 백성인 우리에게 은혜롭고 선한 하나님의 말씀이다. 율법은 차갑고 냉랭하여 죄인에게 벌주는 말씀이라기보다, 복음이 포함된 하나님의 언약 말씀이다.91) 성령님은 우리에게 은혜를 주셔서 언약의 율법과 계명을 지킬 수 있도록 인도하신다. 그래서 하나님의 계명은 우리에게 무거운 것이 아니다(요일 5:3). 우리는 언약의 말씀인 성경을 통해, 진정한 기업 무르시는 분(고엘)이시며 과부의 남편이자 고아의 아버지로 자처하신 하나님은 가난하고 비참한 이들을 긍휼히 여기시고 위로하심을 배운다(출 22:21-24; 신 10:18-19; 마 25:31-46; 눅 4:16-21).

HC는 물론 츠빙글리도 『참 종교와 거짓 종교에 대한 주해』에서 첫째 아담 못지않게 모든 인간이 비참하다는 사실에 주목했다. "우리 영은 그 어떤 피조물을 향하든지, 그 어떤 계획을 세우든지, 그 어떤 소망을 품든지 간에 항상 오직 걱정, 곤란과 비참에 빠지게 된

성, 교회와 세상, 성령의 구원역사와 인간의 타락한 본성을 분리시키는 이원론적 영성을 표방했다. 참고. H. van den Belt, "Anabaptist Spirituality and the Heidelberg Catechism," in *The Spirituality of the Heidelberg Catechism: Papers of the International Conference on the Heidelberg Catechism Held in Apeldoorn 2013*, ed. A. Huijgen (Göttinegn: Vandenhoeck & Ruprecht, 2015), 58-59.

91) J. M. Burger, "The Story of God's Covenants: A Biblical-Theological Investigation with Systematic Consequences," *Calvin Theological Journal* 54/2 (2019), 288-89. 참고로 창 2:16-17을 '창조언약'(아담언약, 행위언약)으로 볼 수 있는가에 대한 논쟁은 Burger, "The Story of God's Covenants," 277-81을 보라. 그러나 아담의 범죄와 모든 인간이 타고나는 원죄는 사람이 행위언약을 지키지 못하도록 만들었음은 분명하다.

다."92) 개혁신학에서 언약신학의 출발점은 언약에 기초하여 유아세례를 변증한 츠빙글리인데, 그 후 언약은 칼빈을 거쳐서 '언약신학의 실제적인 설립자'인 올레비아누스에 의해 인간의 타락과 예수님의 구원 사역을 이해하는 핵심 개념으로 자리를 잡았다.93) 올레비아누스는 성도를 '하나님의 언약동맹자'(confoederatus)라 부르기를 선호했다.94)

적용 ➡ 우리 사회의 가난(家難)과 비참(悲慘)을 설명하는 표현이 많다. 예를 들어, 양극화 심화, 88만원 세대, 비정규직, 위험의 외주화, 그리고 승자독식 등이다. 우리는 자신이 거주하는 지역과 이웃 지역을 비교하면서, 그리고 남과 비교하면서 상대적 빈곤과 박탈감을 종종 겪는다. 맥체인 성경읽기표 등을 활용하여 성경을 집중하여 읽으면서, 우리의 죄와 비참과 하나님의 위로와 은혜를 발견하자. 그리고 사람은 죄성의 경향으로부터 자유로운 상태로 태어난다는 주장(예. 어거스틴이 반대한 펠라기우스)은 물론, 죄인의 책임성을 약화시키기 위해 사람은 범죄 할 수밖에 없다는 운명론적 주장을 경계하자(예. 마니교, 영지주의).95)

제4문   하나님의 율법이 우리에게 요구하는 것은 무엇입니까?

답   예수님께서 마태복음 22장에서 이렇게 요약하여 가르치십니다. "네 마음을 다하고 목숨을 다하고 뜻을 다하여 주 너의 하나님을 사랑하라 하셨으니 이것이 크고 첫째 되는 계명이요, 둘째는 그와 같으니 네 이웃을 네 몸과 같이 사랑

---

92) 참고. 이신열 (ed), 『종교개혁과 인간』, 41.
93) 신득일 (ed), 『종교개혁과 하나님』 (부산: 고신대학교출판부, 2018), 163.
94) 신득일 (ed), 『종교개혁과 하나님』, 188.
95) 참고. Baard, "The Heidelberg Catechism on Human Sin and Misery," 93-94.

하라 하셨으니, 이 두 계명이 온 율법과 선지자의 강령이니라"(마 22:37-40).

해설 ▶ 예수님은 구약의 율법을 완전히 준행하셨고 성취하셨다. 마음과 목숨을 다해 하나님과 이웃을 사랑하는 것이 율법의 강령(綱領) 곧 요약이다. 사랑은 율법의 완성이다(롬 13:10). 우리가 아직 죄인이었을 때 우리를 사랑하셔서 우리 대신 독생자 예수님을 죽이심으로써 아버지는 자신의 사랑을 확증하셨다(롬 5:8). 사도 베드로와 요한은 사랑을 하나님의 주요 성품이라고 밝힌다(벧후 1:7). "사랑은 여기 있으니 우리가 하나님을 사랑한 것이 아니요, 하나님께서 우리를 사랑하셔서 우리 죄를 속하기 위하여 화목제물로 그 아들을 보내셨다"(요일 4:10). 예수님의 십자가는 하나님의 사랑의 표시이다. 사랑의 하나님께서 우리에게 사랑과 위로를 실천하라고 요구하신다. 참고로 HC 제34-44주일은 십계명을 해설하면서, 그리스도인에게 사랑과 덕의 윤리를 실천하라고 권면한다.[96]

적용 ▶ 성경은 언약의 율법이며, 하나님의 사랑 이야기(love story)와 같다.[97] 매장마다 하나님이 누구시며, 하나님의 사랑이 무엇인지 찾아보자. 그리고 그 사랑이 우리의 것이 되도록 기도하며 사모하자. 그리고 그 사랑을 누리고 전하도록 애쓰자.[98]

---

96) J. M. Vorster, "'N Etiek van Liefde: Die Etiese Perspektiewe van die Heidelbergse Kategismus," *In die Skriflig* 47/2 (2013), 2-8.
97) 참고. W. Vlastuin, "The Doctrine of Scripture in the Heidelberg Catechism Revisited: Heidelberg's Relevance for a Postmodern Age," *International Journal of Systematic Theology* 17/1 (2015), 26-45.
98) 성경의 충족함을 철저히 믿은 루터는 외경도 독일어로 번역했는데, 외경의 가치는 하나님의 말씀을 반영하고, 자기 백성을 향한 하나님의 호의를 설명하는 데 있다고 보았다(루터 선집 35:339). 루터에게 외경 중 성경 해석에 통찰을 제공하는 유용한 알곡도 있고(예. 유딧), 그렇지 않은 가라지도 있다. '체로 치지 않은 가루'(grist)와 같은 외경이 성경의 큰 내러티브에 일치한다면 가치가 있다. C.

제5문 당신은 이 모든 것을 온전히 지킬 수 있습니까?

답 아닙니다. 나에게는 본성적으로 하나님과 이웃을 미워하는 성향이 있습니다.

해설 ▶ 모든 사람은 율법의 요약인 사랑을 제대로 실천하지 못하는 죄인이다. 제5문의 동사 '미워하다'(zu hassen)는 분노와 폭력과 저주만 가리키지 않고, 사랑할 수 없거나 사랑하지 않으려는 성향도 포함한다(롬 8:7).[99] 우리는 본성적으로 하나님을 미워하기에 우상을 만들어 섬기며, 하나님의 이름에 합당한 영광을 드리는 대신에 헛되게 주님의 이름을 부르기도 한다. 아담이 선악과를 먹은 후, 그의 아들 가인은 사람을 죽이는 것을 보지도 배우지도 않았음에도 동생 아벨을 죽일 만큼 본성이 악했다(창 4:8). 우리는 본성적으로 남을 미워하기에, 남의 것을 탐내고, 훔치고, 빼앗고, 남에게 거짓말과 거짓 증거하며, 남을 죽이기도 한다. 이처럼 우리의 죄악 된 본성을 따라 산다면 10계명을 모두 어길 수밖에 없다.

적용 ▶ '이웃을 섬기는 선교적 공동체'(missional community)가 되려면, 무엇을 어떻게 실천해야 하는지 생각하고 기도하자. 그리고 죄와 비참과 미워하는 악한 본성으로부터 날마다 구원받기를 간구하자. 우리를 구원하셔서 위로하시는 하나님과 교제하며 주님과 이웃을 사랑하고 섬기자. 하나님의 위로와 구원의 은혜를 더 받기 원

M. Croghan, "Grist for the Mill: Luther on the Apocrypha," *Word & World* 29/4 (2009), 393-95.

99) Welker, "What Profit is the Reign of Christ to Us?" 282. Contra 인간의 타락한 본성을 경험적으로 분석하여 HC의 주장을 반박하는 P. Lampe, "Are Humans by Birth as Wicked as the Heidelberg Catechism (3-11) holds?: A Dialogue between Theology and Modern Sciences," *Acta Theologica Suppl* 20 (2014), 82.

한다면, 십자가 사랑을 기억하고 더 사랑하고 더 감사하자.

제3주일(제6-8문)

하나님의 형상과 하나님의 영광

제6문　그러면 하나님께서는 사람을 그렇게 악하고 패역한 상태로 창조하셨습니까?

답　아닙니다. 하나님은 사람을 선하게, 또한 자신의 형상, 곧 참된 의와 거룩함으로 창조하셨습니다. 이것은 사람으로 하여금 자신의 창조주 하나님을 바르게 알고, 마음으로 사랑하며, 영원한 복락 가운데서 그분과 함께 살고, 그리하여 그분께 찬양과 영광을 돌리기 위함입니다.

해설 ➡ 제6문은 '그러면'(then)으로 시작하기에 HC 제2주일을 이어서, 하나님의 형상으로 지음받은 사람의 원래 모습을 설명한다. 하나님의 형상을 다루는 제6문답은 인간의 죄와 비참을 다루는 제3-5문답과 인간의 타락의 유래를 다루는 제7문답을 연결한다. 하나님은 사람의 죄와 비참 그리고 타락의 원인이 아니다.[100]

사람이 비참과 미움에 사로잡힌 것은 사람에게 문제가 있어서인지, 아니면 우리를 창조하신 하나님께 문제가 있는가? 하나님은 6일에 걸쳐 모든 창조를 마치신 후 "보시기에 심히 좋았다"고 말씀하셨다(창 1:31). 특히 사람은 하나님의 창조에 있어 정점이었다(시 8:5). 그리고 하나님은 죄악을 기뻐하는 신이 아니시므로 악이 주님

---

100) 이신열 (ed), 『종교개혁과 인간』, 135.

과 함께 머물지 못한다(시 5:4). 그러므로 사람이 겪는 비참과 미움의 원인은 선하신 하나님께로 돌릴 수 없다.

하나님은 영이시므로, 외형을 가지지 않으신다(요 4:24). 따라서 하나님의 형상을 손, 발, 다리처럼 신체로 이해할 수 없다. 사람은 하나님의 형상인 '의와 진리의 거룩함으로'(*ἐν δικαιοσύνῃ καὶ ὁσιότητι τῆς ἀληθείας*, 엔 디카이오쉬네 카이 호시오테티 테스 알레쎄이아스) 창조되어 지정의를 가지고 있다(엡 4:24). 하나님의 형상으로 창조된 아담 부부는 땅에 충만하고 번성하고 다스려야 했다(창 1:26, 28). 하나님은 자기 형상을 지음받은 선교적 사람들을 통하여 하나님 나라를 건설하신다.101) 우리가 하나님의 통치를 이 세상에 실현하려면 언약에 신실하여 의롭게, 하나님의 계명에 담긴 진리를 따라 거룩하게 살아야 한다. 그리고 아담과 하와의 부부 관계는 서로 한 몸이 되어 삼위 하나님 사이의 교제를 본받아야 했다. 하나님은 우리의 아름다움을 온전케 하시기를 기뻐하시는데, 의와 진리와 거룩이 회복된 부부와 가정은 하나님 나라가 된다(겔 27:4).102)

하나님은 우리를 자신의 형상으로 만드셨는데, 목적은 하나님께 영광을 돌리며 언약의 교제를 누리기 위함이다. 우리는 하나님의 형상이므로 창조주 하나님을 알고, 사랑하고, 영원한 복을 누리고, 찬양과 영광을 드릴 수 있다. 이것이 사람답게 잘 사는 길이다.

적용 ➡ 창조주 하나님을 부인하고 미워하고 송영하지 않는 진화론자, 무신론자, 우상숭배자 등은 인간답게 살지 못한다. 그리고 불의, 거짓, 부정에 빠져 사는 사람도 하나님을 알지도, 사랑하거나 복을

---

101) Burger, "The Story of God's Covenants," 298.
102) 언약 백성은 하나님의 형상을 만들어 우상숭배 하지 말아야 한다(출 20:4; 신 5:8; 계 13:14). D. Krause, "Keeping It Real: The Image of God in the New Testament," *Interpretation* 59/4 (2005), 364.

누리지도, 찬송하지도 못한다.

제7문 그렇다면 이렇게 타락한 사람의 본성은 어디에서 왔습니까?

답 우리의 시조 아담과 하와가 낙원에서 타락하고 불순종한 데서 왔습니다. 그때 사람의 본성이 심히 부패하여 우리는 모두 죄악 중에 잉태되고 출생합니다.

해설 ➡ 하나님은 자신의 형상을 따라 사람을 창조하시되, '의와 진리와 거룩'이라는 세 특성으로만 창조하지 않으셨다. 사람은 하나님과 사람과 자연을 사랑해야 하며, 창조주를 찬양해야 마땅하다. 이런 의미에서 사람에게 주어진 자유의지는 사랑을 실천하는 데 있어서는 긍정적 조건과 같지만, '치명적인 자유'(deadly freedom)가 될 때 사람을 죄의 종으로 전락시킨다.[103] 인류의 대표 선수격인 아담과 하와가 에덴동산에서 불순종한 이래로 원죄에 물든 인간의 본성은 타락했다. 그래서 모든 사람은 죄악 중에 태어나며(시 51:5), 하나님의 뜻을 모르는 지식의 상실과 하나님께 불순종하려는 성향을 경험한다(요 8:44; 엡 2:3).[104] 원죄는 인간의 범죄에 대해 책임을 묻는 하나님의 주권적 행위이다.[105]

우리는 조상이자 인류의 대표인 아담과 연합하여 죄를 지었는데 그것을 어거스틴은 '원죄'(原罪)라 불렀다. "한 사람으로 말미암아 죄가 세상에 들어오고 죄로 말미암아 사망이 들어왔나니 이와 같이 모든 사람이 죄를 지었으므로 사망이 모든 사람에게 이르렀느니라"(롬 5:12). 원죄는 죄가 유전(遺傳)되어 예수님의 구원의 은총을 입

---

103) G. M. I. van Wyk, "Die Heidelbergse Kategismus oor die Mens as Beeld van God," *In die Skriflig* 47/2 (2013). 4.
104) 이신열 (ed), 『종교개혁과 인간』, 252.
105) 허순길, 『교리문답 해설 설교 I: 하이델베르그 교리문답 주의 날 1-22』, 67.

지 못한 상태로 태어나는 것이다. 유아들에게도 원죄가 있기에, 은혜언약의 성례인 유아세례가 필요하다. 노아 홍수 이전에 하나님은 사람의 죄악이 세상에 가득함과 그의 마음으로 생각하는 모든 계획이 항상 악함을 보시고 근심하셨다(창 6:5). 그리고 원죄를 가지고 태어나는 사람의 마음의 계획은 어려서부터 악하다(창 8:21). 세상 죄를 지시고 없애시기 위해 오신 예수님께서도 사람 속에서 나오는 것은 악한 생각, 곧 음란, 도둑질, 살인, 간음, 탐욕, 악독, 속임수, 음탕, 질투, 비방, 교만, 그리고 우매함이라고 말씀하셨다(막 7:21-22; 요 1:29; 약 4:1-2). 모든 사람은 '본성상 진노의 자녀'($\tau\acute{\epsilon}\kappa\nu\alpha$ $\varphi\acute{\upsilon}\sigma\epsilon\iota~\acute{o}\rho\gamma\widetilde{\eta}\varsigma$, 테크나 퓌세이 오르게스)이다(엡 2:3).

"온 인류가 아담의 첫 범죄에서 타락하였는가? 아담과 체결한 언약은 그 자신뿐만 아니라 그에게서 출생할 후손까지 포함한 것이어서 그에게서 통상적인 방법으로 출생하는 모든 인류는 그 안에서 범죄하여 그의 첫 범죄와 함께 타락하였다."(WSC 12).

"우리는 아담이 우리의 원조였을 뿐만 아니라 인간 본성의 뿌리이므로, 그의 타락 안에서 모든 인류는 부패되는 것이 마땅하다고 확실하게 주장해야 한다. 우리는 아담 안에서 죽었다. 아담은 죄를 지음으로 스스로 불행과 멸망을 자초했을 뿐만 아니라 우리들의 본성을 파멸로 빠뜨렸다. 이렇게 된 것은 우리와 전혀 관계되지 않은 그 자신 홀로의 죄책 때문이 아니라, 그가 타락한 부패로 그의 모든 후손을 감염시켰기 때문이다."(기독교강요 2.1.6).[106]

---

106) 찰스 하지(Charles Hodge, d. 1878)는 원죄가 아담과 하와에게 주어진 하나님의 선물인 원의(original righteousness)를 박탈시켰다고 보았다. 참고로 원죄에 있어 아담의 대표성은 제2성전시기 유대문헌에도 나타난다(4에스라 7:118). C. A. Gieschen, "Original Sin in the New Testament," *Concordia Journal* 31/4 (2005), 361-68; M. Paget, "Christology and Original Sin: Charles Hodge and Edward Irving compared," *Churchman* 121/3 (2007), 230.

적용 ▶ 창조주 하나님과 관계가 단절된 채 살아가는 죄인들은 하나님 나라 확장과 문화명령에 관심이 없고, 자신의 부와 명예를 위해서 산다. 그들은 범죄하여 죄의 종으로 살아간다(요 8:34).

제8문 그러면 우리는 그토록 부패하여, 선은 조금도 행할 수 없으며 온갖 악만 행하는 성향을 지니고 있습니까?

답 그렇습니다. 우리가 하나님의 성령으로 거듭나지 않는 한 참으로 그렇습니다.

해설 ▶ 8문은 타락한 죄인에게 매우 엄중하고도 절박하며 절망적인 질문이다. 사람의 본성과 정의가 부패하면 선행 대신에 악행만 행한다. 그런데 우르시누스는 인간이 타락한 후, 하나님의 형상 가운데 높고 크고 선한 것들(예. 구원에 이르는 지식)은 상실되었지만, 하나님의 잔여물이 심지어 중생하지 않은 사람들에게도 어느 정도 있다고 보았다(예. 도덕과 절제의 흔적).107) 따라서 죄성을 지닌 사람에게 모든 지식과 재능이 사라진 것은 아니다. 예를 들어, 죄인들이 흩어지지 않고 자신들의 명성을 위해 바벨탑을 쌓을 때, 대단한 기술과 재능이 있었다(창 11:1-9). 하지만 바벨탑을 건축하던 사람들은 놀라운 기술을 가지고 하나님께 영광을 돌리지 않았다.

제8문은 악한 죄인들에게 복음과 소망과 위로를 제시한다. 바로 성령으로 거듭나면 악을 미워하고 선을 사랑할 수 있다. 성령께서는 우리에게 선한 양심과 선한 행실을 일깨우신다(벧전 3:16). 여자의 후손으로 성육하신 마지막 아담 예수님은 성부 하나님의 형상이시다(고전 4:4; 골 1:15). 예수님은 성령으로 하나님의 형상이 회복된

---

107) 이신열 (ed), 『종교개혁과 인간』, 246.

사람에게 지혜와 의와 거룩과 구원을 주시는 분이다(고전 1:30).[108]
그리고 성령님은 우리가 예수님을 닮아 하나님의 형상을 회복하도
록 역사하신다. 하나님은 구원하시기 원하는 사람들이 자신의 형상
을 본받도록 미리 정하셨다(롬 8:29).

　삼위일체적 관점에서 하나님 형상의 회복을 설명한다면 다음과
같다. 성부는 아들을 통하여 회복시키고, 성자는 성령을 통하여 회
복시키며, 성령은 말씀과 성례로써 회복시키신다.[109]

적용 ▶ 성령의 역사 없이 스스로 하나님의 형상을 회복할 사람은
없다. 성령님은 우리가 창조주를 기억하고, 그분의 복락을 누리고,
찬송과 영광을 돌리도록 인도하신다. '중생의 영'이신 성령님은 죄
와 비참과 미움에 빠진 자들을 구원하여 정상적 삶으로 회복하신다.
성령님은 주님의 백성에게 은사와 재능을 주시고 하나님의 영광을
위해 활용하게 인도하신다. 지혜의 영이신 성령님은 우리를 지으신
하나님을 아는 지식까지도 새롭게 하신다(골 3:10). 기도의 영이신
성령님은 우리가 하나님의 뜻과 계획을 기도로 여쭈어 알고 행하도
록 인도하신다(골 1:10).

제4주일(제9-11문)
하나님의 의와 언약의 사랑

제9문　　하나님께서 사람이 행할 수 없는 것을 그분의 율법에서 요구

---

108) 요 1:1, 14는 마지막 아담의 탄생을 묘사하며, 요 19:5와 20:15, 22도 동산에
　　서 생령이 된 첫 아담을 떠올리게 한다. E. W. Klink III. "Genesis Revealed:
　　Second Adam Christology in the Fourth Gospel," *Bulletin of Ecclesial
　　Theology* 5/1 (2018), 32-40.
109) 이신열 (ed), 『종교개혁과 인간』, 247.

답   아닙니다. 하나님은 사람이 행할 수 있도록 창조하셨으나, 사람은 마귀의 꾐에 빠져 고의로 불순종하였고, 그 결과 자기 자신뿐 아니라 그의 모든 후손도 하나님의 그러한 선물들을 상실하게 되었습니다.

해설 ▶ 선악과를 먹지 말라, 그리고 생육하고 번성하여 땅에 충만하고 다스리라는 문화명령은 아담이 타락하기 전에 주어졌다(창 1:28). 이것은 '창조언약' 혹은 '아담언약'의 일부로 볼 수 있다. 그리고 선악과를 두고 하나님은 아담에게 언약 관계에 충실할 것을 요구하셨다(창 2:16-17). 이것은 부당한 일이 아니다. 하나님께서 이 언약을 지키실 것이며, 아담과 후손들에게도 언약 규정을 신실하게 지킬 수 있도록 은혜를 베푸실 것이기 때문이다.

에덴동산에서 하나님은 대왕이시며 아담은 작은 왕이다. 하나님은 자신의 대리 통치자인 아담을 통해 에덴동산과 온 세상을 다스리기 원하셔서 언약을 맺으셨다. 언약이 체결될 때, '-을 하라' 그리고 '-는 하지 말라'는 언약 조항이 중요하다. 하나님은 작은 왕인 아담에게 땅에 번성하고 충만하라는 긍정적 규정은 물론, 선악과를 먹지 말라는 부정적 규정도 주셨다.

인간은 무죄한 상태에서는, 하나님 앞에 선한, 또 하나님이 아주 기뻐하는 것을 원하고 행할 자유와 능력을 가지고 있었다. 그런데 아직 가변적이어서 그 상태에서 타락할 수 있었다(웨스트민스터 신앙고백서 9:2). 아담은 처음 창조된 무흠(無欠)의 상태에서 자신의 자유의지의 능력으로 하나님의 명령을 지켜 무흠의 상태에서 더 나은 삶으로 나아가야 했다(참고. 기독교강요 1.15.8). 자유의지를 가지고 마귀의 유혹에 넘어간 책임은 아담과 그의 후손이 져야한다.

자유의지는 우리의 정욕을 따라 자유롭게 살 수 있는 의지가 아니다. 오히려 그것은 창조주 하나님의 뜻을 깨닫고 주님의 위로를 받으며 즐거이 살겠다는 의지이다. 참 자유의지를 활용하는 방법은 참 경건은 죽는 것보다 하나님을 거스리는 것을 더 두려워하는 것임을 깨닫고 실천하는 것이다(기독교강요 1.2.1).

적용 ▶ 하나님의 말씀을 즐거워하고 감사함으로 순종하기 위해, 바쁘다는 이유로 영의 양식인 성경을 맛이 없도록 만드는 마귀의 궤계를 경계해야 한다. "계명과 말씀을 외우고, 노래하고, 고민하십시오. 그것이야말로 의심할 여지 없이 악마를 쫓아버릴 강력하고 거룩한 분향이며, 진실로 참된 성수요 십자가의 표지입니다. 말씀이야말로 악마를 몰아내고 사냥합니다."110)

제10문 하나님께서는 그러한 불순종과 반역을 형벌하지 않고 지나치셨습니까?

답 결코 그렇지 않습니다. 하나님께서는 원죄와 자범죄 모두에 대해 심히 진노하셔서 그 죄들을 이 세상에서 그리고 영원히 의로운 심판으로 형벌하실 것입니다. 하나님께서는 "누구든지 율법 책에 기록된 대로 온갖 일을 항상 행하지 아니하는 자는 저주 아래 있는 자라"(갈 3:10)고 선언하셨습니다.

해설 ▶ 우리가 아담 안에서 함께 지은 죄를 '원죄'라 부른다. 하나님은 이 원죄 때문에 죄인을 심판하신다.111) 자기 스스로 부지 중

---

110) M. Luther, 『대교리 문답』, *Der Große Katechismus*, 최주훈 역 (서울: 복있는 사람, 2017), 31-32.
111) 천주교는 마리아에게 원죄가 없기에 하나님을 출산할 수 있었다고 주장한다.

혹은 고의로 지은 죄를 '자범죄'라고 부른다. 이것은 하나님과 이웃을 미워하는 죄성이 발동한 범죄이다. 하나님은 자범죄를 지금, 그리고 영원히 심판하신다. 하나님의 진노가 불의로 진리를 막는 불경건과 불의 때문에 하늘에서 나온다(롬 1:18). 아담과 하와의 타락 이후 하나님은 그들을 심판하셨다. 하와에게 출산의 고통을, 아담에게는 양식을 얻기 위해 가시와 엉겅퀴가 있는 땅에서 노동해야만 하는 심판을, 그리고 그들은 죽어 흙으로 돌아가는 심판을, 뱀에게는 흙을 먹도록 즉 철저히 낮추시는 심판을 내리셨다(창 3:14-19).

적용 ➡ 우리는 우리의 원죄와 자범죄를 다 해결하실 분이 필요하다. 바로 그분은 마지막 아담이신 예수님이시다. 하나님은 구원하시기로 작정하신 자녀 즉 성령으로 하나님의 형상이 회복된 사람들 곧 생사 간에 위로를 예수 그리스도에게 둔 주님의 백성을 향하여서는 그들이 지은 죄를 따라서 비례하여 심판하지 않으신다(시 25:7). 하나님께서 범죄한 아담과 하와에게 지어주신 가죽옷이 이를 증명한다(창 3:21).

제11문 그러나 하나님은 또한 자비하신 분이 아니십니까?

답 하나님은 참으로 자비하신 분이나 동시에 의로운 분입니다. 죄는 하나님의 지극히 높으신 엄위를 거슬러 짓는 것이므로 하나님의 공의는 이 죄에 대해 최고의 형벌, 곧 몸과 영혼에 영원한 형벌을 내릴 것을 요구하십니다.

해설 ➡ 자비하신 하나님께서 현재와 장래에 심판하시는 것이 말이 됩니까? 라고 물을 수 있다. 그래서 이단 제칠일예수재림안식교와 여호와의 증인은 영원한 형벌의 장소인 지옥과 영원한 심판을 부정한다. 그들은 자비로우신 하나님께서 영원토록 심판하실 리가 없다고 주장한다. 그러나 예수님은 구더기도 타죽지 않는 지옥을 가르치셨고(막 9:48), 몸과 영혼을 능히 지옥에 던져 멸할 수 있는 하나님을 경외하라고 명령하셨다(마 10:28).

주님 보좌의 기초는 의이며, 주님 앞에는 사랑이 있다(시 89:14; 참고. 롬 11:22). 죄는 지극히 높으신 하나님의 엄위를 거스르는 것이다. 다윗 왕은 밧세바와 간음하고 우리야를 죽인 후, "내가 주께만 범죄하여 주의 목전에 악을 행하였습니다."라고 회개했다(시 51:4). 다윗 왕이 밧세바와 우리야라는 사람들에게 지은 죄도 궁극적으로는 하나님께 지은 죄라는 뜻이다. 이웃을 향하여 살인과 간음과 거짓말과 도둑질과 거짓 증거라는 죄를 짓는 것은 그 계명을 주신 하나님의 엄위를 거역하는 것이다. 이런 범죄에 대해 하나님은 죄인의 몸과 영혼을 심판하신다. 그리스도인은 하나님께서 심판하시는 중에도 그분의 긍휼과 선한 손을 의지해야 한다(삼하 24:14; 롬 8:32; 기독교강요 1.16).[112]

적용 ▶ 우리는 공의의 하나님을 기억하고 회개해야 한다(고후 7:10). 예수님의 재림 때 최후심판이 있을 것이다. 이런 이유로 하나님의 긍휼과 사랑, 우리를 죄에서 구원하실 중보자, 그리고 첫째 아담이 초래한 악영향을 역전시킬 수 있는 마지막 아담이 필요하다(고전 15:45-47). 이런 내용은 이어지는 제5주일에서 살필 것이다.

우리 신앙의 물음표는 느낌표로 끝나야 한다. 교회가 이웃과 함께하는 선교적 공동체가 되기 위해서, 성도는 이웃에게 회복된 하나님의 형상을 보여주도록 노력해야 한다. 칭의의 은혜를 입은 성도의

---

112) Van de Beek, "... But also Just," 125-26.

"거룩함은 우리 인격의 모든 부분에 미치고 우리의 존재를 다 채우고 우리의 삶을 총망라하고 우리가 갖고 있거나 행동하거나 생각하거나 말하거나 계획하거나 크거나 작거나 외적이거나 내적이거나 부정적이거나 긍정적이거나 모든 것 곧 우리가 사랑하는 것, 미워하는 것, 슬퍼하는 것, 즐거워하는 것, 재창조하는 것, 우리의 우정, 관계, 침묵, 말, 우리가 읽는 것, 쓰는 것, 나가거나 들어오는 것에 영향을 미친다. 곧 영과 혼과 몸의 모든 움직임 속에서 우리의 전 인간에 영향을 미친다."(Horatius Bonar[1808-1889]).[113] 하나님의 사랑과 약속 관계에서 신실함도 이웃에게 보여주자.

제5주일(제12-15문)
우리의 중보자와 구원자는?

제12문   하나님의 의로운 심판에 의해 우리는 이 세상에서 그리고 영원히 형벌을 받아 마땅한데, 어떻게 이 형벌을 피하고 다시 하나님의 은혜를 입을 수 있습니까?

답   하나님께서는 자신의 의가 만족되기를 원하십니다. 따라서 우리는 우리 스스로든 아니면 다른 이에 의해서든 죗값을 완전히 치러야 합니다.

해설 ▶ HC 5-31주일은 제2부 '우리의 구속에 관하여'이다. 제1부는 '죄와 비참에 관하여'였다. 12문은 죄와 비참에서 '구속'(救贖) 받

---

113) H. Bonar는 스코틀랜드 목회자이자 찬송 작시자이다. 그는 "게으른 목회자보다 세상에 더 악한 자는 없다"라는 세실(Cesil)의 문구를 인용한 바 있다.

는 방법을 묻는다.114) '구속'은 대가를 치르고 건져내는 것 즉 예수님의 목숨 값인 보혈로써 사형선고를 받은 죄인을 사서 구원하시는 것이다(벧전 1:2). 의로우신 하나님은 구속받아 은혜를 입고 화목하기를 원하는 죄인에게 죗값을 요구하신다. 구속은 첫째, 형벌을 피하고, 둘째, 하나님의 은혜를 덧입는 것이다.

동생 아벨을 죽였던 가인은 하나님 앞에서 쫓겨났지만, 다른 사람에게 육신의 생명을 잃지나 않을까 두려워했다(창 4:14; 참고. 창 20:11). 가인은 목숨만 붙어있다면 하나님 앞에서 멀리 쫓겨나는 것을 대수롭지 않게 여겼다. 그러나 밧세바와 간음했던 다윗은 주님 앞에서 쫓겨나고 주의 성령을 거두어 가시는 것을 두려워했다(시 51:11). 다윗은 사죄의 은혜를 입어, 성령의 역사로 하나님의 은혜를 다시 입고 주님 가까이에서 살 수 있음을 소망했다.

적용 ▶ 대속은 마치 사형선고를 받는 죄수가 자기 '대신' 죽을 수 있는 사람을 만나는 것이다(비교. 고종의 명령으로 김구의 사형집행이 정지됨). 예수님은 대속주이시자 마지막 아담이라는 '대표'이시며, 자신이 이루신 구속의 은덕에 택자들을 '참여'하도록 초대하신다.115) 따라서 그리스도인은 구원을 위해 '대신, 대표, 참여'라는 세

---

114) WC 제6장의 타락, 7장의 언약, 그리고 8장의 중보자 그리스도의 순서도 HC 제4주일과 5주일의 흐름과 유사하다. 다시 말해, 타락한 죄인은 새 언약의 중보자이신 예수님을 통하여 구원을 받는다.

115) 참고. J. Joubert, "Salvation according to the Heidelberg Catechism," *Acta Theologica Suppl* 20 (2014), 104-105. 스텔렌보쉬대학교 조직신학 교수 유베르(Joubert)는 HC 12-18문의 구원을 설명하는 용어들이 현대 그리스도인에게 지나치게 신학적이어서 추상적이지 않은지 우려하며 의문을 제기한다. 그리고 그는 HC가 구원의 우주적 및 창조적 차원을 덜 강조하고, 구약 이스라엘에서 신약 교회로의 구원계시사적 발전을 충분히 설명하지 못한다고 평가한다. 또한 HC가 예수님 안에서 변화된 성도의 신분이나 덕스러운 인격 형성을 강조하는 데 미흡하기에 하나님의 대속의 은혜를 통한 개인 구원주의에 집중하게 만들고, HC의 '얻다', '유익' 그리고 '성취'와 같은 용어는 오늘날의 맘몬과 경쟁 및 성공제일주의를 더 부추길 우려가 있다고 본다. 참고. Joubert,

주제어를 기억해야 한다. 그리고 포스트모던의 탈종교화 시대에 그런 신학적 용어들을 쉽게 풀어내어 소통하는 방법을 찾아보아야 한다.

제13문 우리가 스스로 하나님의 의를 만족시킬 수 있습니까?

답 결코 그렇지 않습니다. 오히려 우리는 날마다 우리의 죄책을 증가시킬 뿐입니다.

해설 ▶ 공의로우신 하나님의 요구를 따라서 완벽하게 살 수 있는 사람은 없다(롬 3:23). 우리가 착한 양심과 행실로 살려고 해도 불완전하다. 날마다 잘못을 저지르고 책임을 져야 하는 죄책(罪責)은 늘어만 간다. 바리새인들은 율법을 지킴으로 구원을 얻을 수 있다고 보았다. 그리고 이단 펠라기우스는 선행으로 구원을 받을 수 있다고 보았다. 이렇게 사람의 능력을 과대평가하는 것은 사람 속에 자리 잡은 무서운 죄성의 힘을 간과한 것이다.

적용 ▶ 하나님의 의로운 속성은 예수님 안에서만 우리에게 자비와 긍휼로 바뀐다.

제14문 어떠한 피조물이라도 단지 피조물로서 우리를 대신하여 하나님의 의를 만족시킬 자가 있습니까?

답 하나도 없습니다. 첫째, 하나님께서는 인간의 죄책 때문에 다른 피조물을 형벌하기를 원치 않으십니다. 둘째, 어떠한 피조물이라도 단지 피조물로서는 죄에 대한 하나님의 영원한 진노의 짐을 감당할 수도 없고, 다른 피조물을 거기

"Salvation according to the Heidelberg Catechism," 108-112.

에서 구원할 수도 없습니다.

해설 ➡️ 에덴동산에서 하나님은 아담과 언약을 맺으셨기에, 사람의 범죄로 인하여 동물이나 천사나 다른 피조물에게 형벌을 내리시기 원치 않는다. 그리고 모든 피조된 생물은 잠시 살다가 죽기에, 하나님의 영원한 형벌을 감당할 수 없다. 구약에서 죄인을 대신하여 양과 소가 불타 죽으면 일회적 속죄만 발생시키고 끝난다. 그 후에 다른 속죄를 위해서 짐승은 또 죽어야 했다. 그 짐승들이 죽은 지 3일 만에 부활한 경우는 없다. 양과 소로써는 영원한 속죄가 불가능했다 (히 10:11).

적용 ➡️ 온전히 의로우신 예수님은 우리에게 자비의 구주이시다(참고. 시 145:8, 13).

제15문 그렇다면 우리는 어떠한 중보자와 구원자를 찾아야 합니까?

답 참 인간이고 의로운 분이시나 동시에 참 하나님이고 모든 피조물보다 능력이 뛰어나신 분입니다.

해설 ➡️ 하나님의 의롭고 영원한 심판을 충족시킬 중보자와 구원자는 누구인가? 중보자의 임무는 깨어진 관계에 놓인 두 편 사이의 불화를 화해시킨다. 그런데 중보자가 구원자 역할도 담당하는 경우는 거의 없다. 의로우신 하나님과 죄인 사이의 화목을 위해 예수님께서 중보자가 되셨다(참고. 몬 18). 예수님은 우리를 하나님과 화해시키셨고, 우리의 구주도 되신다. 우리는 하루 더 살면서 죄책을 늘려가지만, 의로우시고 영원하신 예수님은 하나님의 말씀에 완전히 순종하셨다. 그리고 예수님은 하나님 아버지의 영원한 진노를 십자가 위에서 담당하시고 그분의 공의를 충족시키셨다.

중세 시대부터 예수님의 능동적 순종과 수동적 순종을 구분했다. 우리의 중보자이시며 구주이신 예수님의 '능동적 순종'(active obedience)은 십자가의 고난까지, 전 생애에 걸쳐 성부 하나님께서 주신 율법의 요구를 모두 수행하신 것을 가리킨다(마 5:17; 롬 8:19). 반면, 예수님의 '수동적 순종'(passive obedience)은 우리를 대신하여 하나님 아버지의 형벌을 받아 죽기까지 순종하셔서 하나님의 공의를 만족시킨 것이다(참고. 갈 3:10, 13). 예수님의 능동적 및 수동적 순종은 중보자와 구원자로서 사역인데, 성부 하나님께 순종해야 하는 죄인의 의무와 불순종이 초래한 형벌을 성자께서 만족시키셨다. 예수 그리스도의 완전한 순종은 마치 성도가 완전히 순종하고 공의를 만족시킨 것으로 간주된다.116) 예수님 안에 연합하여 거하는 성도는 중보자와 구원자 예수님의 두 가지 순종을 균형 있게 배워야 한다. 우리가 구원의 은혜를 누리면서 말씀에 순종해야겠다는 결심 말이다.117)

---

116) 이 단락은 R. W. Daniels, "To fulfill All Righteousness: The Saving Merit of Christ's Obedience," *Puritan Reformed Journal* 5/2 (2013), 51에서 요약. 프랑스 개혁교회는 1603년에 능동적 순종을 부인하는 목사들을 면직할 것을 결정했다. 이 교회는 1612년 총회에서 목사는 죽을 때까지 능동적 순종을 믿고 가르칠 것을 서약하도록 결정했다. 스위스 개혁교회는 1588년 베른 총회에서 예수님의 가장 완전한 순종인 능동적 순종과 그것이 성도에게 전가됨을 확인했다. 이 교회는 1675년에 정통교리를 변호하는 문서를 통해, 그리스도의 능동적 순종을 거부하는 자는 성경과 그리스도의 영광에 맞서 싸운다고 밝혔다(제16항). 1675년 스위스 일치신조에 따르면, 예수님은 택함을 받은 사람들을 대신하여 성부의 의로운 종으로서 순종하여 행하셨고(능동적 순종), 당하셨다(수동적 순종; 참고. 빌 2:8). 화란 개혁교회는 벨직신앙고백서 제22장 칭의에서 "우리를 위하여 또 우리를 대신하여 행하신 그 많은 거룩한 일과 모든 공로를 우리에게 전가하시는 예수 그리스도가 우리의 의다."라고 고백한다(참고, 웨스트민스터 대교리문답 97문). 이남규, "그리스도의 능동적 순종에 대한 개혁교회의 결정," 『합신은 말한다』 37/1 (2022), 10-13.
117) 최갑종은 예수님의 십자가 처형 이전의 능동적 순종과 처형 때의 수동적 순종이라는 전통적 구분을 반대한다. "분명한 것은 바울이 로마서 5:12-21의 문단에서 아담의 능동적인 불순종과 그리스도의 능동적인 순종을 대조시키고 있다

적용 ▶ 하나님은 우리에게 언약 관계 속에서 신실하게 살라는 의를 요구하신다. 즉 언약의 규정을 따라 책무를 다할 것을 명하신다. 우리가 불순종할 때 의로운 하나님은 징벌하신다. 그러나 언약의 관계가 회복되어 유지되도록 하나님은 중보자와 구원자인 예수님의 구속 사역을 보시고 우리에게 회복적 의를 행하신다(눅 15:22-24).

제6주일(제16-19문)
참 인간이신 동시에 참 하나님이신 중보자

제16문 중보자는 왜 참 인간이고 의로운 분이셔야 합니까?

답 하나님의 의는 죄지은 인간이 죗값 치르기를 요구하나 누구든지 죄인인 사람으로서는 다른 사람을 위해 값을 치를 수 없기 때문입니다.

해설 ▶ 하나님은 사람과 언약을 맺으셨기에 언약을 깨트린 인간에게 죗값을 찾으신다(참고. 갈 4:5). 따라서 우리의 중보자는 죄가 없고 언약에 충실한 참사람이셔야 한다. 시각 장애인이 다른 시각 장애인을 인도할 수 없듯이, 물에 빠져 죽어가는 사람이 익사 중인 사람을 건져낼 수 없듯이, 죄인은 다른 죄인을 구원할 수 없다. 올레비

는 점이다. 이것은 결국 그리스도의 생애를 둘로 구분하여, 십자가 이전의 삶을 율법에 대한 긍정적 순종으로, 십자가에서의 죽음을 수동적 순종인 것처럼 도식화할 수 없다는 것을 뜻한다. 오히려 바울은 빌립보서 2:6-11에서 그리스도의 성육, 지상에서의 낮아지심의 삶, 십자가의 죽음 전체를 그리스도 자신의 능동적 순종으로 말하고 있다. …… 요약하자면 그리스도의 십자가는 그의 수동적 순종의 최고의 표현(3장)일 뿐만 아니라, 또한 그의 능동적 순종의 최고의 표현이라는 것이다. 최갑종, "[특별기고] 그리스도의 순종, '능동'인가, '수동'적인가?" 참고. http://www.kscoramdeo.com (2022년 10월 18일 접속).

아누스는 아버지 하나님께서 의로우시므로 사람의 범죄에 대해 지옥의 고통이라는 벌을 십자가에 달린 자기 독생자에게 내리셔서 사람의 모든 죗값을 절반이 아니라 완전히 받으셨다고 설명한다.[118] 안셀름처럼 칼빈도 하나님의 의를 (외적, 법적으로) 충족시킨 중보자 예수님을 인정하면서도, 성자께서 구원을 이루신 화해자와 새 언약의 중보자 역할을 강조한다(히 7:17; 기독교강요 2.12.1-3).[119]

적용 ➡ 우리는 죄와 죽음의 영역으로 내려오셔서 화해시키신 후 부활로 높아지신 예수님을 증거함으로써 하나님의 화해 사역에 참여해야 한다. 우리도 낮아짐의 영성을 갖추면 이웃과 더불어 사는 선교적 공동체가 될 수 있다.[120]

제17문 중보자는 왜 동시에 참 하나님이셔야 합니까?

답 그의 신성의 능력으로 하나님의 진노의 짐을 그의 인성에 짊어지시며, 또한 의와 생명을 획득하여 우리에게 돌려주시기 위함입니다.

해설 ➡ 하나님의 형벌과 진노는 영원하다. 따라서 잠시 살다가 죽을 피조물인 인간은 하나님의 진노를 감당할 수 없다. 따라서 영원한 분이라야 성부의 형벌을 짊어질 수 있다. 흠과 점이 없으신 예수님은 영으로 의롭다함을 입으시고 하늘로 올려지셨다(눅 24:51; 딤전 3:16). 예수님의 부활과 승천은 주님의 무죄와 의로움을 증명하는 사건이다. 성령께서 죽으신 예수님을 부활시키셔서 하나님의 아

---

118) 신득일 (ed), 『종교개혁과 하나님』, 177.
119) C. E. Gunton, "One Mediator ... the Man Jesus Christ: Reconciliation, Mediation and Life in Community," *Pro Ecclesia* 11/2 (2002), 151-52.
120) Gunton, "One Mediator ... the Man Jesus Christ," 157.

들로 인정받게 하셨다(롬 1:4). 그러므로 예수님의 부활은 우리에게 의와 영생을 주신 사건이다.

적용 ▶ 의롭고 영원하신 예수님의 부활 덕분에 우리도 함께 일으킴을 받았다(엡 2:6).

제18문 그러나 누가 참 하나님이시며 동시에 참 인간이고 의로우신 그 중보자입니까?

답 우리 주 예수 그리스도 즉 하나님께로서 나와서 우리에게 지혜와 거룩함과 구속함이 되신 분입니다.

해설 ▶ 예수님은 의와 진리의 거룩함이라는 하나님의 형상을 가진 분이다(엡 4:24; 골 1:15). 성부 하나님의 형상이신 예수님은 우리에게 '지혜와 거룩함과 구속'($\sigma o \varphi \acute{\iota} \alpha \ \dot{\alpha} \gamma \iota \alpha \sigma \mu \grave{o} \varsigma \ \dot{\alpha} \pi o \lambda \acute{\upsilon} \tau \rho \omega \sigma \iota \varsigma$, 소피아 하기아스모스 아폴뤼트로시스)을 은혜로 주신다(고전 1:30). 예수님은 성부의 뜻을 파악하시고 실천하시는 참 지혜자이다. 예수님은 구별된 거룩하신 분이다. 예수님은 길과 진리와 생명이시며 우리의 중보자요 구원자이다(요 14:6). 예수님은 참 하나님과 참 사람이시지만 두 분이 아니라 신비롭게도 한 분이다. 예수님은 신성과 인성이라는 양성을 가지고 계시지 두 분은 아니다. 우리는 중보자 예수님의 이름으로 기도한다.121) 올레비아누스는 예수님의 신성의 근거들 가운데 하나를 구약에서 여호와 하나님과 그분의 사역에 대해 말씀

---

121) 2021년 1월 20일, 미국 제46대 조 바이든 대통령의 취임식에서 아프리칸 감리교 목사 Silvester Beaman박사의 마무리 기도는 "...... 할렐루야, 우리의 집단적인 믿음의 가장 강한 자의 이름으로 기도합니다. 아멘."(...... Hallelujah, in the strongest name of our collective faith, Amen)으로 마쳤다. 이것은 유일한 중보자 예수님을 무시한 기도이며, 제3 계명을 어겨 예수님의 이름을 망령되게 일컬은 것이다. 그는 흑인 대학인 Wilberforce대학교 출신이다.

하는 것은 바로 예수 그리스도에 대해 말하는 것과 같다는 데서 찾는다.122)

육체를 부정한 것으로 간주하는 가현설주의자들은 예수님의 인성(人性)을 부인한다. 요한일서는 그런 자들을 '적그리스도들'이라 부른다(요일 2:18, 22).

적용 ➡ 예수님의 지혜와 거룩 그리고 구원이라는 은덕들은 성령께서 우리에게 믿음을 주셔서 적용하신다.

제19문 당신은 이것을 어디에서 압니까?

답 거룩한 복음에서 압니다. 하나님께서는 이 복음을 처음에 낙원에서 친히 계시하셨고, 후에는 족장들과 선지자들을 통해 선포하셨으며, 또한 율법의 제사들과 다른 의식들로써 예표하셨고, 마지막에는 그의 독생자를 통해 완성하셨습니다.

해설 ➡ 우리의 유일한 중보자와 구원자이신 예수님은 참 하나님과 참 사람이다(딤전 2:5; 히 8:6; 9:15; 12:4). 이 사실을 우리는 '거룩한 복음'에서 안다. 우리는 성경이 아니라, 성경이 기록되기 전부터 있던 거룩한 복음에서 안다. 성경은 거룩한 복음을 기록한 책이다. 성경이 기록되기 전에도 거룩한 복음이 있었다.

에덴동산의 예수님의 복음은 가죽옷과 최초복음(protoevangelium)이 보여준다(창 3:15). 짐승을 죽여 무화과 나뭇잎 옷 대신에 가죽옷을 범죄한 아담 부부에게 주셨다(창 3:21). 여자의 후손이자 마지막 아담이신 예수님은 아담과 하와 부부를 유혹한 뱀의 머리

---

122) 신득일 (ed), 『종교개혁과 하나님』, 180.

를 깨트리실 것이다.

족장들이 깨달은 예수님의 복음은 아브라함이 이삭을 죽여 번제로 드리려고 순종했을 때, 아들이 죽지 않도록 만드신 데서 본다(창 22). 성부 하나님의 독생자 예수님은 죽으시더라도 부활하셔서 우리에게 의와 영생을 주신다.

율법과 제사에 나타난 예수님의 복음은 짐승 제사로써 하나님의 진노가 누그러뜨려지고 충족된 것을 통하여, 영원한 유월절 어린양 예수님이 죽으심으로써 사죄의 은총이 주어질 것이다. 7월 10일 대속죄일의 두 마리 염소의 죽음도 사죄와 구원을 보여준다(레 16). 백성의 죄가 전가된 염소는 이스라엘 진영을 떠나 광야의 아사셀에게 보내졌다. 아사셀은 죄의 근원인 사탄을 가리킨다. 이것은 사탄 배상설이 아니라, 죄는 하나님의 백성이 아니라 사탄에게 어울린다는 것이다. 그리고 선지자들이 전한 예수님의 복음은 이사야가 예언한 야웨의 고난당하는 어린양을 통한 구원에서 분명히 볼 수 있다(사 53).

적용 ▶ 구약과 신약성경은 예수 그리스도의 구원의 복음이다. 성경은 예수님을 발견하도록 꼼꼼히 생각하며 읽어야 한다. 구약에서 예수님을 통해서 이루실 구원을 찾아야 한다(히 12:2의 구약의 허다한 증인들이 구주 예수님의 사역을 증거함).

제7주일(제20-23문)
참된 믿음은 확실한 지식과 굳은 신뢰

제20문 그러면 아담 안에서 모든 사람이 멸망한 것처럼 그리스도를 통하여 모든 사람이 구원을 받습니까?

답　　　아닙니다. 참된 믿음으로 그리스도에게 연합되어 그의 모든 은덕을 받아들이는 사람들만 구원을 받습니다.

해설 ▶ 유일한 중보자와 구원자이신 예수님은 우리와 어떻게 연결되는가? HC 20-21문은 성도가 믿음으로써 예수님과 연합된다고 설명한다. "아담 안에서 모든 사람이 죽은 것같이 그리스도 안에서 '모든 사람'이 삶을 얻으리라"(고전 15:22).[123] 부활장에 속한 고린도전서 15장 23절은 그리스도에게 붙어있는 사람이라면 주님의 재림 때에 죽은 몸이 부활한다고 설명한다. 따라서 구속받는 사람은 예수님께 '접붙임'(ἐγκεντρίζω, 엥켄트리조)을 받은 모든 사람이다(요 15:2; 롬 11:24-26). 예수님의 음성을 듣는 모든 사람은 구원을 얻는다(요 10:27-29). 따라서 예수님을 믿어 주님과 연합되지 않고도 모든 인류가 구원받는다는 만인구원설은 성경이 가르치는 바가 아니다.[124]

믿음으로 예수님과 연합될 때, 주님의 모든 은덕을 받아들인다. "그리스도를 안다는 말은 그분의 은덕을 아는 것이다"(멜란히톤).[125] 성부는 우리를 불러 자신의 아들 예수 그리스도 우리 주님과 더불어 교제하도록 하셨다(고전 1:9). 포도나무이신 예수님께 접붙여지면, 주님의 모든 은혜를 받기에 좋은 포도송이를 맺는다(요 15:5). 우리와 예수님 사이의 연합을 강조하기 위해 바울은 '그리스도 안에

---

123) HC에 '모든'(all)과 '아무도 없다'(no one) 그리고 '항상'(always)이라는 표현은 약 200회 나타난다. Verboom, "Vijf Parels in de Heidelbergse Catechismus," 5.
124) 예수님은 마 13:40-42, 22:13 그리고 24:51 등에서 지옥 형벌을 가르치셨다. A. Kuyper, *The Revelation of St. John* (Eugene: Wipf & Stock, 1999), 346. 참고로 WCC는 1970년부터 타종교와 대화를 적극 추진했는데, 종교다원주의자는 만인구원설에 빠질 가능성이 크다. 김영재, "종교다원주의와 만인구원론 비판," 『신학정론』 12/2 (1994), 417.
125) Bierma, "The Theological Distinctiveness of the Heidelberg Catechism," 339.

서'(ἐν Χριστῷ, 엔 크리스토)와 '그리스도와 함께'(일으키셨고 앉히
셨다, συνήγειρεν καὶ συνεκάθισεν, 쉬네게이렌 카이 쉬네카씨센)를
반복한다(엡 2:6-7). 구원은 "그리스도께서 분리될 수 없는 교제의
끈(성령)으로 우리와 단단히 결합할 뿐만 아니라 놀라운 연합에 의
해 날마다 그가 점점 우리와 한 몸으로 자라나서 결국에는 우리와
완전히 하나가 되시는 것이다"(기독교강요 3.2.24).[126]

　　우리는 구주 예수님을 믿음으로 그분의 신부가 되어 결혼이라는
언약 관계에 들어간다(계 21:2). "성부께서 택하신 자들을 교회의 머
리이신 그리스도께 접붙이실 뿐만 아니라, 동시에 '양육의 책임을
맡은 어머니 교회'에 접붙이시고, 각 지체들의 은혜의 분량에 따라
각양 은사를 베푸시는 분은 바로 성령이시다."(기독교강요 3.1.1;
4.1.3).

적용 ▶ 만인구원설을 따르면 전도할 필요가 없으며, 이웃에게 사랑
과 복음을 전하는 선교적 공동체가 되려고 노력할 이유가 없다.

제21문　참된 믿음이란 무엇입니까?

답　　참된 믿음은 하나님께서 그의 말씀에서 우리에게 계시하
　　　　신 모든 것이 진리라고 여기는 확실한 지식이며, 동시에
　　　　성령께서 복음으로써 내 마음속에 일으키신 굳은 신뢰입
　　　　니다. 곧 순전히 은혜로, 오직 그리스도의 공로 때문에 하
　　　　나님께서 죄 사함과 영원한 의로움과 구원을 다른 사람뿐
　　　　아니라 나에게도 주심을 믿는 것입니다.

---

126) 칼빈은 고전 1:30에서 그리스도와 연합된 사람은 칭의와 성화의 이중 은혜를
　　　받는다고 설명한다(기독교강요 3.16.1). 윤형철, "칼빈 구원론의 세 가지 핵심
　　　개념: 그리스도와의 연합unio cum Christo, 이중은혜duplex gratia, 그리고
　　　유사 신품화quasi Deificari," 『개신논집』 16 (2016), 113-14.

해설 ▶ 참된 믿음은 하나님께서 구원의 약속을 이루시는 데 있어 신실하심을 계시의 말씀인 성경을 통해 알며 믿는 것이다(히 11:1, 3).127) 믿음이란 하나님께서 성경에 계시하신 모든 내용을 진리라고 확실히 아는 것이다. 그리고 성경의 저자이신 성령은 복음으로써 성도의 마음에 굳센 신뢰를 불러일으키신다. 성도를 예수님과 연합시키는 참 믿음은 성령의 역사로만 가능한, 확실한 지식과 굳은 신뢰이다.

믿음에는 지식의 요소가 있기에, 성경은 맹목적인 믿음을 가르치지 않는다. 성도는 성경에서 이해하기 어려운 내용조차 확실한 진리라고 믿고 이해하며 순종하려고 애써야 한다. 우리는 성경의 모든 내용을 이해한 후에 믿는 것이 아니다. 오히려 베드로의 고백처럼 주님을 믿고 난 후에 아는 경우도 적지 않다(요 6:69). "영생은 곧 유일하신 참 하나님과 그의 보내신 자 예수 그리스도를 (인격적 신뢰로) 아는 것이니이다"(요 17:3). 성경을 믿는 사람은 그 말씀을 주신 하나님도 굳게 신뢰해야 한다.

HC 21문의 지식과 결부된 믿음은 학문성이나 합리성이 결여된 과학 이전 시대의 믿음일 뿐인가? 지식은 믿음을 뒤따르기에, 믿음이 지식에 앞선다. 칼빈도 인정하듯이, 믿음은 하나님을 아는 지식의 핵심이다. 그러나 동전의 양면과 같은 믿음과 지식을 분리하지 말아야 하는데, 성경은 '믿음'($\pi\iota\sigma\tau\iota\varsigma$, 피스티스)을 '지식'($\epsilon\pi\iota\gamma\nu\omega\sigma\iota\varsigma$, 에피그노시스)이라고 종종 표현한다(엡 1:17; 4:13; 골 1:9; 딤전 2:4; 딛 1:1; 요일 3:2). 타락으로 인하여 인지가 왜곡된 인간이 자연적으로 얻는 지식과 믿음을 통하여 얻는 지식은 다르므로 이 둘은 서로

---

127) Van Wyk, "Mistifikasie en Geloof," 172; Verboom, "Vijf Parels in de Heidelbergse Catechismus," 5.

구분되어야 한다(기독교강요 3.2.14). 성경을 하나님의 말씀으로 전제하는 믿음을 배제한 지식은 아무런 내용 없이 공중에 매달려서 이리저리 흔들릴 뿐이다. 하나님의 선물인 믿음이 과학적 과정과 결부된다면 과학적 지식을 형성한다. 예를 들어, 역사비평으로 대변되는 이성적 신학 탐구 이전에 활동한 종교개혁자들은 합리적인 성경 해석방식인 안디옥 학파의 문법-역사적 해석을 복원시켰다. 믿음의 지식적 요소는 성경 해석자가 과학적 활동을 시작할 때 전제해야 할 바이다.128)

구원은 전적인 하나님의 은혜이자 선물이다(엡 2:8; 고전 15:10). 예수님과 연합되어 모든 은덕을 누리게 하며 성경을 진리로 받아들이게 만드는 믿음은 성령의 역사로만 가능하다. 성령은 우리를 복음의 진리로 이끄시고, 우리 마음에 복음을 신뢰하도록 일하신다(요 16:13; 벧전 1:11; 요일 2:20, 27; 계 2:7; 22:17). 모든 믿는 자들에게 구원을 주시는 하나님의 능력인 그리스도의 복음을 진심으로 들으면 믿음이 생긴다(롬 1:16; 10:17). 성령은 하나님께서 행하신 위대한 일들 곧 죄 사함과 칭의와 구원을 우리가 은혜로 믿고 고백하도록 역사하신다(고전 12:3). 빌립보의 가이사랴에서 베드로가 신앙을 고백한 것은 사람이 아니라 하나님의 역사이자 선물이었다(마 16:16-17).

적용 ▶ 하나님은 예수님과 연합하기로 예정된 모든 사람 즉 다른 사람뿐 아니라 바로 나 자신에게도 확실한 지식과 굳은 신뢰를 선물로 주셨다. 따라서 교회는 하나님 앞에 겸손히 감사하고, 소망 중에 송영하는 공동체가 되어야 한다.

---

128) 이 단락은 S. P. van der Walt, "Geloof en Kennis in die Heidelbergse Kategismus," *In die Skriflig* 47/2 (2013), 3, 6-8에서 요약 인용.

예수님 안에 있는 사람이라면 예배 중 설교를 통하여 하나님의 복음을 배워야 한다. 성령님은 천국의 열쇠인 설교를 통하여 굳센 민음 즉 확신을 회중의 마음에 일으키시므로, 하나님의 임재와 영적 만남을 회중에게 주시고, 사탄과 죽음의 권세를 깨트리신다(마 16:19; 고전 2:4-5; 살전 1:5).129) 성령께서 조명하시고 개입하시는 역사가 없이 화자의 언변이나 수사학에 의존한 설교는 웅변이나 연설에 지나지 않는다. 믿음에서 참 지식이 나온다고 보았던 칼빈은 성령의 조명(내적 증거)은 감긴 눈을 열고, 하나님의 존재에 대한 인식을 새롭게 하여, 하나님을 우리 안으로 모시도록 만든다고 보았다.130) 그러므로 성경의 영감성을 부정하는 과학적이고 합리적인 인본주의적 지식의 문제와 한계를 직시해야 한다.131) 올바른 신앙의 지식적 요소는 복음과 신앙고백서를 탐구할 때 전제(前提)와 같다.132) 참고로 HC가 작성된 1563년에 천주교의 트렌트공의회 (1545-1563)가 종료되었는데, 그 회의는 반종교개혁적 방식으로 교회 전통을 성경과 동등하다고 간주했다. 그런 전통은 참된 지식과 굳센 확신의 기초가 될 수 없다.

---

129) 설교자의 본문 주해, 설교 행위와 회중의 반응, 그리고 기도에 성령은 전반적으로 역사하신다. 로이드 존스는 설교에서 빛과 진리와 열기(성령의 역사)가 균형을 이룰 것을 강조했다. 그리고 스펄전은 설교 전에 성령이 역사하심을 믿는다고 일곱 번 반복하여 기도했다. 물론 회중은 설교를 교훈, 책망, 교정, 교육을 위한 하나님의 말씀으로 믿고 들어야 한다(고후 3:16). 참고. 이승진, "성령 하나님과 설교자와의 상호관계에 대한 설교학적 연구," 『개혁정론』 32/1 (2014), 239, 251.

130) 참고. 이승진, "성령 하나님과 설교자와의 상호관계에 대한 설교학적 연구," 256; P. van der Walt, "Geloof en Kennis in die Heidelbergse Kategismus," *In die Skriflig* 47/2 (2013), 3.

131) HC가 작성되었던 중세 후기의 스콜라주의는 믿음의 지식적 요소를 특별히 강조하면서 신앙을 지식으로 환원했는데, 그것은 1800년경에 시작된 성경의 합리적인 역사비평적 해석과 무관하지 않다. Van der Walt, "Geloof en Kennis in die Heidelbergse Kategismus," 3.

132) Van der Walt, "Geloof en Kennis in die Heidelbergse Kategismus," 8.

제22문 그러면 그리스도인은 무엇을 믿어야 합니까?

답   복음에 약속된 모든 것을 믿어야 합니다. 이 복음은 보편
     적이고 의심할 여지없는 우리의 기독교 신앙의 조항들인
     사도신경이 요약하여 가르쳐줍니다.

해설 ▶ 우리가 믿어야 할 내용은 사도신경에 담겨있다. 사도신경은
지상의 참 교회가 보편적으로 받아들이는 기독교의 신앙을 확실하
게 요약한다. 지금 형태의 사도신경은 AD 500년경(혹은 샤를마뉴
대제 때인 8세기)에 확정되었다. 원래 라틴어로 기록된 사도신경은
예수님이 승천하신 지 10일이 지나, 혹은 오순절 성령강림 때, 또는
12사도가 흩어져 선교하기 전에 서로의 신앙을 확인하기 위해서 한
마디씩 고백한 것을 모은 것이 아니다.133) 원래 사도신경은 세례교육
용이었다. 사도신경은 로마서의 구조를 반영하여 삼위 하나님을 설명
하는데, 그것을 믿어야 세례를 받을 수 있다. '사도신경'(Symbolum
Apostolorum)이라는 이름은 AD 390년에 이탈리아 밀란 노회의
암브로시우스가 교황 시리키우스에게 보낸 편지에서 처음으로 붙였
다. 여기서 라틴어 'Symbolum'은 헬라어 σύμβολον(쉼볼론, 동사
는 συμβάλλω[쉼발로, 함께 던지다, 비교하다])에서 온 단어로, '상
징'이 아니라 누군가의 정체성을 드러내는 표시(token, sign)를 가리
킨다. 신앙고백은 그것을 고백하지 못하는 불신자와 비교하여 신앙
인이 누구인가를 드러낸다.
    참고로 HC의 두 작성자도 사도신경의 구조를 자신들의 저술에서
존중하며 따랐다. "우르시누스는 그의 『대요리문답서』(Catechesis

---

133) AD 4세기에 사도신경은 성령의 감동으로 12사도가 고백한 것을 모은 것이라
   는 신념이 일어났다.

summa Theologiae)와 『소요리문답서』(Catechesis minor)에서 교리를 해설할 때, 사도신경 구조를 사용했다. 올레비아누스가 전 생애에 걸쳐 내놓은 『견고한 기초』(Vester Grund), 『은혜언약』(Der Gnadenbund), 『사도신경해설』(Expositio Symboli Apost olici), 그리고 『은혜언약의 본질』(De Substantia Foederis Gratuiti)도 사도신경의 구조로 되어 있다."[134]

적용 ➡ 사도신경은 세례 교육용을 활용된 AD 175년경의 로마신경 (The Old Roman Creed)의 증보판으로 보인다. 기도 중의 기도는 주기도문, 율법 중의 율법은 십계명, 그리고 신경 중의 신경은 사도신경이다.[135] 사도신경은 주문(呪文)이 아니기에, 정확히 이해하고 고백해야 한다. 사도신경과 더불어, 니케아-콘스탄티노플신경(325/381)과 총 44항으로 구성된 아타나시우스신경(c. 5세기)도 배워 고백하면 유익하다.

한글 성경과 찬송가 앞과 뒤에 '주기도문, 사도신경, 그리로 십계명'이 부착되어 있다. 이 셋은 그리스도인의 신앙과 삶을 위한 세 가지 지침이므로, HC도 상세하게 설명한다.

제23문 사도신경의 조항들은 무엇입니까?

답 1. 전능하신 성부 하나님, 천지의 창조주를 나는 믿사오며,
2. 그의 독생자 우리 주 예수 그리스도를 또한 믿사오니, 그분은 성령으로 잉태되사, 동정녀 마리아에게서 나셨으며, 본디오 빌라도 아래에서 고난을 받으사, 십자가에 못

---

134) 이남규, "하이델베르크요리문답서 구조에 나타난 개혁신학의 특징," 241.
135) 최태영, "사도신경이 오늘의 한국 그리스도인들에게 주는 의미," 『신학과 목회』 16 (2001), 112, 115, 117.

박히시고 죽으시고 장사되셨고, 음부에 내려가셨으며, 사흘날에 죽은 자들 가운데서 부활하셨고, 하늘에 오르셨고, 전능하신 성부 하나님 우편에 앉아 계시며, 거기로부터 살아 있는 자들과 죽은 자들을 심판하러 오실 것입니다.

3. 성령을 나는 믿사오며, (성령은) 거룩한 보편적 교회와 성도의 교제와 죄 사함과 육신의 부활과 영원한 생명을 주십니다. 아멘.

해설 ▶ "예수님이 음부에 내려가셨다."라는 표현은 AD 390년 루피누스(Rufinus)가 작성한 신경에 처음 등장했다(참고. 엡 4:9).[136] 예수님의 음부 하강설은 예수님의 승귀와 승리를 강조하는 베드로전서 3장 18-22절의 지지를 받지 못한다. 1894년과 1905년의 한글 찬송가에는 음부 하강이 기록되어 있었는데, 그 후 선교사들이 오해를 방지하기 위해 삭제한 것 같다.[137] 남아공 개혁교회(GKSA)의 시편가 부록의 사도신경은 "십자가에서 당하신 고난이 지옥의 고통과 같다"라고 각주로 처리한다(행 2:24의 '사망의 고통'; HC 44; 기독교강요 2.16.10).

적용 ▶ '우리'라고 고백하는 주기도문과 달리, 사도신경은 '내가'라는 개인 실존성을 강조하는 표현을 사용한다.

---

136) 루피누스는 '음부'를 '무덤'으로 이해했다. W. A. Grudem, "He did not descend into Hell: A Plea for Following Scripture instead of the Apostles' Creed," *JETS* 34/1 (1991), 103-104.

137) 최태영, "사도신경이 오늘의 한국 그리스도인들에게 주는 의미," 116.

제8주일(제24-25문)
삼위일체 하나님과 신자의 삶

제24문 이 조항들은 어떻게 나누어집니까?

답 세 부분으로 나누어집니다. 첫째, 성부 하나님과 우리의 창조, 둘째, 성자 하나님과 우리의 구속, 셋째, 성령 하나님과 우리의 성화에 관한 것입니다.

해설 ➡ 사도신경은 삼위일체 하나님의 사역을 먼저 설명한다. 즉 창조주 성부, 구속주 성자, 성화의 성령님이다. "나는 믿습니다."(credo)가 3회 반복된다.[138] 그런데 한글 사도신경은 "내가 믿습니다."가 4회 등장한다. 그러나 한글 사도신경의 네 번째 '믿습니다'의 내용인 '거룩한 공교회, 죄 사함, 몸의 부활, 영생'은 다름 아니라 우리가 믿는 성령님의 사역에 대한 것이다.

적용 ➡ 사도신경처럼 익숙한 내용을 습관적으로 되뇌지 않도록 주의해야 한다.

제25문 오직 한 분 하나님만 계시는데, 당신은 왜 삼위, 곧 성부, 성자, 성령을 말합니까?

답 왜냐하면 하나님께서 자신의 그의 말씀에서 그렇게 계시하셨기 때문입니다. 곧 이 구별된 삼위는 한 분이시요 참되고 영원하신 하나님이십니다.[139]

---

138) 명사 '신경'은 'Creed'이다.
139) HC 25문은 우르시누스의 신학적으로 심오한 진술이 아니라, 올레비아누스가 목회 실천적으로 해설한 것이라는 주장은 Coetzee, "The Doctrine on God,

해설 ➡ 성부, 성자, 그리고 성자는 '세 분'이 아니라 '한 분'이라는 사실은 쉽게 설명할 수 없는 신비이다. 초신자(새가족)가 삼위일체의 신비를 논리적으로 설명할 수 있어야 세례를 받는 것이 아니다. 암브로시우스의 제자 어거스틴은 "바다의 물을 숟가락으로 다 퍼내는 것이 삼위일체를 완전히 아는 것보다 더 쉽다."라고 말했다.140) 헤르만 바빙크는 삼위일체는 기독교 신앙의 핵심이자 교의의 뿌리이며, 그것으로부터 구원계시의 심장박동 소리가 들린다고 보았다 (개혁교의학 2권).141)

만약 '물, 얼음, 수증기'로 삼위일체 하나님을 설명한다면 '양태론적 단일신론'(modalistic monarchialism)에 빠진다. 다시 말해, 이것은 한 분 하나님의 양태(樣態)가 성부로, 성자로, 그리고 성령으로 각각 다르게 나타난다는 그릇된 주장이다.142) 구약보다 신약에 삼위일체가 더 분명하다. 이유는 예수님이 성부의 계획을 따라 성령으로 성육하셔서 중보자와 구주로 세상에 오셨기 때문이다. 요단강에서 예수님이 세례를 받으셨을 때, 성부께서는 사랑하는 아들이라 말씀하셨고, 성령은 비둘기처럼 예수님 위에 내려오셨다(마 3:16). 예수님은 성부의 말씀을 전하셨고, 성부께서 한량없이 부으신 성령의 능력으로 사역하셨다(요 3:34; 행 10:38). 세례는 성부와 성자와 성령 곧 삼위로 계시면서 한 분이신 하나님의 '이름'(단수 명사)으로

---

as demonstrated and confessed in the Heidelberg Catechism," 4를 보라.
140) '삼위일체'라는 용어는 라틴신학의 아버지 터툴리안(150-225)이 처음 사용했다.
141) 바빙크는 이단에 대항하면서 형성된 존재론적 삼위일체(세계 안에서 하나님의 활동과 관계없이 삼위는 상호관계를 맺음)를 강조하지만, 경륜적 삼위일체(하나님을 계시하는 구원 사건에 있어 삼위일체 되신 하나님)를 등한시하지 않는다. 몰트만이 간파한 대로, 경륜적 삼위일체는 구원의 은덕을 입은 그리스도인을 송영으로 인도한다. 김재윤, "헤르만 바빙크 삼위일체론의 특징과 의의: 경륜적 삼위일체와 존재론적 삼위일체의 관계를 중심으로," 『국제신학』 13 (2011), 99, 115-16.
142) AD 325년 니케아회의는 양태론을 이단으로 정죄했다.

거행한다(마 28:19).

삼위일체 하나님을 알려면, 성경이 밝히는 유일하고 참되시고 영원하신 삼위께서 하신 일을 살펴야 한다(참고. 경륜적 삼위일체). 삼위 하나님은 서로 교제하시고 협력하신다(슥 6:13; 창 1:26; 요 1:1; 17:22). 성부는 창조를(물론 성자와 성령도 참여하심, 요 1:3), 성자는 구원을(요 5:17), 그리고 성령은 성화를 주도하신다. 구원을 위한 삼위일체의 협력은 성부의 예지와 성령의 성화와 성자의 피 뿌림에 나타난다(벧전 1:2). 하나님의 창조, 구원, 성화를 믿는 사람은 삼위일체를 마땅히 믿는다. 아타나시우스신경은 삼위일체를 믿지 않으면 구원이 없고 저주받는다고 밝힌다.

적용 ▶ 삼위 하나님의 교제와 조화와 협력을 우리가 본받아야 한다. 삼위일체 하나님에게는 불협화음이 없다. 삼위 하나님은 조화 속에 아름답게 협력하신다.143) 삼위 하나님의 아름다움이 부부, 교회, 그리고 사회에서 구현되도록, 우리는 무엇을, 어떻게 실천해야 하는가? 협력과 조화 그리고 아름다움이 머무는 공동체는 서로에게 (com) 선물(munus)이 되는 무리이다.

제9주일(제26문)
전능하신 성부 하나님은 신실하신 나의 아버지

제26문 "전능하신 성부 하나님,144) 천지의 창조주를 나는 믿사오며"

---

143) 구원에 있어 삼위의 협력과 기독론적 성령론(롬 8:14-15, 29-30; 빌 1:19)은 J. Moltmann, "The Unity of the Triune God: Comprehensibility of the Trinity and Its Foundation in the History of Salvation," *St Vladimir's Theological Quarterly* 28/3 (1984), 162를 보라.

답 우리 주 예수 그리스도의 영원하신 아버지께서 아무것도 없는 중에서 하늘과 땅과 그 가운데 있는 모든 것을 창조하셨고, 또한 그의 영원한 작정과 섭리로써 이 모든 것을 여전히 보존하고 다스리심을 믿으며, 이 하나님께서 그의 아들 그리스도 때문에 나의 하나님과 나의 아버지가 되심을 나는 믿습니다. 그분을 전적으로 신뢰하기에 그가 나의 몸과 영혼에 필요한 모든 것을 채워주시며, 이 눈물골짜기 같은 세상에서 당하게 하시는 어떠한 악도 합력하여 선을 이루게 하실 것을 나는 조금도 의심치 않습니다. 그는 전능하신 하나님이기에 그리하실 수 있고, 신실하신 아버지이기에 그리하기를 원하십니다.

해설 ▶ 사도신경 첫 내용은 "전능하사 천지를 만드신 하나님 아버지를 내가 믿사오며"라기보다, "전능하신 아버지 하나님, 천지의 창조주를 믿사오며"이다. 이 둘은 무슨 차이인가? 전통적 번역은 성부의 전능하심이 천지 창조와만 관련있다. 하지만 전능하신 성부는 창조는 물론, 만물을 섭리로 다스리시고 우리를 돌보신다.

성부는 6일 동안 창조하신 후(creatio ex Deo[어거스틴의 용어]) 피곤하셔서 쉬고 계시는 분이 아니다. 아버지 하나님은 자신의 영원한 작정으로써 무로부터(ex nihilo, out of nothing) 모든 것을 창조하시고(creatio) 만물을 다스리신다(창 1:1; 출 20:11; 시 104:24; 136:5-9; 잠 8:26-27; 사 45:18; 요 1:3; 17:5; 행 17:24; 롬 4:17;

---

144) 한글 사도신경에 '아버지 하나님'이 2회 등장하는데, 라틴어 원문을 따르면 '하나님 아버지'가 옳다.

11:36; 고전 8:6; 골 1:16; 계 4:11; 2마카비 7:28; WC 4:1).145)

전능하신 하나님께서 자녀가 없던 아브라함과 언약을 맺으셔서 사라의 태를 여셨다(창 17:1-2). 여호수아가 아모리인을 칠 때, 하나님의 섭리로 태양은 중천에 머물렀다(수 10:13). 이사야 선지자는 하나님의 섭리로써 해 그림자를 10도 뒤로 물러나게 하여, 히스기야의 치유에 확신을 주었다(왕하 20:11). 우리 하나님은 원하시는 모든 것을 행하신다(시 115:3). 주 성부 하나님은 알파와 오메가이시며, 전능하시고, 전에도 계셨고, 지금도 계시며, 장차 오실 분이다(계 1:8; 4:8).

챨스 다윈(d. 1882)은 모든 것이 발전한다는 그 당시의 세계관을 생물학에 접목하여 종(種)의 진화론을 만들었다.146) 하지만 하나님께서 말씀으로 만물을 창조하신 것을 진화론으로 증명할 수 없고, 오직 창조주에 대한 믿음으로써 알 수 있다(히 11:3).147) 그런데 자비의 창조주 하나님은 진화론을 믿는 불신자의 논과 밭에도 비를 내리신다(참고. 칼빈의 일반섭리). 불신자는 이것을 '운과 재수'라 부르지만, 신자는 '섭리'(攝理)라 부른다.148)

---

145) 'Creatio ex nihilo'라는 표현을 처음 사용한 이는 AD 180년경 안디옥의 쎄오필루스인데, 물질의 영원성과 하나님의 비관 영성을 주장한 영지주의자들을 논박했다. 하지만 중기 플라톤주의의 영향을 받은 저스틴 마터(100-165)는 하나님께서 '무형의 질료'(formless matter)를 사용하셔서 창조하셨다(creatio ex aliquo)고 보았다(참고. 지혜서 11:17). 백운철, "무로부터의 창조와 성경: 성서적 창조 신학을 위한 성찰," 『신학전망』 211 (2020), 160-61, 175, 196.
146) 다윈은 목사가 되고자 소망했지만, 성령의 내주와 역사를 믿지 않아서 포기했다.
147) 창 1-3장을 역사적 기술이 아니라 시와 알레고리로 보는 유신진화론자(진화론적 창조론자) Francis Collins는 우주가 창조된 후 오랜 시간에 걸쳐 계획된 진화와 자연선택의 과정이 일어나고 이 때 하나님의 초자연적 간섭은 불필요하다고 주장한다. 유신진화론은 하나님의 창조를 자연의 활동으로 환원하는 일종의 이신론이다. 김병훈, "유신진화론에 대한 비평적 소고: 성경적 창조론에 대한 합신 선언문 전문 소개," 『개혁정론』 37/ (2019), 274, 279; 박수현, "유신론적 진화론의 신학적 고찰," 『창조론오픈포럼』 12/2 (2018), 37-38.
148) 박해경, "칼빈의 섭리론," 『창조론오픈포럼』 6/2 (2012), 42.

전능하신 성부는 예수님 때문에 나의 하나님과 나의 아버지가 되신다. 성부는 광대하시고 초월적인 분이시며, 동시에 우리 가까이 계신 친밀한 아버지이시다. 창조주 성부는 중보자와 구주 예수님 때문에 우리를 돌보시는 아버지이시다(참고. 칼빈의 특별섭리). 바다를 볼 때마다, 아버지 하나님께서 창조의 능력으로 우리와 세상을 보존하심도 믿어야 한다. 산을 바라볼 때마다 전능하신 하나님을 느껴야 한다. 새와 짐승 그리고 봄에 피는 꽃을 볼 때도 마찬가지이다(시 147:9; 마 10:29). 우리는 만물에 깃든 창조주의 능력과 섭리를 깨달아야 한다. 그리스도인은 일반은총을 통하여서 하나님을 발견한다.

　　하나님의 뜻대로 고난을 받는 자들은 선을 행하는 가운데 자신의 영혼을 미쁘신 '창조주'(κτίστης, 크티스테스)께 의탁해야 한다(벧전 4:19). 아버지 하나님은 자신의 창조 능력으로 자기 백성을 지키신다. 전능하신 아버지께서 눈물골짜기와 같은 이 세상을 지나는 우리의 영과 육의 모든 필요를 아시고 사랑으로 채우신다. "주께 힘을 얻고 그 마음에 시온의 대로가 있는 자는 복이 있나이다. 그들이 눈물골짜기를 지나갈 때에 그곳에 많은 샘이 있을 것이며 이른 비가 복을 채워주나이다. 그들은 힘을 얻고 더 얻어(力上加力) 나아가 시온에서 하나님 앞에 각기 나타나리이다"(시 84:5-7). 하나님께서 신앙 때문에 고난당하는 자기 자녀의 눈에서 모든 눈물을 씻어주신다(계 7:17).

　　우리 아버지는 전능하시기에 악조차도 선으로 바꾸신다. 우리 아버지는 신실하시기에 합력하여 선을 이루시기를 자청하신다. 사람은 죄를 지어 문제를 일으키지만, 아버지 하나님은 해결하시어 선을 이루신다. 예전에 고등학교 학생과장인 한 선생님 집에 사고 친 학생의 아버지가 아들을 데리고 찾아왔다. 아버지는 아들의 교육을 잘

못시킨 본인 책임이라며 학생과장에게 선처를 호소했다. 세상의 아버지도 자식의 악과 문제를 선으로 바꾸려고 노력한다면, 우리 하늘 아버지께서 왜 기꺼이 해결하시지 않겠는가? 그 하늘 아버지를 향하여 우리는 아바(ἀββά) 아버지라 부른다(롬 8:15).[149] 양자의 영이신 성령께서 우리가 성부를 '아버지'라 부르도록 믿음을 주신다. 하나님 아버지께서 그의 아들의 영을 우리 마음 가운데 보내서 아바 아버지라 부르게 하셨으니, 종이 아니라 아들로서 하나님 아버지의 유업을 받도록 하신다(갈 4:5-7). 자기 아들을 아낌없이 내주신 아버지 하나님은 어찌 그의 아들과 함께 모든 것을 기도하는 자녀에게 주시지 않겠는가?(롬 8:32). 자식이 떡을 달라는데 돌을 주고, 생선을 달라는데 뱀을 줄 육신의 부모는 없다. 하물며 하늘 아버지는 구하는 자에게 좋은 것(성령)을 주신다(마 7:9-11).

적용 ➡ 자녀들이 진화론과 같은 비성경적 이론을 학문적으로 논박할 수 있는 실력을 키우자. 하늘 아버지를 닮은 '아버지 학교'와 '좋은 아빠 되기 운동'이 필요하다.

제10주일(제27-28문)
하나님의 섭리와 그것을 아는 유익

제27문 하나님의 섭리란 무엇입니까?

---

149) 아람어의 헬라어 음역 명사 '아바'(ἀββά)는 '아빠'라 번역할 수 있는가? 요아킴 예레미아스는 어린이의 옹알거림에서 나온 친밀한 표현으로 보지만, 제임스 바는 성인도 사용했다고 본다. 고든 피는 성인도 '아바'를 사용했지만 아이 때부터 배운 것이므로 예레미아스의 주장을 지지한다. 예수님께서 성부 하나님을 '아바'라 친근히 부르신 것을 부정하기 어렵다. 참고. 황경훈, "예수의 아바[ABBA] 체험과 모심 그리스도론," 『우리신학』 2 (2003), 91-92.

답   섭리란 하나님의 전능하고 언제 어디나 미치는 능력으로
      하나님께서 마치 자신의 손으로 하듯이, 하늘과 땅과 모든
      피조물을 여전히 보존하고 다스리시는 것입니다. 그리하
      여 잎새와 풀, 비와 가뭄, 풍년과 흉년, 먹을 것과 마실 것,
      건강과 질병, 부와 가난, 참으로 이 모든 것이 우연(偶然)이
      아니라 아버지와 같은 그의 손길로 우리에게 임합니다.

해설 ▷ 전능하신 성부는 섭리(攝理)하시는데, 그것은 보존하시고
다스리시는 것이다. '섭리'는 붙잡아 당길 '섭'(攝)과 다스릴 '리'(理)
의 조합이다. HC 27문에 반복되는 아버지 하나님의 '손'은 능력을
가리킨다. 즉 만물을 보존하고 다스리시는 손이다.[150]

총독 느헤미야는 하나님의 선한 손으로 출바벨론하고 예루살렘
성을 재건했다고 반복하여 고백한다(느 2:8, 18). 아버지 하나님은
만유보다 크시매 아무도 아버지의 손에서 그분의 자녀를 빼앗을 수
없다(요 10:29). 성부는 백합을 자라게 하시는데 솔로몬 왕의 영화
보다 더 완벽하게 하신다(마 6:28-29). 우리의 머리털까지 다 세시
는 성부께서 비를 주시고, 만나와 같은 먹을 것을 주시며, 질병을 치
유하시고, 가난으로부터 건지신다(마 10:30).

하나님은 우리의 앉고 일어섬을 아시고 멀리서도 우리 생각을 밝
히 아신다. 우리의 모든 길과 눕는 것과 모든 행위를 익히 아신다.

---

150) 개혁파 교회에서 하나님의 섭리를 처음으로 체계적으로 진술한 츠빙글리는
  1529-1530년에 하나님의 섭리에 대해 설교했다. 츠빙글리는 하나님을 최고
  선 즉 완전하고 지고한 유일한 전지전능한 분으로 믿고(마 19:17), 하나님의
  섭리는 모든 피조물을 영원히 불변하게 통치하고 돌보는 것으로 보았다. 그리
  고 그는 섭리가 없다면 하나님의 존재도 사라지며, 사람은 만물에서 하나님의
  섭리 손길을 발견해야 한다고 설명한다. 그리고 섭리의 하나님께서 인간의 타
  락을 허용하셨지만, 죄인을 구원하심으로써 자신의 선한 섭리를 드러내신다고
  보았다. 김지훈, "구원자 하나님의 영광과 성도의 겸손: 츠빙글리의 섭리론과
  예정론," 『한국개혁신학』 63 (2019), 69-75, 78.

우리가 하늘에 올라갈지라도 거기 계시며 스올과 바다 끝에 가더라도 주의 손이 붙들어 주신다(시 139:1-10). 무소부재(無所不在) 하신 성부의 손이 미치지 않는 곳은 없다. 하나님은 그의 보좌를 하늘에 세우시고 그의 왕권으로 만유를 다스리신다(시 103:19). "섭리란 하나님께서 하늘에서 한가하게 땅에서 일어나고 있는 일을 관망하는 것이 아니라, 열쇠를 가진 분으로서 세상만사를 주관하시는 것을 의미한다."(기독교강요 1.16.4). 세상에 우연은 없기에, 불신자도 '우연찮게'라고 말한다. 그런데 개역개정판에 따르면, 한 아람 군사가 '우연히' 활을 쏘아 북이스라엘의 아합 왕을 죽였다(왕상 22:34). 활 쏜 병사의 입장에서는 우연(偶然, 뜻하지 아니하게 그러함)이지만, 하나님의 계획 속에 있었다는 의미인가? 아니다. 번역 시, 히브리어 원문에 없는 '우연히'라고 불필요한 단어를 넣으면 안 된다(참고. 웨스트민스터 신앙고백 5:2).

하나님께서 세상을 창조하신 후, 손을 떼셨기 때문에 더 이상 섭리하지 않는다는 이신론(理神論, deism)은 거짓이다. 이것은 시계의 태엽을 감아두면 사람의 손과 상관없이 알아서 돌아간다는 사고방식이다. 섭리 신앙을 믿는 그리스도인은 오늘의 운세(타로)를 보거나, 요행을 바라며 복권을 사거나 역술인을 찾아갈 수 없다. 하나님께서 하늘에서 세상을 굽어보사(gaze) 모든 인생과 그들의 일과 마음을 살피신다(시 33:12-14). 그러나 그리스 철학자들은 사람이 당하는 고난을 신의 냉담함이라고 이해했다. 즉 그들은 사람이 고난당할 때 신은 멀리 떠나버린다고 보았다. 그러나 기쁜 때이건 고난의 때이건 하나님은 우리 자신과 일과 마음을 돌보시고 간섭하신다. 그리스 신들은 자식이 잘할 때만 사랑해주는 부모와 같다.

우리의 모든 세부적인 일과 행동은 하나님이 다 결정해 두신 결과라는 운명론 즉 숙명론도 잘못이다(기독교강요 1.16.2; 1.16.8). 이 것은 하나님이 모든 것을 결정하신 대로 세상만사가 돌아가기에, 사람은 그저 기계처럼 순응할 수밖에 없다는 사고이다. 그러나 하나님께서 인간에게 자유의지를 주셨기에, 우리는 운명주의에 빠지지 않는다. 몇 가지 예를 들어보자. 첫째, 출애굽 전에 하나님은 바로의 마음을 완악하게 하셨다. 그래서 바로는 이스라엘 백성에게 해방을 주며 애굽에서 나가라고 말하지 않았다(출 7-11). 바로는 하나님의 계획과 섭리에 어쩔 수 없이 따라간 것인가? 아니다. 바로는 자기 자신의 완고한 고집을 버리면 더 큰 재앙을 피할 수 있는 여러 차례의 기회를 스스로 박차 버렸다. 둘째, 요셉의 형들이 미디안 상인에게 요셉을 판 범죄조차 하나님은 그들의 생명을 7년 기근으로부터 보호하시려는 계획을 이루는 데 사용하셨다(창 45:5). 셋째, 가룟 유다가 예수님을 은 30에 판 죄악조차, 아버지 하나님께서는 예수님의 십자가의 대속을 위해 사용하셨다(행 2:23; 4:28). 물론 하나님은 죄를 짓도록 조장하시지 않는다. 넷째, 유대 지도자들은 대주제와 창조주이신 하나님 아버지께서 권능과 뜻대로 예정하신 것을 행하려고 예루살렘에 모였다(행 4:27-28). 실제로 사두개인과 제사장들 그리고 총독 빌라도와 헤롯 안디바는 예수님을 죽였다. 그러나 그들의 종교 -정치적 계획조차 성부께서는 구원을 이루는 데 사용하셨다. 성부의 계획을 계시하시고 실행하실 권세를 가지고 계신 예수 그리스도를 제외한다면(마 28:18; 계 5:5-6), 인간의 역사와 신학적 논의는 어두운 혼돈에 빠지게 된다.[151]

30대 중반부터 육신이 종합병원 같이 병들고, 10년 남짓한 결혼

---

151) A. van de Beek, "Suffering in the Perspective of God's Governance, Eschatology and God's Council," *In die Skriflig* 48/1 (2014), 7.

생활 동안 아내와 자녀들을 먼저 떠나보냈던 칼빈은 하나님의 섭리를 믿으며 살았는데, 하나님께서 불필요한 것은 하나라도 주신 바 없다고 믿었다(기독교강요 1.17.10). 하나님은 자기 백성의 현재와 미래를 우연, 운, 재수, 운명에 내버려 두시지 않는다. 칼빈은 섭리론을 창조론과 더불어 설명한다. 창조주는 창세 전에 뜻하신 바를 이루시는 섭리주이시기 때문이다(시 33:6, 13).[152]

적용 ▶ 지구에 사는 70억 이상의 사람 개개인의 삶을 다스리시는 아버지 하나님은 정말 전능하시고 광대하신 분이다.

제28문 하나님께서 모든 것을 창조하시고 섭리로써 여전히 보존하심을 아는 것이 우리에게 어떤 유익을 줍니까?

답 우리는 어떠한 역경에서도 인내하고, 형통할 때 감사하며, 또한 장래 일에 대해서도 우리의 신실하신 하나님 아버지를 굳게 신뢰하여 어떠한 피조물이라도 우리를 하나님의 사랑에서 끊을 수 없으리라 확신합니다. 모든 피조물이 완전히 하나님의 손안에 있으므로 그의 뜻을 거슬러 일어나거나 되는 일은 하나도 없습니다.

해설 ▶ HC에 "우리에게 어떤 유익을 줍니까?"는 6회 등장한다(28, 36, 43, 45, 49, 51문). 섭리를 믿고 범사에 감사하며 인내하라(살전 5:18). 아직도 코로나19의 원인을 확실히 모르지만, 하나님의 뜻이 고난의 상황 속에서도 이루어지고 있음을 믿고 감사하자(욥 1:21). 뇌경색이나 심근경색으로 계속 투병 중인 사람과 그의 가족들에게도 하나님의 섭리가 있다. 하나님은 가장 질서정연하고 공정

---

152) 박해경, "칼빈의 섭리론," 33.

하게 우리의 행복과 불행을 분배하신다(기독교강요 3.7.10).

그리고 우리 자신의 범죄로 고난당하는 경우에도 범죄를 멈추고 자비의 아버지 하나님의 회복의 은혜를 믿고 감사해야 한다(벧전 4:1-2). 하나님을 사랑하는 자 곧 그분의 뜻대로 부르심을 입는 자들에게는 모든 것이 합력하여 선을 이룬다(롬 8:28). 우리를 향한 하나님 아버지의 사랑을 끊을 것은 없다(롬 8:39).

악인이 번성하는 신정론(theodicy)을 다루어보자(시 73). 시편 73편에서 시인 아삽은 하나님의 성소에 들어갈 때에야 악인의 심판과 종말을 깨달았다(시 73:17). 악인의 일시적인 번영을 부러워하는 대신, 하늘과 땅에 주님 밖에 내가 사모할 분이 없으며, 피난처이신 주님을 가까이함이 내게 복이라는 신앙으로 살아야 한다(시 73:25, 28).153) 마침내 섭리의 하나님은 악인들의 교만을 파쇄하고 그들의 계획을 좌절시키신다(기독교강요 1.17.1).

적용 ▶ 비바람이 치는 날 아침, 무릎이 더 쑤시고 허리가 아프더라도 "오늘 날씨가 좋지 않다"라고 말하는데 조심하자. 그런 날씨도 하나님의 섭리와 다스림 속에 있다. 언제든지 우리의 겸손한 고백은 "하나님은 선하십니다. 하나님은 옳습니다."이다. 할렐루야, 주님께 감사하세. 주님은 선하시며 그분의 인자하심은 영원하기 때문이다(시 136). 창조와 섭리에 대한 신앙의 눈이 필요하다. 하나님은 만사의 제1원인자이시다. 그러므로 우리가 번성할 때 감사하고, 역경 중에 인내하며, 장래 일에 대한 염려에서 놓이고, 우리 뜻대로 일이 잘 되더라도 그것이 사람의 도움이든 다른 생물의 도움이든 전적으로

---

153) 신정론은 좁게는 선하신 하나님께서 악을 허용하시는 문제를 다루지만 넓게는 하나님의 사역에 대한 총체적 질문인데, 인간의 이해로 다 이해할 수 없다(욥 2:10; 42:1-6).

하나님의 은혜로 여길 줄을 알아야 한다(기독교강요 1.17.1). 하나님의 섭리를 오해하여 인간의 무책임을 변명거리로 내세울 수 없다. 부모님의 질병을 치료하지 않고 하나님의 섭리라고 말하며 방치하는 것은 불효이자 불경건이다(기독교강요 1.17.3). 하나님께서 우리에게 책임을 주셨고, 삶의 수단과 도움도 제공하신다.154)

제11주일(제29-30문)
유일한 구주요 완전한 구주이신 예수님

제29문 왜 하나님의 아들을 예수, 구주라 부릅니까?

답 그가 우리를 우리 죄에서 구원하시기 때문이고, 또 그분 외에는 어디에서도 구원을 찾아서도 안 되며 발견할 수도 없기 때문입니다.

해설 ▶ 사도신경의 순서를 보면, 창조와 섭리의 하나님 아버지 다음에 "그의 유일하신 아들, 우리 주 예수 그리스도를 믿습니다."라고 고백한다. '예수'는 예수님의 이름이고, '그리스도'(메시아)는 예수님이 수행하신 직분을 설명하는 호칭이다.155)

예수님과 연합된 그리스도인은 예수님이 누구신지 알 때 자신이

---

154) 박해경, "칼빈의 섭리론," 47.
155) 그리스도의 통치는 29-52문에만 등장하는 게 아니다. 53-64문의 성령론에도 나타나기에, HC는 '기독론적 성령론'을 가르친다. 그리고 65-85문의 성례에도 그리스도의 통치가 나타나므로, 성례는 그리스도인을 은혜로 위로하는 방편이다. 그리스도인이 충만한 위로를 받기 원한다면, 성령을 통하여 그리스도의 삼직에서 나오는 은덕에 참여함으로써 그리스도의 통치를 갈망해야 한다. Welker, "What Profit is the Reign of Christ to Us?" 287-89.

누구인지 알 수 있다. 이름이 중요하다. 천사가 마리아와 요셉에게 가르쳐준 이름 '예수'(Ἰησοῦς)는 자기 백성을 그들의 죄에서 구원하신 분이라는 뜻이다(마 1:21; 눅 1:31-32). 구약성경은 '예수'라고 예언하는 대신, '아브라함의 자손', '다윗의 자손', '야웨의 종', '모세와 같은 선지자' 등으로 예수님을 예언했다. 그런데 신약성경에 '예수'라는 이름을 가진 사람들이 있다. 예수님의 족보에 등장하는 예수가 있고(눅 3:29), 바울의 1차 전도 여행 중에 구브로의 바보에 살던 유대인 거짓 선지자 바예수도 있다(행 13:6). 하지만 우리 구주께서는 멸시받던 동네 '나사렛 예수'이시다(요 1:46; 행 3:6; 4:10).

사도신경은 우리가 받은 구원을 '죄를 사하여주시는 것'이라고 간명히 설명한다(행 5:31). 따라서 우리 죄를 사하시고 구원하시는 '예수'라는 이름이 성자에게 적절하다. 그리고 '예수'라는 이름은 필연적으로 우리가 죄인임을 전제한다.

'예수'는 구약의 '여호수아' 그리고 '호세아'와 같은 이름이다. 모세의 후계자 여호수아는 출애굽 2세대들과 함께 가나안 땅을 정복한 장군이었다(수 1:9). 스룹바벨 총독과 더불어 대제사장 여호수아는 출바벨론 이후에 영적 지도자 역할을 수행했다(슥 3). 그러므로 예수님은 새 여호수아로서 우리에게 새로운 출애굽을 주시고, 새 여호수아로서 새로운 출바벨론을 주신다(눅 4:19; 9:31; 골 1:13; 계 15:3). 다시 말해, 예수님은 죄와 사탄과 지옥의 심판에 갇힌 자들에게 사죄의 은총과 자유를 주신다. 예수님이 예루살렘에서 죽으시고 부활하시고 승천하심, 즉 출애굽(별세)하셨기에 우리도 새로운 출애굽을 경험하게 된다(눅 9:31).

구약의 짐승을 바쳐 제사하는 것으로는 죄에 빠진 자들을 영원히 구원할 수 없다. 구약 희생 제물의 실체이신 예수님의 죽으심은 모든 비참의 원인인 죄를 완전히 해결하신다. 예수님에게는 죄를 사하시는 권세가 있기 때문이다(막 2:10; 요 5:14).

'예수'는 유일할 뿐 아니라 완전한 구주의 이름이다. 그래서 아버지 하나님은 우리에게 예수님 이외에 다른 구원자의 이름을 주시지 않았다(행 4:12). 바울은 갈라디아교회에게 구주 예수님으로는 부족하기에 할례를 행해야 구원을 얻는다는 다른 복음을 전한 자들에게 저주를 선언했다(갈 1:8). 그런데 천주교는 마리아 무흠잉태설(immaculate conception)과 그녀의 육체적 승천을 주장한다(8월 15일).156) 그리고 천주교도는 마리아에게 기도하여, 그녀를 예수님과 더불어 구주로 추앙한다.157) 그러나 죄인 마리아는 구원자가 될 수 없다. 이단의 교주들도 예수로 자처하지만, 그들은 신성모독을 저지른 죄인일 뿐이다.

적용 ▶ '예수님'이 아름다운 이름임을 깨닫고 찬미하자(행 4:10, 17, 18; 5:28). 그런데 소위 '역사적 예수'를 탐구하는 자들 가운데, 판 아르데(A. van Aarde)는 요셉은 가상의 인물로 잘못 간주한다.158) HC의 기독론 중심의 삼위일체 신론은 '역사적 예수 탐구'와 같은 일탈된 신학에 나타난 비성경적 요소들에 맞서는 데 유용하다. "성경이 종이라면, 그리스도는 성경의 왕이시다. …… 성경에서 그리스도를 없애버리면 당신은 그 안에서 무엇을 발견할 수 있는가?

---

156) 참고. 교황 요한 바오로 2세의 서신 'Redemptoris Mater'의 단락 10. 영어 번역은 Mary: God's Yes to Man: John Paul II's encyclical Redemptoris Mater (San Francisco: Ignatius, 1988)이다. 참고. J. Mulder Jr., "Why More Christians should believe in Mary's Immaculate Conception," *Christian Scholar's Review* 41/2 (2012), 120.

157) 교황 피우스 12세(1876-1958)는 마리아가 기독교의 어머니로서 성도의 기도를 받으면서, 하늘에서 온 세상을 다스리는 여왕이라고 확정했다.

158) 참고. Coetzee, "The Doctrine on God, as demonstrated and confessed in the Heidelberg Catechism," 6, 9.

...... 그리스도는 (구약) 선지자들의 포대기와 구유 안에 싸여 뉘여 계신다."(루터선집 26:295; 33:26; 35:122).[159]

제30문 그렇다면 자신의 구원과 복을 소위 성인에게서, 혹은 자기 자신이나 다른 데서 찾는 사람들도 유일한 구주이신 예수님을 믿는 것입니까?

답 아닙니다. 그들은 유일한 구주이신 예수님을 말로는 자랑하지만 행위로는 부인합니다. 예수님이 완전한 구주가 아니든지, 아니면 참된 믿음으로 이 구주를 영접한 자들이 그들의 구원에 필요한 모든 것을 그에게서 찾든지, 둘 중의 하나만 사실입니다.

해설 ➡ 천주교는 '성인'(聖人)을 신앙이 특출하여 자신을 구원하고도 남은 공로가 있는 사람이라고 추앙하고 숭배한다. 한국에는 기해박해(1839) 때 순교한 서양(프랑스 외방선교회) 선교사들과 김대건 신부를 비롯하여 103명의 순교 성인이 있다. 천주교도는 성인의 이름으로 영세를 받는다. 그러나 중생한 모든 그리스도인은 '성도'이다. 우리는 그리스도 예수님 안에서 거룩하여지고 '성도'라 부르심을 받았다(고전 1:2). 조선장로교 제27회 총회가 신사참배를 가결할 때 불법이라고 반대하다 옥고를 치른 후 고려신학교에서 교수했던 선교사 한부선(1903-1992), 그는 소천 받기 전에 영어를 못하고 한국말만 할 수 있을 정도로 한국을 사랑했다. 그러나 우리는 이렇게 존경받는 그리스도인을 '성인'으로 추앙하지 않는다.

---

159) 참고. 미네소타 루터신학교 교의학 교수 G. M. Simpson, "You shall bear Witness to Me: Thinking with Luther about Christ and the Scriptures," *Word & World* 29/4 (2009), 382.

중세인들은 면죄부를 구입함으로 스스로 사죄와 구원을 얻으려고 했다. 그러나 종교개혁자들은 면죄부를 사는 대신 그 돈으로 가난한 사람을 구제하라고 권면했다. 면죄부 즉 면벌부 구매가 사죄나 구원을 가져다줄 수 없기 때문이다. 참고로 HC 94문은 성인에게 기도하지 말라고 경고하는데, 예수님만 유일한 중보자이시기 때문이다(딤전 2:5).[160]

적용 ▶ 예수님은 구원의 그 길 즉 유일한 길이시므로, 그분을 구주로 영접해야 한다(요 14:6). 찬송가 96장 "예수님은 누구신가"는 충청도 선교의 아버지인 민노아 선교사의 진실한 고백을 반영한다. 그는 말과 행동으로써 예수님을 구주로 믿고 증거하며 그대로 살았던 신앙인이었다.

얀 아브라함 두 란드교수(1945-2021.3.9.)는 코로나19로 별세하기 전에 마지막 문자 메시지를 남겼다. "여러분의 진심 어린 기도에 감사드린다. 오늘 밤에 무엇이 나를 기다린다 해도 여러분의 기도가 나를 이끌어 갈 것이다. 나는 산소 호흡기를 의존하지만, 우리 모두가 하나님의 크고 깊은 은혜를 들이마시자. 하나님 안에서." 성도는 죽음의 순간에도 유일하고 완전한 구주 예수님을 의지해야 한다.

---

160) 제2 바티칸공의회 Lumen Gentium 14는 예수님을 '유일한 중보자요 구원의 길'(the one mediator and the unique way of salvation)이라고 밝힌다. 따라서 천주교인이 성인에게 기도하고 구원과 복을 찾는 행태는 그들의 교리와 이율배반으로 보인다(참고. 성인과의 교제는 사람을 그리스도와 연합시킨다는 Lumen Gentium 50). 참고. K. P. Finch, "The Value of Polemic Language regarding a Roman Catholic Reception of the Heidelberg Catechism," *Theoforum* 48 (2018), 133-35.

제12주일(제31-32문)

그리스도의 세 직분과 우리의 구원과 직분

제31문 그분을 왜 그리스도, 곧 기름 부음을 받는 분이라 부릅니까?

답 왜냐하면 그분은 성부 하나님으로부터 임명받고 성령으로 기름 부음을 받으셨기 때문입니다. 그분은 우리의 구원을 위한 하나님의 감추인 경영과 뜻을 온전히 계시하시고, 우리의 유일한 대제사장으로서 그의 몸을 단번에 제물로 드려 우리를 구속하셨고, 성부 앞에서 우리를 위해 항상 간구하시며, 또한 우리의 영원한 왕으로서 그의 말씀과 성령으로 우리를 다스리시고, 우리를 위해 획득하신 구원을 누리도록 우리를 보호하고 보존하십니다.

해설 ▶ 하나님은 구약의 언약 백성을 선지자들(규범적 통치), 제사장들(영적 통치), 그리고 왕들(시민적 통치)을 통하여 다스리셨는데, 오늘날에 이 원칙을 적용할 수 있도록 지혜를 모아야 한다.[161]

초대교회의 신앙고백을 한마디로 요약하면, "예수님은 그리스도이시다"이다(마 26:63-64; 행 5:42; 9:22). 그래서 바울은 자신의 편지에서 '예수 그리스도'(고전 1:2-3) 혹은 '그리스도 예수'라고 부른다(고전 1:1, 4). 구약에서 기름 부음을 받은 세 직분자는 왕(삼상 16:13), 선지자(왕상 19:16), 그리고 제사장이다(출 30:22-32; 레 8:12). 이렇게 기름 부음을 받은 사람들에게 직분의 영이신 성령의 능력이 임했다. 솔로몬을 왕으로 세우려고 그에게 기름 붓는 한 구절에 왕과 '제사장'과 '선지자'가 동시에 등장한다(왕상 1:34, 45). 유세비

---

161) De Boer, "Christology and Christianity," 8.

우스는 『교회사』 1.3.8에서 "신적이며 천상의 말씀께서는 세상의 유일한 대제사장이시며, 모든 피조물의 유일한 왕이시고, 성부께서 지명하신 유일한 대제사장이시다"라고 예수님 중심으로 설명했다.162)

HC는 예수 그리스도를 '선지자, 제사장, 왕'의 순서로 설명한다.163) 예수님은 삼직을 수행하신 유일한 직분자이신데, 성부께서 영원 전에 그렇게 작정하셨다(잠 8:23; 벧전 1:20). 구약성경은 예수님을 모세와 같은 선지자(신 18:15). 멜기세덱의 서열을 따른 영원한 제사장(시 110:4), 그리고 다윗의 후손 왕(삼하 7:12-13)으로 예언했다. 예수님께서 최초로 삼중직을 수행하셨기에, 그리스도인도 선지자, 제사장, 그리고 왕직을 모두 수행할 수 있다.164)

신약성경에서 하나님 아버지의 임명을 받아 성령의 기름부음을 받으신 예수님은 자신을 종말의 대선지자라고 밝히셨다(마 3:17; 17:5; 눅 13:33; 행 3:22; 히 1:1-2). 선지자이신 예수님은 성부께서 계획하신 구원을 위한 감추인 경영과 뜻을 십자가에서 죽으시고 부활하심으로써 온전히 보여주셨다(엡 3:3).

제사장은 30세부터 사역을 시작했기에(민 4:3), 예수님은 약 30세에 공 사역을 시작하심으로 제사장 규정을 성취하셨다(눅 3:23). 예수님은 대제사장으로서 자기 몸을 영 단번에 화목제물로 드리시고, 승천하신 후 하나님 보좌 우편에서 우리를 위해 중보기도를 하신다(히 9:26). 그리고 예수님의 몸은 성부께서 거하시는 성전이셨다(요 1:14; 2:21). 십자가 처형 하루 전에 예수님은 삼위께서 일체

---

162) 참고. De Boer, "Christology and Christianity," 1.
163) 칼빈은 기독교강요에서 예수님의 '선지자, 제사장, 왕'의 순서를 따르다가, 불링거의 교리문답(1559)처럼 '선지자, 왕, 제사장'의 순서도 활용했다. De Boer, "Christology and Christianity," 4.
164) J. van Bruggen, 『하이델베르크 요리문답 해설』, *Aantekeningen bij de Heidelbergse Catechismus*, 김헌수·성희찬 역 (서울: 성약, 2020), 194.

가 되시듯이, 성도가 하나 되어 하나님과 교제하도록 기도하셨는데, 이것을 '대제사장적 기도'라 부른다(요 17). 하나님의 아들 예수님은 우리의 큰 대제사장이시며, 불멸의 생명의 능력(부활의 능력)을 가지신 멜기세덱의 반차를 따르셨다(히 4:14-15; 5:10; 7:16-17).

대왕이신 예수님은 베들레헴에서 왕으로 태어나셨다(마 2:2). 예수님은 십자가를 지시기 전, 그리고 그 위에 달리셨을 때 '유대인들의 왕'(ὁ βασιλεὺς τῶν Ἰουδαίων, 호 바실류스 톤 유다이온)이라고 조롱을 받으셨다(요 19:3; 참고. 마 27:42). 그러나 부활하신 예수님은 하늘과 땅의 모든 권세를 받으신 대왕이시다(마 28:18). 대왕 예수님은 교회의 머리이시며, 하늘과 땅에 있는 모든 것을 자신의 통치하에 두셔서 통일하신다(엡 1:10; 4:15).

예수님의 왕권 능력은 성도가 사탄과 싸우고 약자를 보호하도록 만들고, 주님의 제사장적 권능은 성도가 자신의 삶을 제물로 드리면서 예배적 삶을 누리도록 돕고, 주님의 선지자적 능력은 그리스도인이 영생의 복음을 전파하며 불의와 맞서 정의를 구현하도록 촉진한다.[165]

적용 ▶ 교회에서 선지자직은 설교자, 제사장직은 구제하여 봉사하는 집사, 그리고 왕직은 치리 장로에게서 분명히 드러나야 한다. 설교자는 예수 그리스도의 복음을 회중의 상황을 분석하여 적절히 선포한다. 섬기는 집사는 예배 중에 헌금을 거두고 성찬식에서 분병(分餅) 및 분잔(分盞)한다. 그리고 장로는 심방을 통해서 양떼가 말씀을 따라 사는지 돌보아야 한다. 하지만 신약의 모든 성도는 왕, 제사장, 그리고 선지자로서 활동해야 한다. 다시 말해 그리스도인은 예수님의 통치를 세상에 드러내는 작은 왕들로 살고, 자신을 산 제물로 드

---

165) Welker, "What Profit is the Reign of Christ to Us?" 289-90.

려 예배자로 살며, 삶 속에서 말과 행실로 복음을 전해야 한다.166)
코로나19로 인해 가정 경건회가 중요한 시점이다. 가정에서 가장은
영적 왕, 제사장, 그리고 선지자 역할을 담당해야 한다.

제32문 그런데 왜 당신은 그리스도인이라 불립니까?

답 왜냐하면 내가 믿음으로 그리스도의 지체가 되어 그의 기
름 부음에 참여하기 때문입니다. 나는 선지자로서 그의 이
름의 증인이 되며, 제사장으로서 나 자신을 감사의 산 제
물로 그에게 드리고, 또한 왕으로서 이 세상에 사는 동안은
자유롭고 선한 양심으로 죄와 마귀에 대항하여 싸우고, 이
후로는 영원히 그와 함께 모든 피조물을 다스릴 것입니다.

해설 ▶ 예수 그리스도를 믿음으로써 그분과 신비롭게 연합된 사람은
'그리스도인'(Χριστιανός, 크리스티아노스)이라 불린다(행 11:26;
26:28; 벧전 4:16; 요일 2:27). 교회의 머리께서 자신의 몸을 통하
여 만물을 충만케 하신다(엡 1:22-23).167) 그래서 신약 성도는 복
음을 증언하는 '만인 선지자', 주님을 예배하고 자신의 삶을 드리는
'만인 제사장'(계 1:6), 그리고 하늘 대왕의 뜻을 삶에 구현하는 '만
인 왕'으로 활동해야 한다.

올레비아누스는 은혜언약을 대중적으로 풀이한 『확고한 기초』(A
Firm Foundation, 1567)에서 하나님께서 모든 그리스도인을 '선
지자'로 만드시는 두 방법을 소개한다. 첫째, 교회에 교사(말씀의 사

---

166) 송영목, "성경신학에서 본 교회의 직분," in 『목회를 위한 교회론』 (부산: 도서
출판 향기, 2021), 166-85.
167) 교회의 머리이신 예수님은 자신의 몸과 연합함으로써 온전하게 되시기를 기뻐
하신다(엡 1:22-23). 주님이 영화롭게 되시려면 친히 몸을 돌보시고 영화롭게
하셔야 한다.

역자)를 보내어 가르치시고, 둘째, 모든 성도가 공식적인 말씀과 성
례를 수행하는 사역자는 아니더라도 선지자와 교사의 직무를 수행
하도록 만드신다. 그리고 올레비아누스는 모든 그리스도인이 선지
자로 활동하는 세 가지 방법을 설명한다. 첫째, 그리스도인은 참되
고 공적으로 자신의 믿음을 고백함으로써 하나님을 찬양한다(참고.
막 8:36; 눅 9:26). 둘째, 주인은 자신의 종들(직원)을 복음으로 가
르쳐야 한다. 셋째, 기회와 가능성이 있을 때마다 그리스도인은 자
신의 이웃들을 주님 안에서 세워주어야 하는데, 이때 하나님께서 자
신의 교회에 세우신 질서를 허물지 말아야 한다.168)

그리스도인의 3직은 바로 이 3직을 수행하신 예수 그리스도로부
터 나온다(참고. 우르시누스 대교리문답[1562] 64문).169) 하나님
아버지의 구원의 계획을 알려주신 대선지자 예수님은 우리에게 복
음을 전하라고 명령하셨다. 자신의 몸을 영원한 속죄제물로 바치신
대제사장 예수님은 우리로 하여금 감사함으로 자신을 하나님께 산
제물로 드리라고 명하셨다. 만유를 통치하시고 마귀를 이기신 대왕
예수님은 우리를 작은 왕들로 삼으시고 성부의 통치하에 두심으로
써 악과 싸워 이기며 주님의 뜻을 이루라고 명하신다. 만인 왕들은
의의 흉패를 붙이고 선한 양심으로써 마귀와 싸워야 한다(벧전
3:16). 루터는 이것을 웅변적으로 다음과 같이 담아낸다. "담대히 죄
를 범하라. 그러나 더 담대히 예수님을 바라보라."

그리스도인은 선한 양심은 물론, '자유로운 양심'을 가지고 죄와
마귀와 싸워야 한다. 그리스도인이 영적 전투에서 사용해야 하는 무
기인 자유로운 양심은 무엇인가? 예수님께서 보혈로써 죄인을 자유

---

168) 이 단락은 De Boer, "Christology and Christianity," 5-6에서 요약 인용.
169) 참고. De Boer, "Christology and Christianity," 5.

케 하신 은혜이며(계 1:5; HC 86문), 하나님의 뜻을 따라 순종하며 살 때 주어지는 자유이다(벧전 3:16; HC 90문).[170] 그리스도인이 3중직을 수행하는 것은 성령의 기름부음으로만 가능하다.[171]

적용 ▶ '그리스도에게 속한 자'라는 의미의 '그리스도인'은 성도에게 가장 명예로운 호칭이다. 만인제사장설은 루터의 교회론에서 모퉁이돌과 같았지만, 일반 성도의 소명을 강조한 칼빈은 이 주제를 자세히 다루지 않았다. 점차 만인제사장설의 중요성이 약화되지만, 최근 선교적 교회(missional church)에 대한 논의에서 이 주제는 부활했다.[172] 예를 들어, 남아공 개혁교회(NHKA)는 2007년에 열린 제68차 총회와 2016년 제71차 총회에서 선교적 교회를 공적으로 거듭 표방하면서, 일반 성도는 소비자가 아니라 목회의 동역자(만인제사장)로 자리매김해야 하며, 하나님 나라를 현시하는 시민종교의 중요성도 깨달아야 한다고 밝혔다.[173]

제13주일(제33-34문)
하나님의 독생자와 입양된 자녀들의 구원과 순종

제33문 우리 역시 하나님의 자녀인데 그분을 왜 '하나님의 독생자'라

---

170) E. Busch, "Freedom in the Sense of the Heidelberg Catechism: An Orientation in the Problems of Modern Liberty," *Acta Theologica Suppl* 20 (2014), 133-35.
171) 이상은, "하이델베르크요리문답의 성령론, 그 윤리적 함의," 『한국개혁신학』 40 (2013), 303.
172) W. A. Deryer, "The Priesthood of Believers: The Forgotten Legacy of the Reformation," *HTS Teologiese Studies* 76/4 (2020), 1-4.
173) 남아공의 화란개혁교회(NHKA)는 2016년에 교회법을 수정하여 만인제사장을 더 분명하게 밝혔다. Deryer, "The Priesthood of Believers," 5-6.

답   왜냐하면 오직 그리스도만 본질로 하나님의 영원한 아들
이시기 때문입니다. 우리는 그리스도로 말미암아 은혜로
입양된 하나님의 자녀입니다.

해설 ▶ '독생자'(獨生子)는 홀로 태어난 아들 즉 하나뿐인 아들로서
외아들을 가리킨다. 이 단어는 아버지 하나님과 예수님 사이의 특별
하고 독특한 관계를 강조한다. 영원 전부터 아버지 하나님의 품속에
있던 독생자가 세상에 나타나셨다(요 1:1, 18). 누구든지 성부께서
이 세상에 보내신 '독생자를'($\tau \grave{o} \nu \ \upsilon \grave{\iota} \grave{o} \nu \ \tau \grave{o} \nu \ \mu o \nu o \gamma \varepsilon \nu \acute{\eta} \varsigma$, 톤 휘온 톤
모노게네스) 믿으면 멸망하지 않고 영생을 얻는다(요 3:16). 예수님의
영광은 아버지의 독생자의 영광이요 은혜와 진리가 충만하다(요
1:14). 그리고 성부와 성자는 하나이시다(요 10:30). 예수님의 성부
와 '동일 본질'(호모우시우스)이시지 '유사 본질'(호모이우시우스)이
아니다(비교. 4세기의 이단 아리우스). 예수님은 하나님의 영광의 광
채시요 성부의 본체의 형상이시다(히 1:3). 아들은 영원 전부터 아버
지와 함께 계신 영원한 아들이시므로 성부와 동일한 본질을 가지고
계시고, 사람처럼 지음을 받지 않으셨다. 아버지 속에 생명이 있듯
이, 아들에게도 생명을 주어 그 속에 있게 하셨다(요 5:26). 예수님
이 요단강에서 세례를 받으실 때, 하늘 아버지께서 '내 사랑하는 아
들'($\grave{o} \ \upsilon \acute{\iota} \acute{o} \varsigma \ \mu o \upsilon \ \grave{o} \ \grave{\alpha} \gamma \alpha \pi \eta \tau \acute{o} \varsigma$, 호 휘오스 무 호 아가페토스)이라 부르셨
다(마 3:17). 성부와 동일 본질이시므로 예수님은 우리의 구원자와
중보자로서 완전한 자격을 갖추신다. 그래서 우리의 마땅한 고백은
"주 예수님은 그리스도시요 살아계신 하나님의 아들입니다."여야 한
다(마 16:16).

예수님은 부활하심으로써 '하나님의 아들'($\upsilon i \acute{o} \varsigma$ $\theta \varepsilon o \hat{\upsilon}$, 휘오스 쎄우)로 선포되셨다(롬 1:4). 예수님은 부활하시기 전에도 물론 하나님의 아들이셨다. 그러나 부활 이후로 예수님은 사람이시자 죽음의 권세가 전혀 건드릴 수 없는 하나님이심이 더 분명히 드러났다는 의미이다. 그리고 부활로써 예수님은 하나님 나라를 다스리시는 왕이라는 선언이다.

요한복음과 요한서신에 명사 '아들'($\upsilon i \acute{o} \varsigma$, 휘오스)은 예수님을 의미하고, 다른 명사 '자녀'($\tau \acute{\varepsilon} \kappa \nu o \nu$, 테크논)는 성도를 가리킨다(요일 1:7; 3:10). 양자의 성령께서 역사하신 덕분에 교회는 '그 아들(聖子) 안의 아들들'이 되었다(sons in the Son).174) 우리는 마귀의 자녀였다가 양자의 성령님이 믿음을 주셔서 하나님의 자녀로 입양되었다(롬 8:15). 아들의 영이신 성령님께서 우리 마음에 임하시기에, 성부를 '아바 아버지'($\dot{\alpha} \beta \beta \acute{\alpha}$ $\dot{o}$ $\pi \alpha \tau \acute{\eta} \rho$, 아바 호 파테르)라 부를 수 있다(갈 4:6). 하나님의 양자가 누리는 복은 우리 안에 계신 성령께서 몸의 구원 즉 죽고 부활할 때까지 보호하시는 것이다(롬 8:23). 그리고 양자는 성부의 맏아들이신 예수님의 형상을 닮아가야 한다(롬 8:29; 히 2:11). 또한 하나님으로부터 난 자들은 하나님의 가족이며 진리의 말씀을 지키고 서로 사랑해야 한다(엡 2:19; 요일 3:9, 23). 하나님 가족의 가훈은 "진리 안에서 사랑하자"이다. 우리 아버지는 순종하며 사랑하는 자녀를 입히시고 먹이신다. 들의 백합과 벚꽃 그리고 공중의 새 보다 더욱 더 그러하다(마 6:26-30). 하늘 아버지는 우리에게 전갈이 아니라 생선을 주시고 돌이 아니라 떡을 주신다(눅 11:11-13).

---

174) D. B. Garner, *Sons in the Son: The Riches and Reach of Adoption in Christ* (Phillipsburg: P&R, 2016), 124.

'영국의 칼빈'이자 17세기 청교도신학의 대들보인 존 오웬(1616-1683)은 자신의 대교리문답서에서 입양을 다음과 같이 설명한다. 119문: 우리의 양자 됨은 무엇입니까? 답: 하나님의 자녀로서 하나님의 가족으로의 은혜로운 맞이함과 그리스도와 함께 상속자 됨을 말합니다. 120문: 우리는 이것을 어떻게 압니까? 답: 우리의 마음속에서 성령의 특별한 사역에 의해서 하나님의 약속을 우리에게 확증하시며, 우리의 영혼을 약속된 상속의 확실한 기대 가운데 이끌어 주십니다.

적용 ▶ 하나님의 독생자 예수님을 생각할 때마다, 우리가 하나님의 입양된 자녀임을 기억해야 한다. 이처럼 기독론은 교회론으로 귀결된다.

제34문 당신은 왜 그분을 '우리 주'라 부릅니까?

답 왜냐하면 그분이 금이나 은이 아니라 그의 보혈로써 우리의 몸과 영혼을 우리의 모든 죄로부터 구속하셨고, 우리를 마귀의 모든 권세에서 해방하여 주의 것으로 삼으셨기 때문입니다.

해설 ▶ 조상이 물려준 헛된 행실에서 대속을 받은 것은 은이나 금 같이 없어질 것으로 된 것이 아니라 오직 흠 없고 점 없는 어린양 같은 그리스도의 보배로운 피로 된 것이다(벧전 1:18-19). 우리를 사랑하셔서 자신의 피로써 우리를 죄와 마귀의 권세에서 해방하셨기에 예수님은 주님이시다(마 16:16; 요일 1:7; 계 1:5). 우리 구주 예수님은 자신의 보혈이라는 대가를 아버지 하나님께 지불하셨다.[175]

---

175) Van Bruggen, 『하이델베르크 요리문답 해설』, 208.

그 결과 우리는 예수님의 것이 되었다. 이것이 복음이다. 사탄 배상설은 비성경적이다.

아버지 하나님은 십자가에 죽으신 예수님을 '주와 그리스도'가 되게 하셨다(행 2:36). "하나님이 예수님을 지극히 높여 모든 이름 위에 뛰어난 이름을 주사 ...... 모든 입으로 예수 그리스도를 '주'라 시인하여"(빌 2:9, 11). 누구든지 주의 이름을 부르는 자는 구원을 얻는다(롬 10:13).

마가복음에 축귀가 자주 등장한다(막 1:25-26; 3:22; 5:13 등). 그런데 요한복음에는 한 번도 등장하지 않지만, 예수님께서 십자가에 달리시고 죽으시고 부활과 승천으로써 단번에 '우주적 축귀'(cosmic exorcism)가 벌어졌다(요 12:31-32). 성령이 내주하시는 성도는 악령 들림이 있을 수 없다.

예수님께서 우리의 주님이시기에 우리를 버리지 않으시며, 우리는 주님을 사랑하고 경외하며 순종해야 한다. 더 나아가 예수님을 주님으로 모시는 사람은 다른 사람 위에 높아지기보다, 종이 되어 섬길 자세를 갖추어야 한다(고후 4:5). 그리고 우리 주님은 다시 오셔서 심판하시고, 구원을 완성하실 것이다. "아멘 '주' 예수님 어서 오시옵소서"(계 22:20).

적용 ▶ 하늘 아버지의 뜻대로 행함이 없이, 단지 입으로만 '주여 주여'($\kappa\acute{\upsilon}\rho\iota\epsilon$ $\kappa\acute{\upsilon}\rho\iota\epsilon$, 퀴리에 퀴리에)라고 부르지 말아야 한다(마 7:21). 우리의 삶의 주인은 진정으로 오직 예수님뿐인가? 로마 황제는 '주'라 불렸다. 부와 권력을 추구할 때 맘몬은 '주인' 행세하며 숭배를 받는다. 세상 권력자와 돈의 종노릇하지 않도록 늘 주의하자.

제14주일(제35-36문)
동정녀 탄생이 우리에게 주는 유익

제35문 "그분은 성령으로 잉태되사, 동정녀 마리아에게서 나셨으며"
라는 말로 당신은 무엇을 고백합니까?

답 하나님의 영원한 아드님은 참되고 영원한 하나님이시며
여전히 참되고 영원한 하나님으로서, 성령의 사역으로 동
정녀 마리아의 살과 피로부터 참된 인성을 취하셨습니다.
그리하여 또한 다윗의 참된 자손이 되고 모든 일에서 그의
형제들과 같이 되셨으나 죄는 없으십니다.

해설 ▶ 마리아에게 성령의 능력이 임하여 하나님의 아들 예수님을
잉태했다(눅 1:35). 예수님의 출생은 구약 예언이 성취된 것이다(창
3:15; 사 9:2-7; 미 5:2). 창조 때 수면 위에 운행하시던 그 성령이
마리아에게 임했다. 모세와 삼손과 다윗에게 임했던 바로 그 성령께
서 처녀 마리아의 태를 여셨다. 따라서 제35문에서 마리아의 남편
요셉이 언급되지 않는다. 성령께서 처녀의 몸을 통해 예수님을 출산
하게 하셨으니, 예수님은 원죄나 흠이나 죄가 없으시다. 예수님은
낮아지셔서 종의 형체로 오셨다(롬 8:3; 빌 2:7).

예수님이 육체로 오신 것을 믿지 않으면 '적그리스도'(ἀντίχριστ
ος, 안티크리스토스)이다(요일 4:3). 가현설주의자는 예수님께서 악하
고 더러운 육체를 입을 수 없다고 보았다.

HC에 예수님은 성령을 통해서 사역하시고 성령은 예수님을 위해
서 사역하신다는 '성령론적 기독론'이 분명히 나타난다. 성령은 예
수님의 잉태(HC 35), 사역(HC 31), 승천(HC 47, 49), 은사 주심

(HC 51), 공교회(HC 54), 그리고 통치(HC 123)를 위해 사역하신다.176)

적용 ▶ 하나님이 사람이 되신 것은 비밀이요 기적이다. 그 성육신의 비밀을 의심하지 않고 믿는 것도 기적이며 은혜이다.177)

제36문 그리스도의 거룩한 잉태와 탄생은 당신에게 어떤 유익을 줍니까?

답 그리스도는 우리의 중보자이시므로 잉태되고 출생할 때부터 가지고 있는 나의 죄를 그의 순결함과 온전한 거룩함으로 하나님 앞에서 가려줍니다.

해설 ▶ 예수님은 흠과 점이 없으시고 완전한 인성을 취하셨다. 그래서 예수님은 하나님과 죄인 사이의 중보자로서 일하실 수 있다. 하늘 아버지는 흠과 점이 없으신 중보자 예수님을 통해서 우리를 보시고 평가하신다. 예수님은 자신의 완전하심과 거룩을 우리에게 주셨다. 참고로 HC 60-61문이 밝히는 그리스도의 능동적 순종을 유창형은 "그리스도의 능동적 순종의 전가에 대한 논쟁"에서 아래와 같이 상술한다.178)

---

176) 참고. HC의 모든 문답에 성령님이 스며들어 있다고 주장하는 D. R. Hyde, "The Holy Spirit in the Heidelberg Catechism," *Mid-America Journal of Theology* 17 (2006), 215-19, 237.

177) 2013년 9월에 열린 남아공 화란개혁교회(DRC)의 제70회 총회에서 HC의 가치에 대해 상반된 두 그룹이 대결했다. 이 교리문답서가 하늘에서 직접 떨어진 산물이어서 영구적 가치를 지닌다고 주장하는 사람들, 그리고 16세기의 산물이므로 그 당시로 제한되는 가치만 있다고 믿는 사람들이다. 이런 대결의 논의에 동정녀 탄생도 예외가 아니었다. I. W. C. van Wyk, "... Conceived by the Holy Spirit and born of the Virgin Mary: The Exposition of the Heidelberg Catechism in the Light of Present-Day Criticism," *HTS Teologiese Studies* 70/1 (2014), 1-2.

178) https://blog.naver.com/ktyhbgj/222254122501 (2021년 3월 27일 접속).

그리스도께서는 성령으로 말미암아 거룩한 자로 잉태되고 탄생하실 때로부터 이미 자신이 희생제물로서의 자격을 이미 이루고 계신다는 것을 드러내는 증거를 보이신 것이라고 말할 수 있습니다. 그리스도의 거룩하고 무흠한 제물로서의 자격은 그가 거룩한 자로 성육하셨을 때에 이미 이루어진 일이기 때문입니다. 그리스도의 율법의 순종과 관련하여 다음으로 생각할 것은 그리스도의 율법의 순종은 그리스도께서 율법의 순종으로 얻으신 율법의 의와 영생의 권리가 죄인들에게 전가하여 주시는 데에 그 의미가 있음을 기억해 두는 일입니다. 죄인들의 보증인이신 그리스도께서는, 자신을 위해서가 아니라 그에게 속한 죄인들을 위하여, 율법을 완전히 순종하시어 율법의 의를 이루심으로써 영생의 권리를 획득하시고, 그 권리를 행사하십니다. 즉 그리스도께서 율법에 순종하신 것은 그가 인성을 가진 사람이기 때문이라기보다 그가 자신에게 속한 죄인들의 보증인이 되는 언약적 관계 때문입니다.

참고로 HC의 작성자인 우르시누스의 동정녀 탄생에 대한 설명은 그의 스승이자 멘토인 비텐베르크대학의 멜란히톤의 Loci Theologici (기독교 교훈의 주요 주제, 1553)로부터 영향을 받았으며, 칼빈의 제네바 교리문답 제50-53문과 유사하다.[179]

적용 ➡️ 예수님의 인성과 신성은 섞이지 않고 구별되며, 변하지 않고 그대로 유지되고, 한 위격 안에 연합된다(참고. 칼세톤신경[451]). 그런데 성경의 영감성과 사실성을 믿지 않는 신학자나 교인은 예수

---

179) Van Wyk, "... Conceived by the Holy Spirit and born of the Virgin Mary," 2-3.

님의 동정녀 탄생을 신화로 간주할 뿐이다.

제15주일(제37-39문)
그리스도의 고난과 우리의 구원

제37문 "고난을 받으사"라는 말로 당신은 무엇을 고백합니까?

답 그리스도는 이 세상에 사셨던 모든 기간에, 특히 생의 마지막 시기에 모든 인류의 죄에 대한 하나님의 진노를 자신의 몸과 영혼에 짊어지셨습니다. 그분은 유일한 화목제물로 고난을 당하심으로써 우리의 몸과 영혼을 영원한 저주로부터 구원하셨고, 우리를 위해 하나님의 은혜와 의와 영원한 생명을 얻으셨습니다.

해설 ▶ 예수님이 이 세상에서 사셨던 전체 기간 동안 고난을 받으셨다. 예수님은 율법 아래 태어나실 때부터 진노를 이루는 율법의 모든 요구를 지키셔야 했다(롬 4:15; 갈 4:4). 예수님은 헤롯 대왕의 살해 위협을 받으셨고, 무죄하신 예수님은 하나님의 진노 아래에 있는 죄인의 자리까지 내려가셔서 요단강에서 세례를 받으셨다(마 3:13-17). 예수님은 죄와 사탄과 죽음 아래 고통을 당하던 사람들을 보시고 비통하게 여기시며 그 모든 것을 짊어지셨다(요 11:33; 참고. 사 53:4-6).

특히 예수님이 겟세마네 동산에서 세 번이나 기도하시고, 십자가를 지시는 고통은 극심했다. "내 마음이 심히 고민하여 죽게 되었으니"(막 14:34). 십자가에 달리신 후, 정오부터 오후 3시까지 흑암이 임하였는데, 아버지 하나님이 예수님을 버리시고 저주를 내린 것을 가리킨다(막 15:33-34). 예수님께서 저주받아 화목제물로 죽으셔야만 죄인을 향한 하나님의 진노가 풀리기 때문이다. 성부 하나님은 십자가를 통하여 자신의 공의를 충족하신 후에, 화목제물이신 예수님을 믿는 사람들에게 은혜와 의와 영생을 주셨다(벧전 3:18).

적용 ▶ 그리스도의 대속을 위한 고난을 믿는 성도는 일상에서 겪는 고난을 어떻게 대해야 하는가? 주님의 선하심과 인자하심 그리고 동정하심을 기억해야 한다.

제38문 그분은 왜 재판장 "본디오 빌라도 아래에서" 고난을 받으셨습니까?

답 그리스도는 죄가 없지만 세상의 재판장에게 정죄를 받으셨으며, 이로써 우리에게 임할 하나님의 준엄한 심판에서 우리를 구원하셨습니다.

해설 ▶ 금요일 새벽에 예수님은 대제사장 가야바가 주재한 산헤드린공회에서 재판을 받으셨다(막 14:51-65). 그다음 예수님은 빌라도 총독(AD 26-36)에게 사형 판결을 받으셨다. 빌라도는 유대인들의 요구를 만족시키려고 바라바를 놓아주고 예수님을 십자가에 못 박도록 허락했다(막 15:15). 총독 빌라도와 그의 아내는 예수님에게 어떤 죄도 발견하지 못했다(마 27:19, 24; 막 15:10, 14). 따라서 예수님께서 빌라도에게 고난을 받으셨다 보다는 빌라도 치하에서 고난을 당하셨다는 게 정확하다. 죄가 없으신 예수님이 빌라도에게 사형 판결을 받으신 것은 하나님의 준엄한 심판을 받은 우리 대신 심판을 받으셔서 구원하시기 위함이다.

적용 ▷ 예수님의 고난은 '팍스 로마나'의 희생양 차원에서 그치지 않는다. 지금도 복음을 정치적으로만 해석하는 것은 금물이다.

제39문 그리스도께서 "십자가에 못 박히심"은 달리 돌아가신 것보다 특별한 의미가 있습니까?

답 그렇습니다. 십자가에 달린 자는 하나님께 저주를 받은 자이므로 그가 십자가에 달리심은 내게 임한 저주를 대신 받은 것이라고 나는 확신하게 됩니다.

해설 ▷ 십자가 처형은 로마제국의 방식이다. 하지만 구약에서 이스라엘은 참람한 죄인을 돌로 쳐 죽인 후, 시체를 성 밖 나무에 달았다(신 21:22).[180] 무죄한 예수님이 죄인을 위해 대신 십자가에서 죽으셨다. 십자가에 달린 자는 하나님께 저주를 받았다(신 21:23). 만약 예수님이 질병이나 사고로 돌아가셨다면, 우리에게 임한 저주는 사라질 수 없다. 그리스도께서 나무에 달려 우리 죄를 담당하시고 저주받으셔서 율법의 저주에서 속량하셨다(갈 3:13; 벧전 2:24).

적용 ▷ 영원한 저주와 형벌에서 벗어난 그리스도인의 생활은 감사의 찬미여야 한다.

제16주일(제40-44문):
주님의 죽으심과 장사되심이 우리에게 주는 유익과 위로

제40문 그리스도는 왜 "죽으시기"까지 낮아져야 했습니까?

---

180) Van Bruggen, 『하이델베르크 요리문답 해설』, 226.

답   하나님의 공의와 진리 때문에 우리의 죗값은 하나님의 아
        들의 죽음 이외에는 달리 치를 길이 없습니다.

해설 ▶ 하나님 보좌의 기초는 의(공의, 공평)와 사랑(인자)이다(시
89:14; 96:13; 97:2). 예수님의 대속의 죽으심은 하나님의 공의를
만족시킬 뿐 아니라, 하나님의 진리도 만족시키셨다. 여기서 하나님
의 진리는 선악과를 먹으면 반드시 죽으리라는 언약의 말씀을 떠올
린다(창 2:16-17). 그리고 여자의 후손이 사탄의 머리를 상하게 하
실 것이라는 최초복음도 하나님의 진리이다(창 3:15; 히 2:14). 죄
아래 태어나 범죄한 사람은 하나님의 공의와 진리를 만족시킬 수 없
다. 예수님은 육은 물론, 성부로부터 버림을 받고 저주를 당하셨기
에 영적으로도 죽음의 고통을 당하셨다.

적용 ▶ 하나님의 손아래 겸손하면서 죄와 싸우기 위해 죽기까지 낮
아지신 예수님을 묵상하자.

제41문   그리스도는 왜 "장사"되셨습니까?

답   그리스도의 장사되심은 그가 진정으로 죽으셨음을 확증합
        니다.

해설 ▶ 예수님이 죽으셨다는 역사적 사실은 장사되심으로 더 분명
해진다. 아리마대 사람 요셉은 산헤드린 공회원이었지만 하나님 나
라를 기다린 의로운 사람이었다(막 15:43). 그는 자신이 준비한 새
무덤에 예수님을 장사하기 위해 빌라도에게 시신을 요구했다(마
27:60). 새 무덤은 왕의 장사를 위한 것이다. 니고데모는 몰약과 침
향을 섞은 것 100리트라(33kg)로 예수님의 시신을 방부 처리했다
(요 19:39). 이렇게 향품이 많이 동원된 것도 예수님이 왕으로 돌아

가셨음을 가리킨다. 사람들은 왜 하필이면 저주받아 십자가에 못 박힌 예수를 위해 무덤을 제공하여 돈을 허비하는지 요셉을 향하여 의아하게 반응했을 것이다. 대제사장들과 바리새인들은 무덤에 안치된 주님의 시체를 훔쳐 가지 못하도록 경비병들을 세우고 돌로 무덤을 인봉했다(마 27:62-66). 예수님은 3일 동안 골고다 언덕의 무덤에 계셨지만, 그분은 죽음과 무덤을 다스리는 열쇠를 가지고 계신다(계 1:18; 3:7).

적용 ▶ 이웃을 죽음의 문제와 공포에서 벗어나도록 돕자.

제42문 그리스도께서 우리를 위해서 죽으셨는데 우리도 왜 여전히 죽어야 합니까?

답 우리의 죽음은 자기 죗값을 치르는 것이 아니며, 단지 죄 짓는 것을 그치고, 영생에 들어가는 것입니다.

해설 ▶ 예수님은 우리의 죗값을 대신 치르시려고 죽으셨다(사 53:11). 그러므로 죄 사함을 받은 우리는 죽음으로써 죗값을 다시 치를 필요는 없다. 거듭난 우리는 죄성 때문에 계속 범죄한다. 그러나 우리가 죽으면 더 이상 죄를 지을 수 없고 영생에 들어간다. 우리가 죽는 순간 죄와 싸우는 것이 끝난다. 이 세상에서 죄와 싸우고 하나님을 위해 사는 사람은 죽음의 순간에도 영생을 주시는 하나님의 위로를 받게 된다. 주님을 의지하여 하나님 나라를 추구하며 믿음으로 사는 사람은 죽을 때도 복되다(빌 1:23; 계 14:13). 그는 부활과 영생의 복을 받고 둘째 사망 곧 지옥 형벌을 받지 않는다(살전 5:10; 계 20:6).[181]

---

181) 성도의 죽음은 영생으로 옮겨가는 '통로'이지 '입구'는 아니다. 왜냐하면 이미

적용 ▶ 인생의 목표가 재산을 모으고 출세하는 것이라면, 그는 죽을 때 돈과 지위와 명예를 놓지 못해 비참하게 두려워하며 고통을 당한다. 불신자는 영원한 형벌의 장소에 던져져 죗값을 치르게 된다 (눅 16:28; 계 20:15).

제43문 그리스도의 십자가의 제사와 죽음에서 우리가 받는 또 다른 유익은 무엇입니까?

답 그리스도의 죽으심의 공효(功效)로 우리의 옛사람이 그분과 함께 십자가에 달리고 죽고 장사 되며, 그럼으로써 육신의 악한 소욕이 더 이상 우리를 지배하지 못하게 되고, 오히려 우리 자신을 그분께 감사의 제물로 드리게 됩니다.

해설 ▶ "유익이 무엇입니까?"라는 표현은 제43문과 제51문을 포함하여 HC에 총 6회 등장하는데, 대답은 직간접적으로 '생사 간의 유일한 위로'와 연결된다.[182] 예수님의 십자가의 화목제물 되심은 우리에게 공로와 효과를 발생시킨다. 예수님의 죽으심은 우리의 죽음이 된다. 우리의 '옛사람'은 예수님과 함께 십자가에 못 박혀 죽었다(롬 6:6). 그러나 우리의 '육신의 악한 소욕'은 여전히 남아있다. 옛사람은 죽었지만, 옛사람이 부리던 종과 같은 악한 소욕은 여전히 우리를 유혹하고 괴롭힌다(롬 6:11-12). 옛사람이라는 주인이 죽었기에, 그의 종들인 악한 소욕은 마음대로 우리를 지배하지 못한다(롬 5:21). 그리스도 안에 있는 사람은 옛사람이 아니라 새사람이다(고후 5:17). 예수님은 생명과 성령의 법으로써 우리를 죄와 사망의

영생을 얻은 성도는 죽음으로써 믿음 안에서 안식하기 때문이다. Van Bruggen, 『하이델베르크 요리문답 해설』, 227.
182) Welker, "What Profit is the Reign of Christ to Us?" 285.

법에서 해방하셨다(롬 8:2). 그러나 성도는 이 세상에서 죄와 사망으로부터 완전히 해방되지 않는다(도르트신경 5:1). 우리는 새사람으로서 성령의 소욕으로 살면서 악한 소욕과 싸워야 한다(롬 8:2; 갈 5:16). 우리는 우리 자신을 산 제물로 바치기 위해, 이 세대를 본받지 말고 하나님의 뜻을 분별하고 실천해야 한다(롬 12:1-2). 자신을 즐거이 주님께 바치는 삶은 구원 받은 사람만이 누리는 특권이다.

적용 ▶ 육체의 소욕에 빠져 자책감과 후회하는 어리석은 삶을 반복하지 않도록 주님을 경외하자.

제44문 "음부에 내려가셨으며"라는 말이 왜 덧붙여져 있습니까?

답   내가 큰 고통과 중대한 시험을 당할 때에도 나의 주 예수 그리스도께서 나를 지옥의 두려움과 고통으로부터 구원하셨음을 확신하고 거기에서 풍성한 위로를 얻도록 하기 위함입니다. 그분은 그의 모든 고난을 통하여 특히 십자가에서 말할 수 없는 두려움과 아픔과 공포와 지옥의 고통을 친히 당하심으로써 나의 구원을 이루셨습니다.

해설 ▶ 우리 사도신경에는 "음부에 내려가셨으며"가 생략되었지만, 5세기에 확정된 사도신경에는 포함되었다. '음부'(ἅδης, 하데스)는 응달 즉 그늘진 곳인데, 히브리어로 하데스이다(눅 16:23). 하데스는 무덤처럼 죽은 사람이 머무는 곳, 다시 말해, 죽은 사람들의 영역이다. 예수님은 실제로 지옥에 가신 바 없다. 예수님이 음부에 내려가셨다는 뜻은 상상하기 힘든 지옥의 고통을 당하셨다는 의미이다(시 116:3; 마 26:39; 행 2:24; 제네바 교리문답 65). 따라서 우리는 천주교처럼 예수님이 정결하게 만드는 감옥인 연옥(煉獄)에 가셨다고 해석할 수 없다(참고. 벧전 3:19).[183] 예수님께서 우리 대신 십자가에서 지옥의 고통을 당하셨기에, 우리를 지옥의 두려움과 고통으로부터 구원하셔서 위로하신다.

적용 ▣ 죽음의 공포를 이기도록 구원의 은혜와 능력 가운데 거하자.

제17주일(제45문)
부활의 사실과 세 가지 유익

제45문 그리스도의 "부활"은 우리에게 어떤 유익을 줍니까?

답 첫째, 그리스도는 부활로써 죽음을 이기셨으며, 죽음으로써 얻으신 의에 우리로 참여하게 하십니다. 둘째, 그의 능력으로 말미암아 우리도 이제 새로운 생명으로 다시 살아났습니다. 셋째, 그리스도의 부활은 우리의 영광스런 부활에 대한 확실한 보증입니다.

해설 ▣ HC는 예수님의 고난을 제15-16주일에서 총 8개 문답으로 자세히 설명한다. 그런데 예수님의 부활은 제45문만 다룬다. 아마도 HC가 작성될 당시에 부활에 대한 논란이 거의 없었기 때문에 부활의 사실과 유익을 간명하게 설명한 것 같다. HC의 작성자 우르시누스는 자신의 소교리문답(1561/1562) 33문에서 "그리스도는 자신의 신적 능력으로 자신의 몸이 살아나게 하여 영원한 영광으로 덧입

---

183) 천주교에 따르면, 지옥의 변두리(림보)에 영세를 받지 않고 죽은 유아를 위한 림보(limbus infantum)와 구약 성도를 위한 선조 림보(limbus patrum)가 있다. Van Bruggen, 『하이델베르크 요리문답 해설』, 230-31.

히셨다. 따라서 인간 예수 그리스도는 정한 때에 나는 물론 자신을 믿는 모든 사람을 죽음으로부터 부활시킬 것이다"라고 설명했다.[184] 그리고 우르시누스는 성부께서 다른 도구가 아니라 자신과 동일한 본체인 성자를 부활시키신 역사적 회복의 사건에 주목하면서, 주님의 부활은 죄와 죽음에 대해 승리한 사건이므로 성도에게 칭의(사죄)와 중생과 영화(성도의 몸의 부활과 영화를 보증)의 은덕을 제공한다고 설명한다.[185]

예수님은 '사흘 만에' 즉 장사 되신 지 72시간 후에 부활하셨는가? 예수님께서 금요일 오후 3시에 돌아가셔서 오후 4시경에 무덤에 묻히셨고, 주일 오전 5시경에 부활하셨다면 무덤 안에 37시간가량 머무셨다. 따라서 정확히 말하면, 주님은 '사흘날에' 부활하셨다.[186]

예수님은 성경의 예언대로 부활하셨다. 성부 하나님은 예수님을 스올에 버리거나 썩도록 하시지 않고 살리셨다(시 16:8-11; 호 6:2). 그리고 다시스로 가던 중에 선지자 요나가 물고기 뱃속에 3일간 있다가 나온 것은 예수님의 부활에 대한 표적이다(욘 1:17; 마 12:40).

예수님은 부활로써 죽음을 이기셨기에, 주님 안에서 우리는 칭의의 은혜를 입었다(롬 4:25). 예수님은 성령의 능력으로 부활하심으로써 무죄하심 즉 의롭다함을 증명 받으셨다(딤전 3:16).[187] 공무

---

184) Labuschagne, "A Hermeneutical Reflection on the Resurrection of Jesus Christ in Question and Answer 45 of the Heidelberg Catechism," 4.
185) Labuschagne, "A Hermeneutical Reflection on the Resurrection of Jesus Christ in Question and Answer 45 of the Heidelberg Catechism," 5.
186) 예수님의 부활 사건은 성부와 성령의 사역이다(행 2:24, 32; 롬 8:11). 고전 15:4는 신적수동태로 묘사한다. 그런데 막 16:9는 예수님께서 '살아나셨다'('Ἀ ναστὰς, 아나스타스)라고 능동태 동사로 언급한다(참고. 16:11의 현재 능동태 직설법 3인칭 단수 동사 ζῇ [제]).

(公務)를 수행함에 있어 불의가 없었던 다니엘이 대적의 모함으로 사자 굴에 던져졌지만 거기서 살아남은 것은 그의 의로움이 입증된 것이다(단 6:4, 22). 그러므로 죄 없으신 예수님께서 부활하신 것은 주님 자신이 의로운 분임을 증명하는 것이듯이, 부활의 주님은 자신과 연합되어 있는 우리에게도 의로움을 주신다. 이제 부활하신 예수님은 살려주시는 영으로서 그리스도인이 부활의 은덕을 누리도록 하신다(고전 15:45). 그래서 부활하신 예수님은 부활의 능력을 우리에게 주셔서 죄에 대해 죽고 새 생명을 가지고 살도록 도우신다(롬 6:4). 그리고 부활의 새 생명을 주시는 예수님은 우리가 장차 부활할 것을 보증하신다. 왜냐하면 예수님은 잠자는 자들의 첫 열매이시며(고전 15:20), 우리 몸의 부활을 위해 보증금 곧 선금(先金)을 지불하셨기 때문이다. 그러므로 믿음으로 주님께 연합된 사람은 부활의 생명을 자신의 것으로 마땅히 누려야 한다(요 11:25-26). 마치 선금만 지불하면 할부금을 다 납부하지 않아도 구입한 제품을 마음껏 활용할 수 있는 것과 같다. 그리스도인은 일상에서 부활의 능력을 누리는 종말의 백성이다.[188]

적용 ▶ 예수님의 부활은 성도를 의롭게, 거룩하게 그리고 영화롭게 만든다. 다시 말해, 예수님의 부활은 성도의 '칭의의 증거'이며(롬 4:25; 참고. 행 13:35-39; 고전 15:17; 벧전 1:3), '성화의 능력'이고(행 20:12; 롬 6:4, 11; 고전 15:58; 빌 3:10; 히 13:20-21; 벧전

---

187) 예수님의 부활은 마치 '예수님의 칭의'와 같다는 설명은 김헌수, 『하이델베르크 요리문답 강해 II』 (서울: 성약, 2015), 24를 보라.

188) 강미랑, "하이델베르크요리문답교육을 통한 개혁주의 종말신앙 형성," 276. 참고로 예수님께서 몸으로 부활하시지 않았다면 종말론적 예수님은 환상(illusion)에 불과하며, 첫 아담의 범죄와 실패는 해결되지도 역전되지도 않았다. C. F. C. Coetzee, "*Ho Eschatos*: The Eschatological Christ and the Future of Reformed Theology," *In die Skriflig* 47/1 (2013), 7.

3:21; 벧후 3:4, 11; 계 3:8-10), '영화의 보증'이다(롬 6:8; 고전 15:43; 고후 4:14; 빌 3:21).[189] 주님의 십자가의 사랑과 부활을 믿는다면, 은혜로 주어진 칭의와 새 생명을 오늘도 내일도 맛보며 영광스러운 미래를 소망하며 살아야 한다.

제18주일(제46-49문)
승천의 사실과 세 가지 유익

제46문 "하늘에 오르셨고"라는 말로 당신은 무엇을 고백합니까?

답 그리스도는 제자들이 보는 가운데 땅에서 하늘로 오르셨고, 우리의 유익을 위하여 거기에 계시며, 장차 살아 있는 자들과 죽은 자들을 심판하러 다시 오실 것입니다.

해설 ▶ HC는 예수님의 승천을 총 4문에 걸쳐 자세히 설명한다. 선지자 엘리야가 회오리바람을 타고 승천한 것은 예수님의 승천을 예고한다(왕하 2:11).[190] 베다니 근처에서 예수님께서 승천하셨을 때, 두 손을 들고 제자들에게 복을 주셨다(눅 24:50-51). 예수님의 승천은 보혜사 성령님의 전이 될 신약 교회에게 유익이 된다(요 16:7). 승천하신 예수님은 성육하시기 전에 계셨던 참 하늘 성소에서 지금도 우리에게 복을 주신다(요 1:1; 6:62; 히 9:24).[191] 그리고 승천하

---

189) Van Bruggen, 『하이델베르크 요리문답 해설』, 236-37.
190) 요세푸스는 에녹이 신격(theon) 안으로 들어갔으며, 엘리야는 이 세상 영역을 떠났다고 설명한다(유대고대사 3.5.7; 9.2.2). 홍창표, "중간 상태: 에녹, 엘리야, 모세의 승천," 『신학정론』 10/1 (1992), 99-100.
191) 김재진, "예수 승천의 구속사적 의미," 『한국기독교신학논총』 27/1 (2003), 276.

신 예수님은 이 세상에 다시 오셔서 심판하실 것이다(행 1:11). 재림 때에 육체적 그리고 영적으로 산 자들과 죽은 자들 모두가 심판받는다(계 20:13). 예수님은 재림하셔서 성도에게 구원의 완성을 주실 것이다(히 9:28).

적용 ▶ 칼빈은 에베소서 4장 10절 주석에서 예수님의 승천을 '최고의 승리'라고 불렀다.[192] 왜냐하면 예수님은 승천으로 대왕으로 위임하셔서 교회와 만유를 자신의 통치로 유지하시고 확장하시고 충만하게 만드시기 때문이다(고전 15:28).[193] 승천하신 예수님은 재림 때까지 만유를 새롭게 창조하셔서 회복하신다(행 3:21; 계 21:5). 그런데 천주교 교황 비오 12세는 1950년 11월 1일에 마리아가 원죄가 없이 일평생 처녀로 살다 8월 15일에 승천했다고 선언했다.[194]

제47문 그렇다면 세상 끝날까지 우리와 함께 있으리라는 그리스도의 약속은 어떻게 됩니까?

답 그리스도는 참 인간이시고 참 하나님이십니다. 그의 인성

---

192) J. Calvin, 『고린도후서, 에베소서, 디모데전후서』 (서울: 성서교재간행사, 1993), 332.

193) 김재진, "예수 승천의 구속사적 의미," 269, 271. 김재진은 예수님의 승천은 성도가 회개하여 임박한 천국을 준비하는 기간이라는 의미로 '중간 시기의 시작'이라 부른다. 하지만 통상적으로 육체적 죽음과 부활 사이를 '중간 시기'라 부르기에, 김재진의 용어는 혼동을 유발한다.

194) 한국 천주교 교회법 제1246조는 다음과 같이 많은 축일을 규정하는데, 마리아와 관련된 사항도 적지 않다. ① 부활 신비를 경축하는 주일은 사도 전승에 따라 보편교회에서 근본적 의무 축일로 지켜져야 한다. 이와 마찬가지로 우리 주 예수 그리스도의 성탄 대축일, 주님 공현 대축일, 주님 승천 대축일, 그리스도의 성체 성혈 대축일, 천주의 성모 마리아 대축일, 복되신 동정 마리아의 원죄 없으신 잉태 대축일과 성모 승천 대축일, 성 요셉 대축일, 성 베드로와 성 바오로 사도 대축일, 그리고 모든 성인의 날 대축일도 지켜져야 한다. 한국천주교주교회의, 『교회법전』 (https://cbck.or.kr/Documents/Canon; 2021년 9월 6일 접속).

으로는 더 이상 세상에 계시지 않으나, 그의 신성과 위엄과 은혜와 성령으로는 잠시도 우리를 떠나지 않으십니다.

해설 ➡ 참 사람과 참 하나님이신 예수님은 인성과 신성을 가지고 계신다. 예수님은 승천하신 때부터 재림하실 시간까지, 육체 즉 인성으로는 하늘에 계신다. 하지만 예수님의 신성은 위엄과 은혜와 성령으로써 성도와 항상 함께 하신다(마 28:20). 우리는 성령의 충만한 인도가 있는 기도와 성만찬 예배를 통하여 하늘에 올라가 만왕의 왕을 알현한다(딤전 6:15; 엡 2:6; 계 19:16). 다시 말해, 우리가 성령 충만하여 주님의 능력과 은혜 가운데 거할 때 임마누엘을 경험한다.

적용 ➡ 임마누엘의 은혜가 성도의 삶에 능력이 되도록 먼저 예배로써 주님을 알현하자.

제48문 그런데 그리스도의 신성이 있는 곳마다 인성이 있는 것이 아니라면, 그리스도의 두 본성이 서로 나뉜다는 것입니까?

답 결코 그렇지 않습니다. 신성은 아무 곳에도 갇히지 않고 어디나 계십니다. 그러나 신성은 그가 취하신 인성을 초월함이 분명하며, 그러나 동시에 인성 안에 거하고, 인격적으로 결합되어 있습니다.

해설 ➡ 예수님의 인성은 언제나 인성이다. 그리고 예수님의 신성은 언제나 신성이다. 예수님의 인성은 신성과 섞이지 않고 구분된다. 그러나 우리는 예수님의 인성과 신성을 구분하되 분리하지 말아야 한다. 왜냐하면 주님의 양성은 성육신 이래로 항상 인격적으로 그리고 신비롭게 결합 되기 때문이다. 예수님의 신성은 인성 안에 거한다.

적용 ▶ 승천하신 예수님은 성찬식에 성령을 통하여 영적으로 그리고 실재로 임재하신다. 따라서 승천하신 예수님의 몸 곧 인성이 성찬에 임한다는 화체설은 오류이다. 루터교회의 공재(共在)설은 예수님의 몸은 떡과 포도주 안에, 함께, 아래에 임한다는 주장이다. 이것은 예수님께서 승천하신 이후부터 인성은 신성의 속성을 넘겨받아 어디든지 있게 된다는 편재설이다.195)

제49문   그리스도께서 하늘에 오르심은 우리에게 어떤 유익을 줍니까?

답   첫째, 그리스도는 우리의 대언자로서 하늘에서 우리를 위해 그의 아버지 앞에서 간구하십니다. 둘째, 우리의 몸이 그리스도 안에서 하늘에 있으며, 이것은 머리 되신 그리스도께서 그의 지체인 우리를 그에게로 이끌어 올리실 것에 대한 확실한 보증입니다. 셋째, 그리스도는 그 보증으로 그의 성령을 우리에게 보내시며, 우리는 성령의 능력으로 말미암아 그리스도께서 하나님 우편에 앉아 계신 위의 것을 구하고 땅의 것을 구하지 않습니다.

해설 ▶ 승천하신 예수님은 우리의 의로운 대언자 곧 변호사로서 성부 하나님을 향하여 항상 간구하시며 사역하신다(히 7:25; 요일 2:1). 예수님은 성부를 향하여 자신이 십자가에서 성취하신 대속의 사역을 제시하시면서, 우리에게 성부로부터 오는 회개와 죄 사함의 은총을 주신다(롬 8:33-34). 교회의 머리이신 예수님이 하늘에 계시

---

195) Van Bruggen, 『하이델베르크 요리문답 해설』, 240, 242. 그런데 판 브럭헌은 예수님이 승천하실 때 "우리 몸을 가지고 올라가셨다"라고 말하여 오해와 혼동을 초래한다.

므로, 그분의 지체인 성도도 하늘에 앉힌 것이나 마찬가지이다(엡 2:6). 주님이 재림하시기까지 우리는 승천하신 예수님을 이 세상으로 끌어내릴 수 없다. 대신 우리는 성령과 말씀의 은혜를 통하여 하늘로 올라간다.

우리가 하늘에 앉힌 자가 되었다는 말씀은 하나님 나라 백성으로 산다는 뜻이다. 그렇다면 하늘에 시민권을 둔 우리는 성령의 충만을 받아 하나님 나라의 것 곧 위에 것을 생각하고 추구해야 한다(빌 3:20; 골 3:2). 그것은 이 세상의 모든 것을 포기하고 세상으로부터 도피하는 삶이 아니다. 오히려 사랑과 거룩함으로써 성령의 열매를 맺는 삶이다(갈 5:22-23). 성령님은 주 예수님과 성도 사이의 혼인 관계를 보증하신다(엡 5:32; 계 19:8).

적용 ▶ 교회사적 증거에 따르면, AD 68년경부터 승천일을 기념한 것으로 보인다. 올레비아누스가 주도해서 작성한 팔츠 교회법(1563)은 제네바 교회법처럼 주일, 성탄절, 부활절, 성령강림절, 승천일, 그리고 새해 첫날을 휴일과 기념일로 정했다.[196] 그리고 도르트 교회질서(1618-19) 67조는 주일 외에, 성탄절, 부활절, 승천일, 그리고 오순절을 지켜야 한다고 밝힌다(67조). 지금도 여러 나라에서 승천일을 공휴일로 지킨다(독일, 오스트리아, 덴마크, 핀란드, 룩셈부르크, 화란, 노르웨이, 스웨덴 등). 심지어 이단 하나님의교회(안상홍증인회)도 지킨다. 2021년의 경우 부활주일(4월 4일) 후 39일이 지난 5월 13일 목요일이 승천기념일이었다. 승천일 예전 색깔은 흰색이다.[197]

---

196) 참고. 이남규, 『우르시누스·올레비아누스: 하이델베르크 요리문답서의 두 거장』, 251.
197) 율리안력을 따르는 동방정교회는 그레고리안력을 따르는 서방교회보다 승천일이 늦다. 승천일이 지난 10일째는 성령강림주일이며, 17일째는 삼위일체주일

제19주일(제50-52문)
하나님의 우편에서 다스리심과 심판이 주는 유익

제50문 "하나님 우편에 앉아 계시며"라는 말이 왜 덧붙여졌습니까?

답   그리스도는 거기에서 자신을 그의 교회의 머리로 나타내기 위해서 하늘에 오르셨으며, 성부께서는 그를 통하여 만물을 다스리십니다.

해설 ▶ HC 50문의 예수님께서 성부 하나님의 우편에 '앉아 계시며'는 현재시제이다. 승천하신 예수님은 지금 온 세상과 만유를 다스리신다. 여기서 '하늘'이 실제 물리적 개념이라기보다 하나님께서 통치하시는 영역을 가리킨다면, '우편'(δεξιός, 덱시오스)도 실제 공간이 아니라 능력과 존엄을 상징한다(왕상 2:19; 시 110:1; 마 20:21; 26:64; 행 7:56).[198] 예수님이 성부 오른편에 계신다면, 성령은 왼편에 앉아 계시는가? 아니다. 요한계시록 3장 21절과 22장 1절에 따르면, 성부와 성자의 보좌는 여러 개가 아니라 하나뿐이다. 예수님은 아버지 하나님과 같은 보좌를 공유하신다.

구약 예루살렘 성전 안에 의자가 없었다. 제사장들은 항상 서서 번제를 드리고, 향을 피우고, 진설병을 교체해야 했다. 하지만 예수님은 자신의 몸을 화목제물로 바치시고 속죄를 완성하셨기에, 하늘 성소에 앉아 계신다.[199]

이다. 참고로 회교국가들은 마호메트 승천일을 지킨다.

198) 승천하신 예수님이 서계신(행 7:55-56) 이유는 스데반을 변호하고 그를 환대하시기 위함이다. 윤철원, "하나님의 우편에 '앉아 계신' 예수가 '일어선'(행 7:55-56) 이유에 관한 탐구," 『신학논단』 99 (2020), 86-87, 92.

199) Van Bruggen, 『하이델베르크 요리문답 해설』, 249.

승천으로써 예수님이 교회의 머리되심이 분명히 나타났다. 이 세상에서 개별 그리스도인과 지역 교회는 교회의 머리이신 예수님의 통치를 받기를 소망해야 한다(엡 1:22). 장로교 총회나 노회나 시찰 혹은 당회는 교회의 머리가 아니다. 천주교 교황과 정교회 대주교도 교회의 머리가 아니다. 머리는 오직 주 예수님뿐이다. 머리이신 예수님은 말씀과 설교로 몸의 지체인 교회를 다스리신다.

우리가 겪는 가난과 질병조차 예수님이 다스리심을 믿으면 낙심하지 않고 위로가 된다. 그리고 교회는 예수님의 통치를 만유에 적용해야 할 사명이 있다(엡 1:10). 대왕 예수님은 세상에 우리를 소금과 빛으로 파송하신다. 우리가 세상 속에서 이웃을 향하여 소금과 빛이라는 선교적 사명을 수행하는 것이 왕 노릇하는 것이다.

적용 ▶ 죄책감과 고난과 비참 속에서라도 권능과 영광의 왕을 알현하자.

제51문 우리의 머리 되신 그리스도의 이 영광은 우리에게 어떤 유익을 줍니까?

답 첫째, 그리스도는 성령으로 그의 지체인 우리에게 하늘의 은사들을 부어 주십니다. 둘째, 그분은 자신의 권능으로 우리를 모든 원수로부터 보호하시고 보존하십니다.

해설 ▶ 제51문에서 성령의 은사들은 먼저 구원의 은덕을 가리키고, 그다음 교회를 세우는 데 필요한 은사들을 가리킨다.[200) 승천하신 예수님은 오순절에 예루살렘 다락방에 모인 120명의 제자에게

---

200) 유태화, "하이델베르크 신앙교육서(Der Heidelberger Katechismus)의 성령론: 구원론을 중심으로," 『한국개혁신학』 40 (2013), 219.

성령을 부으셨다. 그리고 그들에게 외국어 방언의 은사를 주셔서 세상의 언어의 장벽을 허무셨다. 제자들은 외국어의 능력을 가지고 생명과 사죄의 복음을 전함으로 온 세상을 왕과 구주이신 예수님의 발아래 통일시켰다(행 1:8; 2; 5:31; 엡 1:10). 우리가 왕이신 예수님을 높이며 산다면, 여기서 지금 하늘에 앉힌 삶, 천상의 생활을 할수 있다.

승천하신 예수님이 주신 은사들 가운데 교회의 직분이 중요하다(엡 4:8-12). 즉 그리스도의 몸을 세우고 온전하게 하려고 직분자를 세우셨다. 그러나 모든 성도는 성령의 은사를 받았다(벧전 4:10).

예수님은 하늘과 땅의 권세를 활용하시어, 우리를 모든 원수로부터 보호 및 보존하신다. 이 사실을 사도행전에서 확인할 수 있다. 승천하신 예수님은 초대교회를 불신 유대인과 로마제국의 박해에서 보호하셨으며, 천국을 확장시키셨다. 계시록 1장 12-20절의 환상이 교훈하는 바와 계시록 7장 17절의 목자이신 예수님의 보호도 마찬가지이다(참고. 계 11:15).[201]

적용 ▶ 교회는 성령의 은사를 따라 회중의 섬김과 사역을 배치해야한다.

제52문 그리스도께서 "살아 있는 자들과 죽은 자들을 심판하러 오실 것"은 당신에게 어떠한 위로를 줍니까?

답 내가 어떠한 슬픔과 핍박을 당하더라도, 전에 나를 대신하여 하나님의 심판대 앞에 서시사 내게 임한 모든 저주를

---

201) 판 브럭헌은 예수님의 현재적 통치를 거부하는 전천년설을 '매우 위험하고 해로운 이단'이라 부르며, '그리스도인의 삶을 향하여 울리는 조종'(弔鐘)과 같다. Van Bruggen, 『하이델베르크 요리문답 해설』, 256-57.

제거하신 바로 그분이 심판자로서 하늘로부터 오시기를 머리 들어 기다립니다. 그가 그의 모든 원수, 곧 나의 원수들은 영원한 멸망으로 형벌하실 것이며, 나는 그의 택함을 받은 모든 사람과 함께 하늘의 기쁨과 영광 가운데 그에게로 이끌어 들이실 것입니다.

해설 ▶ 제52문은 최후 심판의 날에 어떤 두려움과 공포가 있을 것인가라고 묻지 않고, 오히려 위로에 대해 묻는다. 이 사실은 HC가 위로의 고백임을 다시 상기시킨다. 이와 같은 맥락에서, 취리히의 개혁가 레오 유트(Leo Jud, 1482-1542)의 소교리문답(1541)은 우리가 날마다 서로 사랑하면서 주님의 재림 때에 공중으로 들려 올라갈 것을 '행복하게' 소망한다면, 영원히 예수님과 함께 살게 될 것이라고 설명한다.202) 같은 맥락에서 칼빈의 『제네바 교리문답』(1545) 86-87문도 "언젠가 예수님이 세상에 심판하시러 오는 것이 우리 양심에 즐거움을 줍니까?"라는 질문에 "그렇습니다. 즐거움이 있습니다. 왜냐하면 우리는 재림이 우리의 구원을 위한 것임을 확실히 알기 때문입니다. 우리는 이 심판에서 떨지 말아야 합니다. ...... 심판자는 우리의 변호자이시며, 자신의 신실함과 보호 아래로 우리를 인도하셨습니다."라고 설명한다.203) 우리는 이런 심판을 염두에 두고 일상에서 즐거이 그리고 기꺼이 회개해야 한다.

예수님의 재림으로 모든 구원의 역사는 완성된다. 물론 사람이 죽은 후 심판이 기다린다(히 9:27). 예수님은 영적 그리고 육적으로 살아 있는 자들과 죽은 자들 모두 심판하실 것이다. 죽은 사람들은 부

---

202) E. Busch, "The Joy at the Last Judgement according to the Heidelberg Catechism Question 52," *HTS Teologiese Studies* 70/1 (2014), 1.
203) Busch, "The Joy at the Last Judgement according to the Heidelberg Catechism Question 52," 2.

활하여 심판받을 것이다(요 5:29; 계 20:13). 재림으로 우리의 슬픔과 핍박은 끝난다. 그런데 우리를 대신하여 성부의 심판과 저주를 받으신 예수님이 심판하신다는 사실은 위로이다. 우리를 구원하신 분이 아니라 다른 분이 재림하여 심판한다면 무서운 일이다. 그런 두려움에 빠지면, "심판자여, 오시지 말든지, 아니면 천천히 오시옵소서(come slowly)."라고 소망할 것이다. 주님의 재림 때에 교회의 원수들에게 영원한 지옥 형벌이 내려진다(계 20:14-15).

우리는 재림의 때를 모르기에, 깨어 있어야 한다(마 24:36-37; 25:13). 재림의 특별한 징조도 없다(마 24:37-38).[204] 재림을 준비하려면 일상에서 달란트를 계발하고 소자에게 사랑을 실천해야 한다(마 25). 그리고 신적 성품에 참여하여 넉넉히 구원받아야 한다(벧후 1:10-11).

적용 ➡ 심판대 앞에 설 수 있도록 구원의 은혜를 강화하고 경건의 훈련을 하자. "바라던 천국 올라가 하나님 앞에 뵈올 때 구주의 의를 힘입어 어엿이 바로 서리라"(찬 488장 4절).

사람이 죽는 즉시 '임시적인' 심판을 받는다. 신자의 영혼은 예수 그리스도에게로 가고 불신자의 영혼은 일시적으로 구속(拘束)될 것이다. 그 이후 즉 재림 때에 최후의 공적 심판이 있을 것이다.[205]

---

204) 마 24:14 등을 재림의 징조라고 간주하는 위험성에 대해서는 김헌수, 『하이델베르크 요리문답 강해 II』, 90-91을 보라. 참고로 적그리스도의 출현(살후 2:1-12), 전쟁(막 13:7-8), 핍박(마 24:9-12), 복음 전파(마 24:14)를 재림의 징조들이라고 잘못 주장하는 경우는 Van Bruggen, 『하이델베르크 요리문답 해설』, 250을 보라.
205) Van Bruggen, 『네덜란드 신앙고백 해설』, 419.

제20주일(제53문)

성령 하나님께서 주시는 위로

제53문 성령에 관하여 당신은 무엇을 믿습니까?

답　첫째, 성령은 성부와 성자와 함께 참되고 영원한 하나님이십니다. 둘째, 그분은 또한 나에게도 주어져서 나로 하여금 참된 믿음으로 그리스도와 그의 모든 은덕에 참여하게 하며 나를 위로하고 영원히 나와 함께하십니다.

해설 ▶ 제53문은 사도신경의 성령님에 대한 고백을 해설한다. 사도신경의 '거룩한 교회와 성도의 교제와 죄 사함과 몸의 부활과 영생'은 성령께서 주도하시는 사역이다. 이처럼 개혁교회의 유산인 하이델베르크 교리문답은 풍성한 성령론을 소개한다.

성령은 성부와 성자처럼 참되고 영원한 하나님이시다(참고. 니케아-콘스탄티노플신경 제3항). 보혜사 성령은 아버지의 영이시자 아들의 영이시다(행 16:7; 고후 3:17; 참고. 요 16:13-14). 성령님은 이름(행 5:3-4; 벧전 4:14), 전지하시며 무소부재하시고 성도의 범죄 때문에 근심하시는 속성(시 139:7-8; 고전 3:12; 엡 4:30), 창조와 그리스도 사건(탄생, 공사역, 부활, 승천)과 구원의 인침과 예배와 교제와 선교의 사역(창 1:2; 출 31:3; 시 104:30; 마 3:16; 요 4:23-24; 행 10:38; 고후 12:18; 13:13; 엡 1:13; 5:18-21;[206] 계 5:6), 그리고 그리스도인의 세례 시의 명예를 가지고 계신다(마

---

206) 엡 5:18의 성령 충만을 받으라는 명령 다음에 가정 규례가 주어진다. 따라서 성령 충만하여 신적 성품에 참여하면 가정 천국을 경험하게 된다(벧전 1:4-7). 그러므로 이혼 사유 중 성격 차이는 부부가 더불어 신적 성품에 참여하지 못함에 대한 핑계가 된다.

28:19).[207] '성령' 즉 거룩한 영이라 불리시는 이유는 성부와 성자보다 더 신령해서가 아니라, 항상 영으로 존재하시기 때문이다.

HC는 "성령론적 기독론과 기독론적인 성령론의 구조에서 성령론을 파악함으로써, 예수님의 잉태로부터 공생애까지 동행했던 바로 그 동일한 성령께서 부활한 그리스도 예수님으로 말미암아 그리스도인에게 파송되어 그리스도인 안에 내주하면서 그리스도인을 대변하고 보호하고 양육하는 또 다른 보혜사로서 일하신다는 구원론적인 성령의 사역을 균형 있게 제안할 수 있다."[208]

제53문 해설의 '나에게도 주어져서'와 '영원히 나와 함께'는 성령의 내주(內住) 즉 모든 성도 안에 영원히 거하심을 가리킨다(시 51:11; 요 14:16; 고전 3:18).[209] 성령은 구주 예수님에 대한 신앙을 고백하도록 참된 믿음을 주시고 성도를 예수님과 연합시키신다. 위로의 성령님은 주 예수님의 모든 구원과 사랑의 은덕을 성도에게 주셔서 자신의 것으로 만들도록 도우신다. 우리는 성령의 역사로 예수님과 생명의 교제에 들어간다.

성도의 찬송, 회개, 기도, 그리고 감사는 성령께서 일으키시는 역사이다(롬 8:26-27).[210] 그리고 성령은 '일곱 영'($τὰ\ ἑπτὰ\ πνεύμα\ τα$, 타 헤프타 프뉴마타) 즉 선교의 영으로 온 세상에 일하신다(계 5:6). 신자는 예수님의 사역을 마귀의 소행으로 간주하지 말아야 하고, 그런 범죄를 회개하지 않는 성령 훼방죄를 결코 범하지 말아야

---

207) Van Bruggen, 『하이델베르크 요리문답 해설』, 258.
208) 유태화, "하이델베르크 신앙교육서(Der Heidelberger Katechismus)의 성령론," 229.
209) 유태화, "하이델베르크 신앙교육서(Der Heidelberger Katechismus)의 성령론," 234.
210) HC 34-44주일은 십계명 해설이다. 성령은 하나님의 자녀들이 십계명에 설명된 바처럼 하나님과 이웃을 사랑하여 섬기도록 가르치셔서 다스리신다. Van Vliet, "Experiencing Our Only Comfort," 163.

한다(마 12:31). 성령님은 교회에게 성부와 성자의 사랑과 구원의 은덕을 덧입도록 하신다(시 13:6). 이를 위해 설교자는 성경의 영감과 조명의 주인이신 성령의 역사를 간절히 기도하며 의지해야 한다(고전 2:4-5). "예수 그리스도와 일반 신자의 연합이 예수 그리스도의 십자가 죽음과 부활, 그리스도의 대위임 명령, 그리고 오순절 성령강림 사건에서 정점에 도달한 하나님의 구원 계시에 연합하는 구속사적인 연합이듯이, 성령 하나님과 인간 설교자가 설교 행위에서 서로 연합할 수 있는 것도 오직 하나님의 은혜로 말미암아 예수 그리스도의 십자가 죽음과 부활, 대위임령, 그리고 오순절의 성령강림으로 말미암아 새 창조의 시대가 시작되었기 때문이다."211)

적용 ➡ 성경은 성령으로 시작하고 마친다(창 1:2; 계 22:17). 성령론적인 구약과 신약 읽기를 시도하자.

제21주일(제54-56문)
교회와 죄 사함에 대한 고백

제54문 '거룩한 보편적 교회'에 관하여 당신을 무엇을 믿습니까?

답　　나는 하나님의 아들이 세상의 처음부터 마지막 날까지 모든 인류 가운데서 영생을 위하여 선택하신 교회를 참된 믿음으로 하나가 되도록 그의 말씀과 성령으로 자신을 위하여 불러 모으고 보호하고 보존하심을 믿습니다. 나도 지금

---

211) 이승진, "성령 하나님과 설교자와의 상호관계에 대한 설교학적 연구," 『개혁정론』 32/1 (2014), 247-48.

이 교회의 살아 있는 지체(肢體)이며 영원히 그러할 것을 믿습니다.

해설 ▶ 제54문의 답에서 '거룩'과 '보편적'이라는 용어를 단도직입적으로 설명하기보다, 기독론적으로 교회를 설명한다.[212] 교회는 '거룩'하다. 하나님께서 거룩하시므로 그분의 백성과 자녀도 거룩해야 한다(레 11:44; 슥 14:20; 살전 4:3-4; 벧전 1:16). 진리의 말씀과 성령으로 거룩해진다(요 17:17; 벧전 1:2). 거룩은 사랑과 공의의 실천으로 완성된다(레 19:18; 사 5:16; 딤전 2:15; 벧전 1:22). 새 예루살렘성 즉 예수님의 신부에게 속된 것은 허용되지 않는다(계 21:27). 하나님께서는 깨끗하고 거룩한 그릇을 사용하신다(딤후 2:21).

교회의 '보편적'(catholic; $\kappa\alpha\theta$'[카쓰] + $\acute{o}\lambda o\tilde{v}$[홀루]) 특성은 '처음부터 마지막 날까지 모든 인류 가운데서'로써 설명된다.[213] 하나님의 선택을 받은 개인은 독단적으로 존재할 수 없고 공동체의 보편 교회를 지향하게 된다.[214]

> 예루살렘의 씨릴(315-386)은 320년에 쓴 그의 『교리문답 강설』(Catechetical Lecture)에서 이 말을 탁월하게 설명한다. 그는 교회가 이 쪽 끝에서 저 쪽 끝까지 전 세계에 걸쳐 흩어져 있기 때문에, 보이는 것들에 관계한 것이든 또는 보이지 않는 것들에 관계한 것이든, 지상의 것에 관계한 것이든 또는 천상에 관한 것이든 …… 사람이라면 마땅히 배워야 할 모든 진리들을

---

212) E. A. J. G. van der Borght, "Heidelberg Catechism and the Church," *Acta Theologica Suppl* 20 (2014), 265.
213) Van der Borght, "Heidelberg Catechism and the Church," 276.
214) 이상은, "하이델베르크요리문답의 성령론, 그 윤리적 함의," 『한국개혁신학』 40 (2013), 291, 298.

교회가 완전하게 어디에서든지 가르치기 때문에, 교회는 귀족이든지 평민이든지, 배운 자이든지 배우지 못한 자이든지, 모든 종류의 사람들을 다 모아 올바른 예배를 드리도록 하기 때문에, 그리고 마지막으로, 교회가 몸이나 영혼으로 지은 온갖 종류의 죄들을 치료하고 고치기 때문에, 교회를 공교회적(catholic)이라고 부른다.215)

사도신경은 '성령을 믿사오며' 다음에 '하나의 거룩한 공회(a holy catholic church)와 성도가 서로 교통하는 것'을 고백한다. 교회는 세상의 창조부터 시작되었지만, 오순절에 성령의 강림 후에 신약 교회는 본격화되었다. 제54문의 대답은 교회의 사명을 명시하지 않지만, 세상으로부터 사람들을 불러 모으는 것임이 암시된다.216)

그런데 우리는 교회를 아는가, 아니면 교회를 믿는가? 우리는 예수님께서 말씀(설교와 성찬과 전도)과 성령을 통해 불러 모아 몸을 형성하게 된 교회를 다 알 수 없고 믿는다. 교회는 예수님께서 '자신을 위하여' 불러 모으시고 보호하신다(참고. 예정과 성도의 견인). 그러므로 교회의 설립자와 주인은 목사나 장로 혹은 집사가 아니라 예수님이다(마 16:18; 엡 1:22; 딤전 3:15; 벧전 4:17). 이 사실은 교회에게 위로를 제공하기에, 다시 한번 HC가 위로의 신앙고백임을 알 수 있다.

'교회'(church)는 아프리칸스어로 '께르크(kerk)'인데, '퀴리오스(kyrios)' 주에게 속해 있다는 의미이다.217) 인류 역사상 예정 받

---

215) E. Campi, "피터 베르밀리의 교회론: 교회성, 분리 그리고 이단," 『신학정론』 33/2 (2015), 41(김병훈 역).
216) Van der Borght, "Heidelberg Catechism and the Church," 277.
217) 사도신경 라틴어판에서 "교회를 믿는다."에서 'credo' 다음에 전치사 'in'을 생

은 사람들이 모인 보편교회는 영원하신 주님께 속해 있기에 항상 존재해 왔다. 교회는 주 예수님으로부터 교리를 확립하는 권세(딤전 3:15), 질서를 증진하기 위해 규정을 만드는 권세(고전 14:40), 그리고 사법권과 권징의 권세를 위임 받았다(마 18:18; 고전 5:13; 딛 3:10).218) 하나님은 복음과 성령으로 죄인을 불러 모으시고 그들의 영혼과 육체를 보호하신다(사 40:9; 살전 1:5; 살후 2:14; 딤후 1:10). 성령님은 예수님께서 성취하신 구원을 '나'를 넘어 '우리'에게 나누어 주셔서 믿음의 공동체를 이루게 하신다.219)

많은 교단(교파)이 있지만 모두 머리이신 예수님께 붙어있기에 하나의 보편적인 교회이다. 참된 믿음을 가진 그리스도인이라면 지역교회의 살아 있는 지(팔다리)와 체(몸)로 하나가 된다. 몸은 머리께서 제공하는 영생이 약동하는 산 교회이다. 지체는 각자 역할을 수행해야 한다.

우리는 하나의 거룩하고 보편적이며 사도적인 교회를 믿는다. 이것을 드 클레르크(B. J. de Klerk)는 다음과 같이 요약한다.220) 예수 그리스도의 하나의 교회는 세상에 연합하는 힘으로 보여야 한다. 그렇다면 예수 그리스도의 거룩한 교회는 세상 속에 성화와 갱신의 힘으로 나타나야 한다. 예수 그리스도의 보편적 교회는 세상에 화해의 힘으로 보여야 한다. 예수 그리스도의 사도적 교회는 세상 속에 복음 선포의 능력으로 나타나야 한다. 선교적 교회가 서로 연합하고,

---

략한다. 따라서 성도는 삼위 하나님과 같은 차원에서 교회 자체를 두고 신뢰의 대상으로 삼지 않는다. Van Bruggen, 『하이델베르크 요리문답 해설』, 264-65.

218) Van Bruggen, 『네덜란드 신앙고백 해설』, 337.

219) 이상은, "하이델베르크요리문답의 성령론, 그 윤리적 함의," 291.

220) B. J. de Klerk, "Liturgical Guidelines for Congregations to have a Voice in the Serious Problem of Economical Inequality in South Africa," *In die Skriflig* 47/1 (2013), 5.

성화되고, 화해하고, 선포한다면, 세상 속에서 예수님의 활동은 더욱 가시화된다.

적용 ▶ 성령은 교회를 거룩하고 보편적인 교회가 되도록 교회의 머리와 연결하신다. 이른바 '가나안 성도'나 무교회주의는 잘못된 교회론에 빠진 결과물이다. 교회는 화해 공동체(community of reconciliation)인데, 벨하(Belhar)신앙고백서 제2항은 예수님은 하나님과 사람과 더불어 화해한 공동체의 머리이심을 밝힌다.[221]

벨직신앙고백서 초판 제31조와 아 라 비네 총회(the Synod À la Vigne) 교회헌장 제1조는 "어떤 교회도 다른 교회에 대하여 그 교회를 지배할 어떤 권위나 주권을 가지고 있지 않다."라고 밝혔다. 이 진술은 시찰회, 노회, 혹은 총회와 같은 광회(broader assembly)가 지교회의 치리회인 당회보다 더 높은 통치 기구가 아니라는 의미이다. 장로교회가 아니라 개혁교회의 교회 질서에 따르면, 지교회의 치리회는 교회를 다스리는 권한을 가지고 있는 유일한 조직이다. 광회는 위임된 이차적인 권위를 가지고 있다. 물론 지교회는 광회를 통해 어려운 사항을 해결하기 위해 도움을 얻어야 한다.[222]

제55문 '성도의 교제'를 당신은 어떻게 이해합니까?

답 첫째, 신자는 모두 또한 각각 그리스도의 지체로서 주 그리스도와 교제하며 그의 모든 부요와 은사에 참여합니다.

---

221) D. F. Ottati, "Learning Theological Ethics through the Heidelberg Catechism," *Acta Theologica Suppl* 20 (2014), 146.
222) 이 단락은 Van Bruggen, 『네덜란드 신앙고백 해설』, 333-34에서 요약. 그런데 Van Bruggen은 계 1-3장에서 예수님이 개 교회에게 말씀하시지 7교회라는 집단에게 말씀하지 않는 점에 주목해야 한다고 주장한다. 그러나 계 2-3장의 7편지는 각 교회는 물론, 성령께서 '교회들'에게 하시는 말씀이다(계 2:7 등).

둘째, 각 신자는 자기의 은사를 다른 지체의 유익과 복을 위하여 기꺼이 그리고 즐거이 사용할 의무가 있습니다.

해설 ▶ HC는 '거룩하고 보편적 교회'를 기독론과 연결하는 것을 빠트리지 않는다.223) 따라서 HC는 '성도의 교제'에서 성도가 예수 그리스도와 교제하는 것을 먼저 설명한다. 왜냐하면 성도는 주 예수님께 접붙임을 받은 몸의 지체이기 때문이다. 예수님과 먼저 사귀어야만 성도와도 사귈 수 있다. 성도는 예수님의 부요한 은혜와 은사를 활용하여 거룩해진다(딤후 1:6; 약 1:17). 그다음 성도는 다른 형제자매의 유익과 복을 위해 자신의 은사를 활용함으로써 교제한다. 자신이 선물로 받은 성령의 은사로써 남을 돕는 것은 '즐거운 의무'이다(벧전 4:10). 성도는 성령의 은사를 남을 사랑함으로써 활용해야 한다(고전 12:31). 그리고 항상 하나님의 말씀(전파)과 성도의 교제는 연결되어야 한다(요일 1:1-4). 왜냐하면 성도가 말씀을 실천할 때 정상적인 교제가 발생하고 유지되기 때문이다(요일 1:6-7). 이에 관해 한 가지 예를 들면, 예루살렘교회는 사도의 가르침을 따라 서로 교제하며 물건을 통용했다(행 2:42-44; 4:32-35). 그리고 말씀을 왜곡하는 이단은 성도의 교제에서 탈락한다(요일 2:19). 성령은 우리와 하나님 그리고 우리와 형제자매 간에 교제를 촉진하신다(고후 13:13). 회중은 말씀 사역자를 사랑하며 귀하게 여김으로써 교제할 수 있다(살전 5:13). 참고로 웰빙 개념은 HC 30문에도 등장했다.

혹자는 HC의 교회론은 '기독론적 도장'(Christological stamp)을 가지고 있다고 주장하지만,224) '삼위일체적 도장'이 더 정확하

---

223) Dreyer, "'N Heilige, Algemene Kerk," 5.
224) E. A. J. G. van der Borght, "The Heidelberg Catechism and the Church," *Acta Theologica Suppl* 20 (2014), 264-65.

다. 왜냐하면, 교회를 위하여 성부의 예정, 성자의 대속, 그리고 성령의 보존과 은사를 주심이 유기적으로 어우러지기 때문이다(엡 1:3-14).[225]

적용 ➡ 성령은 교제의 영이시다. "위로의 영은 대인 관계뿐만 아니라 살아계신 하나님과 하나님의 능력에 대한 우리의 관계를 활성화하고 강화시킵니다. …… 우리는 위로의 영을 우리 각자의 인생길에서와 다른 사람들의 형편 가운데에서 다양한 형태로 감사하면서 인식할 수 있습니다. 우리는 위로의 영을 졸고(?) 속이는 유령들로부터 분명히 구별할 수 있습니다."[226]

개혁교회에서 예배 전과 후에 목사와 그 주일의 담당 장로가 나누는 악수에 중요한 교제의 의미가 있다. 이를 캐나다 개혁교회신학교의 판 플릿은 아래와 같이 설명한다. 갈라디아서 2장 9절c에서 예루살렘교회의 지도자들인 야고보와 베드로와 요한은 시리아 안디옥교회의 바울과 바나바와 '친교의 악수'를 했다. 그런데 갈라디아서 2장 9절에 마지막 단어인 '친교'가 강조된다. 성경이 소개하는 악수는 친교이다. 성령님의 역사로써 성도는 예수님께 접붙여져서, 서로 그리스도 안에서 은사를 공유한다(HC 55). 설교단 앞의 목사는 하나님의 복음을 전하는 은사를 받은 직분자이다. 예배 전후에 서로 악수하는 목사와 장로는 예배가 하나님의 영광과 교회를 세우기 위한 것임을 기억하면서, 이에 대한 책임을 함께 부여받았다. 이 이유로 매주일마다 목사와 장로는 친교의 악수를 나눈다.[227]

---

225) 참고. 송영목, "엡 1-2장의 3위 완결적 해석과 교회 완결적 적용," 『교회와 문화』 16 (2006), 31-58.

226) M. Welker, "문명전환에 응답하는 신학: Covid-19 유행 상황에서 생각하는 하나님의 영과 인간의 영," (실천신학대학원대학교 주최 세미나 '코로나19와 문명의 전환과 한국교회, 2021년 5월 10일[유투브]), 9.

227) J. van Vliet, "우리 악수할까요?"에서 요약 인용(http://reformedjr.com/

제56문 '죄 사함'에 관하여 당신은 무엇을 믿습니까?

답 그리스도께서 성부 하나님의 의를 만족시키셨기 때문에 하나님께서는 나의 모든 죄와 내가 일평생 싸워야 할 나의 죄악 된 본성을 더 이상 기억하지 않으십니다. 오히려 하나님께서는 은혜로 그리스도의 의를 나에게 선물로 주셔서 결코 정죄함에 이르지 않게 하십니다.

해설 ▶ 사도신경은 '거룩한 공회'와 '성도의 교제'를 고백한 후에, '죄를 사하여 주시는 것'을 믿는다고 말한다. 교회에서 선포되는 복음을 듣고 회개하면 죄를 용서받기 때문이다(마 18:18; 요 20:23). 이 사실을 오용하여 천주교는 마태복음 18장 18절과 요한복음 20장 23절에 근거하여 사도와 교회가 사죄할 수 있다고 주장했다.[228] 그러나 사죄는 삼위 하나님의 권위에 따른 소관이다. 하나님은 자신의 권세로 사죄를 주시며, 교회는 그것을 선언할 뿐이다.

성령은 범죄한 성도의 마음에 죄를 미워하고 회개하며, 사죄의 은혜를 간구하도록 역사하신다(고후 7:10-11). 성도는 평생 죄와 싸우고, 사죄의 은혜도 평생 주어진다. 그 결과 하나님은 우리의 모든 범죄와 죄된 본성을 기억하지 않으신다. 여기에 역설적인 은혜가 있다. 하나님은 우리가 앞으로 지을 죄까지도 기억하지 않으신다. 아버지 하나님은 예수님께서 십자가에서 성취하신 속죄를 보시고 성도의 과거, 현재, 그리고 미래의 죄를 더 이상 정죄하지 않으신다(렘

---

board05_02/442474; 2022년 2월 23일 접속).

228) 마 18:18의 현재완료 신적수동태 동사들인 매여지고($\delta\epsilon\delta\epsilon\mu\acute{\epsilon}\nu\alpha$, 데데메나) 풀려지는 것($\lambda\epsilon\lambda\nu\mu\acute{\epsilon}\nu\alpha$, 렐뤼메나)은 하나님의 소관임을 강조한다. 참고. P. Potgieter, "Towards a Better Understanding of Forgiveness of Sins in the First Commentaries on the Heidelberg Catechism," *In die Skriflig* 47/2 (2013), 3.

31:34). 하나님은 속죄를 위하여 충분한 만족을 요구하신다. 그런데 그런 만족을 우리가 아니라 예수님께 요구하신다는 사실은 큰 위로 이다.[229]

이런 사죄의 은혜를 주신 것은 하나님을 경외하며 살도록 하시기 위함이다(시 130:4). 그러므로 예수님을 통해 사죄의 은총을 받은 성도는 범죄하지 않으려 애쓰고, 범죄 후에 회개한다(시 32:1, 5). 그런데 하나님의 말씀을 어기는 것은 물론, 부족하게 지키는 것도 죄다(WSC 14). 그리스도인은 성령의 도우심을 받아 회개에 합당한 변화된 행실의 열매를 맺어야 한다(마 3:7-8). 물론 그 누구도 하나님에게만 속한 사죄의 권세를 시행할 수 없다.

칼빈은 우르시누스와 올레비아누스와 제네바에서 함께 시간을 보낸 바 있다. HC의 사죄에 대한 설명에 인간의 본성적 타락과 그리스도의 속죄에 대한 칼빈의 해설이 영향을 미친 것으로 보인다(참고. 칼빈 오페라 2.671; 50.296; 50.451; 갈 3:1-3 설교).[230]

적용 ▶ 성령은 회개의 영을 부으시고 죄 사함의 은총을 확신시키신다. 그리고 성령은 회개에 합당한 열매를 맺도록 하신다.

제22주일(제57-58문)
'죽어서'의 위로와 '살아서'의 위로

제57문 '육신의 부활'은 당신에게 어떠한 위로를 줍니까?

---

229) Potgieter, "Towards a Better Understanding of Forgiveness of Sins in the First Commentaries on the Heidelberg Catechism," 4.
230) Potgieter, "Towards a Better Understanding of Forgiveness of Sins in the First Commentaries on the Heidelberg Catechism," 5.

답　이 생명이 끝나는 즉시 나의 영혼은 머리 되신 그리스도에게 올려질 것입니다. 또한 나의 이 육신도 그리스도의 능력으로 일으킴을 받아 나의 영혼과 다시 결합되어 그리스도의 영광스러운 몸과 같이 될 것입니다.

해설 ▶ 죽음은 몸과 영혼이 분리되는 상태이다. 몸이 죽으면, 영혼은 머리이신 예수님께서 계신 낙원에서 주님과 함께 거한다(눅 23:43; 고후 5:8; 빌 1:23). 주님이 재림하시면 잠자던 몸과 낙원에 있던 영혼이 내려와 결합하여(요 5:27-29; 골 3:4) 부활하신 예수님처럼 영광의 몸의 형체와 같이 부활한다(빌 3:21; 살전 4:17). BC 37조의 '최후의 심판'은 "그들의 영혼은 전에 살았던 그들의 몸과 다시 연합될 것입니다"라고 고백한다. 재림 전에 성도가 죽을 경우, 그 사람의 영혼이 하늘로 올라가서 즉각적으로 하늘에 준비된 육신을 덧입는다는 주장은 비성경적이며 신앙고백을 거스르는 오류이다. 주님이 재림하실 때 살아 있는 사람들은 죽지 않고 순식간에 변화될 것이다(고전 15:51-52; 빌 3:20-21). 그들도 현재의 육신과 다른 육신을 입지 않는다.

　　1586년 12월 30일 올레비우누스는 집사 야콥 알스테드(Jacob Alsted)와 함께 환자 심방을 위해 길을 걷다가 빙판길에 넘어져서 위중하게 되었다. 그는 1587년 2월 말에 모든 직분에서 물러났다. 올레비아누스는 별세하기 3일 전인 3월 12일에 뼈를 다쳐 요양 중이던 맏아들 파울에게 작별 편지를 썼다. 그는 파울을 만나지 못했지만, "하나님의 은혜언약의 능력으로 우리는 영원한 생에서 다시 볼 것이다."라고 편지를 마무리했다. 올레비아누스는 별세하기 직전에 메시아 예언인 이사야 9장과 11장을 읽어 달라고 부탁했다. 임종 자리를 지키던 피스카토르는 이사야서의 두 장은 물론, 시편 103

편과 히브리서 6장도 읽어주었다. 그 후 집사 야콥 알스테드는 이사야 53장을 읽어주었다. 알스테드는 올레비아누스에게 "그리스도 안에서 구원을 확신합니까?"라고 묻자. 그는 "최고로 확신합니다." (Certissimus, Most certain)라는 마지막 말을 남겼다.231) 이처럼 부활과 구원의 확신은 죽음 앞에 있는 사람에게 큰 위로이다.

몸의 부활은 특히 후기 루터의 창세기 주석(1536년부터 1546년 별세하기 3개월 전까지)에 반복적으로 강조된다. 신약 백성과 마찬가지로 구약 백성이 가진 부활의 약속은 죄와 죽음을 정복하신 예수 그리스도에 근거한다(참고. 창 3:15를 믿고 죽은 아벨, 홍수로부터 구원받은 노아, 부활을 믿고 모리아 산에서 이삭을 바친 아브라함). 그러나 루터에게 있어 십자가와 고난은 항상 위로에 선행하는데, 하나님께서 죄인에게 칭의를 주시고 슬픈 자에게 위로를 주시기 때문이다. 루터는 몸의 부활을 기다리는 성도의 영혼이 수면 중에 있다고 보지 않는다. 그리스도의 부활을 성경을 통해 믿음으로써 강화되는 부활의 소망을 통해서 이 세상에서 순례 중인 성도는 참된 위로를 받는다. 루터는 '십자가 신학자'라고 자주 회자 되지만, 이에 못지않게 그는 '부활 신학자'로서 손색없다.232)

적용 ▷ 살려주시는 영이신 성령은 몸의 부활을 주도하신다(고전 15:45). 영혼 소멸설과 윤회 사상은 오류이다. 소위 '내가 본 천국/

---

231) 이 단락은 이남규, 『우르시누스·올레비아누스: 하이델베르크 요리문답서의 두 거장』, 335-37에서 요약. 참고로 올레비아누스가 임종 전에 듣기 원했던 사 9:2의 구원의 빛은 칼빈이 임종 전에 불렀던 시므온의 노래(the Nunc Dimittis, 눅 2:29-32)와 내용상 유사하다. 그리고 이 두 종교개혁자는 경건한 과부와 결혼한 점도 공통점이다.
232) 이 단락은 콘콜디아출판사의 CEO인 P. T. McCain, "Luther on the Resurrection: Genesis Lectures, 1535-1546," *Logia* 13/4 (2004), 35-40에서 요약.

지옥'과 같은 책은 조심해야 한다. 그리고 천국이나 지옥 간증은 성경이 아니며, 각양각색이기 때문이다. 그런 간증이 없어도 성경으로 충분히 알 수 있다.

제58문 '영원한 생명'은 당신에게 어떠한 위로를 줍니까?

답 내가 이미 지금 영원한 즐거움을 마음으로 누리기 시작한 것처럼 이 생명이 끝나면 눈으로 보지 못하고 귀로도 듣지 못하고 사람의 마음으로도 생각지 못한 완전한 복락을 얻어 하나님을 영원히 찬양할 것입니다.

해설 ▶ 주님이 재림하실 때 몸이 부활하여 새 하늘과 새 땅에서 영원토록 삼위 하나님을 예배하고 찬양한다면, 무슨 재미가 있는가? 성도는 죽음과 부활 사이의 중간상태 그리고 부활 후에 거할 신천신지에서 왕노릇 할 것이다(마 19:28; 딤후 2:12; 계 20:6). 그런데 그리스도와 함께 왕 노릇하는 것은 하나님을 찬양하는 것과 다르지 않다.233) 신천신지의 복락은 지상에서 경험하지 못하는 완전한 지복(至福)이다(계 21:3).234) 하지만 그리스도인은 우리가 살고 있는 여기서 지금 영원한 즐거움을 누려야 한다. 지금 영원한 즐거움을 누리기 시작하는 사람만 완성될 기쁨과 복에 참여할 수 있다(롬 14:17). 이 진리는 성도에게 살아서도 위로가 되며, 죽어서도 위로이다(살전 4:18). 구원과 천국의 완성을 소망하는 사람은 지금 예배적 삶을 추구하고 하나님과 사람을 사랑한다. 여러 질병으로 고생하

---

233) 김헌수, 『하이델베르크 요리문답 강해 II』, 190.
234) 신천신지에서 경험할 차등 상급을 지식과 영광의 차이라는 주장은 Van Bruggen, 『하이델베르크 요리문답 해설』, 298을 보라. 하지만 이런 설명은 피부에 잘 와 닿지 않는다. 더욱이 성도가 영화 된 상태에서 지식과 영광에 차등을 경험할 것으로 보기 어렵다.

며 죽음을 생각하던 우르시누스는 역시 질병으로 죽음을 생각하던 친구 크라토를 위로하면서 다음과 같이 조언했다.

> 우리의 의사이신 예수님의 약함으로 우리는 건강하게 되었습니다. 그분의 육체와 피와 영으로 우리가 살았습니다. 그래서 우리는 영원히 죽음을 맛보지 않았습니다. 그분을 믿는 자는 누구나 이미 죽음에서 생명으로 옮겼고 심판을 받지 않습니다. ......우리 안에 선한 일을 시작하신 분은 신실하십니다. 그리고 그분이 또한 이루십니다.[235]

적용 ▶ 성령은 영원한 생명과 기쁨의 찬양을 주도하신다.

제23주일(제59-61문)
사도신경을 고백할 때 얻는 유익

제59문 이 모든 것을 믿는 것이 당신에게 지금 어떤 유익을 줍니까?

답 그리스도 안에서 나는 하나님 앞에 의롭게 되며 영원한 생명의 상속자가 됩니다.

해설 ▶ HC 4주일에서 에덴의 낙원에서 고의로 범죄 후 심판 아래에 놓인 사람의 처지를 살펴보았다. 이런 범죄와 심판의 해결을 설명하는 제59문의 '이 모든 것'은 제7-22주일에서 다룬 사도신경의 모든 내용이다. 사도신경은 '의와 영원한 생명'으로 요약된다. 죄와

---

235) 이남규, 『우르시누스·올레비아누스: 하이델베르크 요리문답서의 두 거장』, 308.

사망의 끔찍한 문제는 오직 예수 그리스도 안에서 말끔하게 해결되는데, 우리의 의로움과 거룩함과 구원함이시기 때문이다(고전 1:30). 우리는 칭의와 영생을 자신에게 적용하여 상속자로서 유익을 얻어야 한다. 영생은 우리 자신을 의지할 때 주어지지 않고, 오직 성부와 성자를 알고 깊이 교제하며 신뢰하는 것이다(요 17:3). 하나님께서 영생을 주시기로 작정한 사람은 생명의 복음이 전해지면 믿음으로 반응하기 마련이다. HC 59문의 설명은 BC 17항과 유사하다. "우리는 우리의 자비로운 하나님께서 사람이 스스로 육적, 영적 죽음에 빠져 자신을 완전히 비참하게 만든 것을 보셨을 때, 그분의 놀라운 지혜와 선으로 두려워 떨면서 하나님에게서 도망치는 사람을 찾기 시작하셨다는 것을 믿습니다."[236]

적용 ▶ 성경의 요약인 사도신경과 교리문답을 통하여 실질적인 위로를 경험하자.

제60문　당신은 어떻게 하나님 앞에서 의롭게 됩니까?

답　오직 예수 그리스도에 대한 참된 믿음으로만 됩니다. 비록 내가 하나님의 모든 계명을 크게 어겼고 단 하나도 지키지 않았으며 여전히 모든 악으로 향하는 성향이 있다고 나의 양심이 고소하지만, 하나님께서는 나의 공로가 전혀 없이 순전히 은혜로 그리스도의 온전히 만족케 하심과 의로움과 거룩함을 선물로 주십니다. 하나님께서는 마치 나에게 죄가 전혀 없고 또한 내가 죄를 짓지 않은 것처럼, 실로 그리스도께서 나를 위해 이루신 모든 순종을 내가 직접 이룬

---

236) 허순길, 『교리문답 해설 설교 II: 하이델베르그 교리문답 주의 날 22-52』 (부산: 사랑과 언약, 2010), 465.

것처럼 여겨주십니다. 오직 믿는 마음으로만 나는 이 선물을 받습니다.

해설 ▶ 법정의 판사와 같은 아버지 하나님 앞에서 즉 코람데오의 칭의는 예수 그리스도와 연합된 사람에만 주어지는 가장 크고 영원한 복이다. 그런데 법정에서 피고(被告)와 같은 우리에게 양심은 우리가 하나님의 모든 계명을 지키지 않고 어겼다고 뼈에 사무치도록 고소한다. 진실로 우리는 극형을 받아 마땅한 피고와 같다. 우리가 뜻과 목숨을 다해 하나님과 이웃을 마땅히 사랑하지 않았기 때문이다. 하나님 앞이 아니라 사람 앞에서 의롭다함을 생각한다면, 남과 비교하여 우쭐댈 수 있을 것이다. 그러나 HC는 그렇게 말하지 않는다.

법정의 검사나 원고(原告)처럼 우리의 양심은 거듭난 후에도 여전히 악을 향하고 있다고 고발한다. 우리는 칭의라는 구원과 깨끗함을 입은 후에 다시 더러운 곳에 빠져드는 돼지와 같다(벧후 2:22). 이런 양심의 고소에 속수무책이고 유구무언인 우리에게 완벽한 변호사가 계신데 그것이야말로 복음이다. 구주와 변호사이신 예수님은 양심의 고소로 고통당하는 우리에게 칭의와 거룩함을 선물로 주신다. 이를 위해 예수님은 십자가에서 우리의 원죄와 자범죄에 대한 죗값을 치르셨다. "경건치 아니한 자를 의롭다 하시는 이를 믿는 자에게는 그의 믿음을 의로 여기시나니"(롬 4:5). 2000년 전 예수님의 속죄는 지금도, 아니 영원히 효력을 발생시킨다. 그리고 예수님은 모든 계명을 몸소 지키셔서 율법을 성취하셨는데, 그것을 성부께서는 마치 주 예수님과 연합한 우리가 다 지킨 것과 같다고 여겨주신다(참고. 기독교강요 3.1.1; 3.2.24).[237] 또한 변호자이신 예수님은 자신의

---

237) 이남규, "칼빈의 이중은혜론: 칼빈의 선행에 대한 이해를 중심으로," 『신학정론』 34/1 (2016), 89.

온전한 거룩함을 우리의 마음에 부으셔서 우리가 죄악을 기뻐하고 그것을 향하는 성향을 해결하신다. 예수님께서 죽고 부활하신 것은 마치 우리가 죄에 대해 죽고 의로운 하나님을 향하여 살아난 것과 마찬가지이다(롬 6:11; 엡 2:5). 성부는 아들 예수님을 바라보시고 여전히 양심의 고소를 받아 고통당하는 우리를 의롭고 거룩한 사람으로 간주하셔서 무죄 선언을 내리신다.

적용 ▶ 제60문은 HC 전반부의 하이라이트와 같다. 예수님의 수동적(십자가의 대속의 죽음) 및 능동적 순종(계명의 준행 및 거룩한 삶)이 그리스도인에게 전가된 내용을 중심으로 구원에 이르는 복음의 진수가 무엇인지 알려주기 때문이다.[238] 이것은 그리스도인이 소천받기 전에 묵상하기 안성맞춤이다. "지은 죄로 인하여 슬픈 맘이 있어도 숨질 때에 내 할 말 예수 구원하신다."(찬송가 518장 3절).

제61문 당신은 왜 오직 믿음으로만 의롭게 된다고 말합니까?

답 나의 믿음에 어떤 가치가 있어서 하나님께서 나를 받으실 만한 것은 아니며, 오직 그리스도의 만족케 하심과 의로움과 거룩함만이 하나님 앞에서 나의 의가 됩니다. 오직 믿음으로만 이 의를 받아들여 나의 것으로 삼을 수 있습니다.

해설 ▶ 우리의 '믿음 때문에' 칭의를 받은 것은 아니다. 칭의는 '오직 믿음으로만'(sola fide) 즉 하나님께서 구주 예수님을 통하여 성령의 믿게 하시는 역사로 주신 선물인 믿음을 통해서만 가능하다. 예수님의 의로움과 거룩함을 선물로 받기 위해서는 믿음이 필요하다. 성령님은 예수님의 의를 받기 위해서 믿음의 두 손을 내밀도록

---

238) 김재성, 『그리스도의 능동적 순종』(서울: 언약, 2021).

도우신다(빌 3:9). 이 믿음이라는 은혜 덕분에 성부께서는 마지막 심판 때에도 우리를 의롭다고 선언하실 것이다(마 25:23).

적용 ➡ 칭의의 은혜가 성화와 영화로 이어지도록 만들어야 한다. 참고로 루터가 소천 받던 날 드린 기도는 "오 하늘에 계신 하나님, 예수 그리스도의 사랑하시는 아버지시여, 당신은 자신을 저에게 확실하게 계시하셨습니다." 그렇다면 하나님은 루터에게 무엇을 계시하셨는가? 그것은 이신칭의이다. 95개의 반박문 가운데 71개는 로마서 3장 28절의 이신칭의에 관한 상술이다. 신앙에 관한 잘못된 해석에 대해(2-9조), 신앙에 관한 바른 해석(10-27조), 신앙과 행위의 관계(28-48조), 열매 맺는 신앙에 관한 선언(28-33조), 열매 맺는 신앙의 패턴(34-48조), 그리스도와 율법의 관계(49-61조), 결론(62-71조).

제24주일(제62-64문)
선행은 믿음의 열매

제62문 우리의 선행은 왜 하나님 앞에서 의가 될 수 없으며 의의 한 부분이라도 될 수 없습니까?

답 하나님의 심판대 앞에 설 수 있는 의는 절대적으로 완전해야 하며 모든 면에서 하나님의 율법에 일치해야 합니다. 그러나 우리가 이 세상에서 행한 최고의 행위라도 모두 불완전하며 죄로 오염되어 있습니다.

해설 ➡ 우리는 우리 자신의 선행이 아니라, 주 예수님을 믿음으로써 칭의와 구원을 받는다. 우리의 선행과 도덕은 칭의의 일부조차 될 수 없다. 다시 말해, 선행은 칭의와 구원을 받는데 조금도 기여할 수 없다. 그런데 갈라디아교회를 어지럽힌 거짓 선생들은 믿음으로는 부족하니까 할례를 행해야 한다고 주장했다(갈 3:2). 구원받기 위해 자신의 선행을 의지하는 자는 '놀라고 망하게' 된다(행 13:41). 우리는 다 부정하고 우리 의는 다 더러운 옷과 같기 때문에 의지할 바가 못 된다(사 64:6). 사람은 어린양의 피로 더러운 옷을 빨아 회개해야 한다(계 7:14; 22:14).

"칼빈에게는 중생자의 의로운 행위마저도 오염되어 있어서 하나님께 받아들여질 수 없는 죄책이 있으며 불완전하다는 전제가 있다. 죄책과 불완전이 그리스도의 완전으로 덮이고 행위가 깨끗해질 때 하나님 앞에서 의롭다고 인정되는 것이다"(참고. 기독교강요 3.17. 8).[239]

적용 ▶ 죄를 죽이고 하나님과 이웃을 향해 선하게 사는 것은 그리스도와의 신비로운 연합(unio mystica cum Christo)으로만 가능하다.[240]

제63문 하나님께서 우리의 선행에 대해 이 세상과 오는 세상에서 상 주시겠다고 약속하시는데, 그래도 우리의 선행은 아무 공로가 없다고 할 수 있습니까?

답 하나님의 상은 공로로 얻는 것이 아니고 은혜로 주시는 선물입니다.

---

239) 이남규, "칼빈의 이중은혜론: 칼빈의 선행에 대한 이해를 중심으로," 104.
240) W. Valstuin, "The Joy of the Law: A Revisitation of the Usus Normativus in the Heidelberg Catechism," *Journal of Reformed Theology* 9 (2015), 179-80.

해설 ▶ 예수님은 각 사람이 일한대로 갚아주신다(시 18:20; 19:11; 히 11:26; 계 20:13; 22:12). 여기서 상은 우리의 공로에 대한 대가가 아니라 하나님의 선물이다. 하나님께서 상을 주시는 이유는 우리가 주님의 말씀에 더 순종하도록 격려하기 위해서이다.241) 현세에서의 상은 항상 성공과 부로 주어지는 것은 아니며, 대체로 평화와 소망과 같은 영적인 복으로 임한다.242)

적용 ▶ 하나님께서 우리의 최고의 상과 기업임을 기억하자.

제64문 이러한 가르침으로 말미암아 사람들이 무관심하고 사악하게 되지 않겠습니까?

답   아닙니다. 참된 믿음으로 그리스도에게 접붙여진 사람들이 감사의 열매를 맺지 않는 것은 불가능합니다.

해설 ▶ 제64문을 듣고 오해한다면 다음과 같은 여러 질문을 할 수 있다. 사람의 의와 도덕은 구원의 조건이 아니며, 상도 하나님의 선물이라면 사람은 사악하게 되지 않는가? 다시 말해, 하나님께서 우리의 노력과 상관없이 구원과 상을 주신다면, 사람은 할 일이 없지 않는가? 그리고 죄가 더한 곳에 하나님의 은혜도 넘치게 되지 않는가?(롬 5:20; 6:1, 15). 우리가 죄를 더 지어도 하나님은 용서의 은혜를 주시지 않는가?

성도가 구주와 상주시는 예수님께 접붙임을 받아 그분과 연합되어 있다면 더 이상 죄 가운데 살 수 없다. 하나님의 뜻을 행하고 복음을 따라 사는 데 무관심하거나 게으를 수 없다. 오히려 포도나무

---

241) 김헌수, 『하이델베르크 요리문답 강해 II』, 232.
242) Van Bruggen, 『하이델베르크 요리문답 해설』, 308-309.

이신 예수님께 붙어있어 감사의 열매를 맺는 가지가 되어 영광을 돌려야 한다(요 15:5, 8). 그리스도인은 주 예수님 안에서 범사에 감사하며 살기를 소망한다. 그래서 야고보는 은혜로 의롭게 되기에 선행은 불필요하다고 생각하지 말 것을 경고한다(약 2:24). 우리의 선행은 공적을 쌓는 것이 아니며, 우리 안에 자신의 기쁜 뜻을 이루시는 하나님의 일을 감사함으로 성취하는 것이다(눅 17:10; 빌 2:13; BC 24).

적용 ➡️ 루터가 신약성경을 독일어로 번역한 후에 쓴 로마서 서문(1522)은 하나님 앞에서 의로운 사람은 온 마음을 다해 하나님의 명령을 기꺼이 따르고 율법을 진정으로 성취한다고 설명한다. 다시 말해, 그리스도인에게 율법의 성취란 성령의 도우심으로써 자신을 변화시키는 믿음이라는 선물을 활용하여 마음 중심으로 주님의 말씀을 실행하는 것이다.[243] 그리스도인의 선행은 그것을 불러일으키는 믿음에서 나오므로, 선행은 믿음의 결과이다.[244] 구원에 이르는 믿음을 가진 '의인이자 죄인'(simul iustus et peccator)인 그리스도인은 자기 속의 죄의 욕망과 싸우고 사랑을 자발적으로 실천하여 열매를 맺어야 한다.

제25주일(제65-68문)
복음의 강설이 일으키는 믿음과 복음 약속의 가시적 표인 성례

제65문 오직 믿음으로만 우리가 그리스도와 그의 모든 은덕에 참여

---

243) 권진호, "루터의 로마서 서문에 나타난 그리스도인의 삶," 『장신논단』 50/3 (2018), 130, 134.
244) 권진호, "루터의 로마서 서문에 나타난 그리스도인의 삶," 138.

답　성령에게서 옵니다. 그분은 거룩한 복음의 강설로 우리의 마음에 믿음을 일으키며, 성례의 시행으로 믿음을 굳세게 합니다.

해설 ▶ 제23-24주일은 이신칭의를 다루었다. 그래서 제25주일 제65문은 구원을 얻는 믿음의 출처를 설명한다. 믿음은 성령께서 주시는 선물이다. 성령은 사람의 마음의 문을 열어서 복음에 귀 기울이게 하시고(행 16:14; 엡 1:18; 계 2:7), 영적 눈을 여셔서 주님의 말씀의 기이한 것을 보고 믿도록 역사하신다(시 119:18). 그리고 성령님은 사람이 예수님을 주님이시라고 고백하도록 인도하신다(고전 12:3). 성경의 원저자이신 성령은 지혜와 계시의 영이시며, 믿음과 고백을 가능하게 만드시는 영이시다(엡 1:17; 딤후 3:16). 사람은 믿음을 남에게 줄 수 없기에, 부모도 자녀에게 믿음을 줄 수 없다.

　그리스도인은 이신칭의의 믿음은 복음을 듣고 성례에 참여함이라는 두 가지 수단을 통해 점차 더 튼튼하게 된다. 사람이 거듭나는 것은 금과 은으로 되지 않고, 하나님의 살아있는 말씀으로 성령이 역사하시는 결과이다(벧전 1:18, 23). 그러므로 설교자는 성령의 나타남과 능력과 확신을 의지하면서 복음을 강설해야 한다(고전 2:4; 살전 1:5). 성령은 양날 선 칼과 같은 진리의 말씀을 통해 우리를 (하나님의 자녀로) 낳으셨다(약 1:18; 히 4:12). 믿음은 그리스도의 말씀을 들음에서 발생한다(롬 10:17). 그런데 성령께서 사람을 거듭나게 하시는 사역은 바람이 부는 것처럼 정확히 알기 어렵다(요 3:8). 따라서 구원파가 거듭난 날짜와 시간을 꼭 알아야 한다고 주장하는 것은 무리다.

　성령의 충만한 예배를 드리는(요 4:24) 회중이 봉독(奉讀) 되는 말쓰과 설교를 듣고 실천하는 것도 매우 중요하다.245) 학사 에스라가 율법을 낭독하고 해설하자, 유대인들은 회개의 반응을 보였다(느 8:8-9; 9:3). 데살로니가교회는 바울의 설교를 사람의 말이 아니라 하나님의 말씀으로 들었다(살전 2:13). 들은 말씀은 믿음이 결부되어야 유익이 있다(히 4:2). 성령은 두 성례인 '보이는 설교인 성찬'과 '속죄와 구원의 확신을 가리키는 세례'를 통하여 성도의 믿음을 강화하신다.

적용 ▶ 성령께서 구약의 선지자들에게 예수 그리스도를 예언하도록 인도하셨다(벧전 1:11). 그러므로 성령 충만한 성도는 구약성경에서도 예수님을 발견한다. 구약 설교에서 주인공이신 예수님과 그분의 복음이 강설 되어야 한다. 그리고 설교를 듣는 회중도 성령의 도우심을 사모하며 집중해야 하고 더 나아가 들은 바를 실천해야 한다. '인본주의 토크쇼'나 '번영복음'이 강단에 얼씬거리지 못하도록 하자. 복음 강설을 소홀히 하면서 성령의 역사만 강조하는 신비주의도 경계하자. 또한 주일 오후 예배와 수련회 등에서 찬송이 과잉화(?)된 현실을 감안한다면, 말씀의 능력을 회복하는 방안을 더욱 강구해야 한다.

---

245) "성경이 잘 읽혀진 성경 봉독은 성령의 권능이 함께 하는 설교와 같이 깊이 있게 사역한다. ...... 성경 봉독은 하나님께서 자신의 백성들에게 직접적으로 말씀하시는 순서로 하나님의 임재와 계시의 사건이다. ...... 참다운 의미의 성경 봉독은 우리가 성경을 해석하려는 것을 우선으로 하기보다 하나님의 권위 있는 말씀인 성경이 우리를 해석하도록 하는 데 있다." 성경 봉독자는 본문의 중심 단어, 중심 메시지, 문학 장르, 중심 감정(예. 희로애락), 그리고 성경 저자의 논리를 잘 파악해야 한다. 그리고 낭독자(lector)는 성경을 강대상에 두는 것이 아니라 가슴 높이로 들어 올리고, 정확한 발음, 적절한 음량과 고저와 속도, 그리고 중단(끊기)을 소리 내어 훈련해야 한다. 본문의 중심 감정이 낭독자의 표정에도 적절히 반영되어야 하고, 봉독할 본문을 적어도 2-3차례 반복하여 회중과 시선 교환을 하면서 알려야 한다. 임금균, "본문이 살아나는 성경 봉독법," 『복음과 실천신학』 56 (2020), 85, 87-88, 95-101에서 요약.

제66문 성례가 무엇입니까?

답 성례는 복음 약속의 눈에 보이는 표와 인(印)으로, 하나님께서 제정하신 것입니다. 성례가 시행될 때, 하나님께서는 복음 약속을 우리에게 훨씬 더 충만하게 선언하시고 확증하십니다. 이 약속은 그리스도께서 십자가 위에서 이루신 단번의 제사 때문에, 하나님께서 우리에게 죄 사함과 영원한 생명을 은혜로 주신다는 것입니다.

해설 ➡ 복음이란 자격과 소망 없는 죄인이 예수님의 십자가 대속을 통해 죄 사함과 영생을 얻은 것이다. 그런 구원의 은혜를 더 가득하고도 선명하게 만드는 것이 세례와 성찬이다. 성도는 세례 때 물이 머리에 뿌려지고, 성찬 때 떡과 포도주를 보고 집어 먹는다. 성령은 우리의 무뎌진 감각을 살아나게 만드시고, 우리의 연약한 믿음을 십자가의 사랑과 구원을 생생하게 만드심으로 강하게 하신다. 구주 예수님은 우리를 구원하신 것으로 사역을 마감하시지 않고, 정기적으로 생명의 잔칫상으로 초대하신다. 그리스도인은 성찬을 사모하며, 감사함과 거룩함으로 참여해야 한다.

적용 ➡ 성례는 복음 약속이 무엇인지 보여주는 표와 인이므로, 설교자와 성례 집례자는 표와 인을 유의미하고도 생동감 있게 활용해야 한다.

제67문 그러면 말씀과 성례 이 둘은 우리의 믿음을 우리의 구원의 유일한 근거가 되는 것, 곧 예수 그리스도의 십자가의 제사로 향하도록 하기 위한 것입니까?

답 참으로 그렇습니다. 우리의 모든 구원이 그리스도께서 우리를 위해 십자가 위에서 이루신 단번의 제사에 있다는 것을 성령께서 복음으로 가르치고 성례로 확증하십니다.

해설 ➡ 성령께서 일으키시는 믿음의 근거는 예수님의 십자가의 대속에 있다. 여기서 잊지 말아야 할 사실은 우리가 구원받은 근거는 예수님의 십자가라는 점이다. 십자가의 복음 강설을 들음으로 믿음이 자라고, 세례와 성찬으로 그 믿음이 확증된다. 이처럼 복음 강설과 성례는 늘 함께 간다.

'기독교 예배의 두 기둥'은 설교와 성례이다. 설교의 끝은 성찬의 시작으로 이어지고, 설교는 성찬에서 완성된다.[246] "그리스도인들이 예배에서 말씀과 성찬을 통해 하나님의 임재하심을 기대하고 경험할 수 있는 이유는 말씀과 성찬이 하나님께서 우리를 만나시려고 선택하고 사용하시는 은혜의 방편이기 때문이다."[247] 참고로 '중고등부 예배'나 '대학청년부 예배'에는 성례가 없기에 공 예배가 아니다. 그런 모임은 공부와 교제를 위한 것이다.

복음 강설은 믿음을 일으키고 굳세게 만들지만, 성례는 믿음을 굳세게 만드는 역할만 한다.[248] 사람이 성례에 참여해야만 구원을 받는 것은 아니다. 그렇다고 성례를 가볍게 여기지 말아야 한다.

적용 ➡ 해외 개혁교회에서 공 예배에 정기적으로 참여하여 복음 강설을 듣지 않고, 가끔 성찬 예배에 참여하는 경향이 있다. 이것은 말씀과 성례의 불균형에 빠진 예다. 순교자 저스틴처럼, 천주교는 세례(영세)가 중생을 일으킨다고 보기에, 그것을 구원의 필수 조건으

---

246) 이성민, "설교와 성례전의 해석학적 연대성," 『기독교언어문화논집』 10 (2007), 115.

247) 최승근, "성찬의 성례전성 회복을 위한 제언," 『복음과 실천신학』 53 (2019), 197.

248) Van Bruggen, 『하이델베르크 요리문답 해설』, 322.

로 단다.249) 하지만 성례는 구원의 조건이 아니다.

제68문 그리스도께서 신약에서 제정하신 성례는 몇 가지입니까?

답 거룩한 세례와 성찬, 두 가지입니다.

해설 ➡ 구약의 두 성례는 할례와 유월절 식사였다. 할례를 행할 때 포피에서 피가 흐르고, 유월절 어린양도 도살될 때 피를 흘렸다. 그러나 신약에서는 할례가 세례로, 유월절 식사는 성찬으로 바뀌었다(골 2:12; 눅 22:14). 예수님께서 마지막 유월절 양으로 죽으셨기에, 그분의 보혈의 공로 덕분에 죽음의 사자는 신자 위를 넘어간다. 예수님과 하나가 되는 세례를 받은 성도는 그리스도로 옷 입고 살아간다(갈 3:27). 유월절 어린양의 속죄를 믿는 사람은 세례를 받고, 영의 양식인 그 주님을 먹고 마신다.

적용 ➡ 정교회, 성공회, 그리고 천주교는 영세, 견진(안수하고 기름을 발라 신자를 은혜로 강하게 함), 성체(신자가 예수님의 살을 먹음으로 은혜를 유지함), 고해, 종부(죽기 전 신자를 강하게 함), 성품(신부의 임직), 혼인, 이렇게 7가지 성사(聖事)를 지킨다(1439년에 비준).250) 그런데 모든 성례는 모든 신자(세례교인)가 예외 없이 참여할 수 있어야 한다. 하지만 신부와 수녀는 혼인과 관련이 없고, 일반 성도는 성품과 무관하다.

---

249) 이정구, "세례반에 관한 신학," 『신학과 실천』 27 (2011), 9; Van Bruggen, 『하이델베르크 요리문답 해설』, 339.

250) 그리스어 명사 '신비'(μυστήριον, 뮈스테리온)에서 라틴어 'sacramentum'이 유래했기에, 원래 하나님의 비밀과 그것의 계시를 가리켰다. 참고로 로마군인은 해마다 황제에게 충성 서약(sacramentum)을 했다. 이성민, "설교와 성례전의 해석학적 연대성," 109, 113; 한명수, "[천주가사 산책 13] 천주교의 일곱 가지 성사(聖事)를 노래한 가사들," 『오늘의 가사문학』 25 (2020), 87-96; Van Bruggen, 『하이델베르크 요리문답 해설』, 335.

개혁교회는 강대상 근처에 성찬상과 세례반(洗禮盤, font, baptismal vessel)을 배치하여, 복음의 강설과 두 성례를 성도에게 가시적으로 회상시켜 강조한다.251) 두 성례는 함께 하므로, 세례만 있고 성찬이 없는 경우나 그 역 모두 비정상이다.252) 다시 말해, 복음 강설과 세례 그리고 성찬 모두는 지교회에서만 가능하다. 그런데 오늘날 교회당에서 성찬상과 세례반 대신에 드럼이 자리 잡는 경우가 흔하다.

제26주일(제69-71문)
예수님의 피와 성령으로 씻어주는 세례

제69문 그리스도께서 십자가 위에서 이루신 단번의 제사가 당신에게 유익이 됨을 거룩한 세례에서 어떻게 깨닫고 확신합니까?

답 그리스도께서 물로 씻는 이 외적 의식을 제정하시고, 자신의 피와 성령으로 나의 영혼의 더러운 것, 곧 나의 모든 죄가 씻겨짐을 약속하셨습니다. 이것은 물로 씻어 몸의 더러운 것을 없애는 것처럼 확실합니다.

해설 ▶ 목욕해야 몸의 때와 더러움을 제거할 수 있다. 마찬가지로 물세례는 죄 씻음의 은혜를 하나님과 증인들 앞에서 도장 찍는 것과 같다. 남녀 모두에게 해당하는 세례는 이스라엘 남자 아기만 받은 할례보다 더 은혜로운 신약의 성례이다. 세례는 예수님의 속죄의 은혜를 믿는 사람이 하나님께 바른 양심과 행실로 살겠다고 서약하는

---

251) Contra 이정구, "세례반에 관한 신학," 9.
252) 김헌수, 『하이델베르크 교리문답 강해 II』, 296.

거룩한 예식이다(벧전 3:21). 물과 같은 성령께서 죄인을 거듭나게 하시고, 그를 물과 같은 성령으로 씻어 구원하셨다(요 3:5; 딛 3:5). 세례의 효력은 물의 양이나 담그거나 뿌리는 방식으로 달라지지 않는다. 침례 대신에 물을 뿌리는 방식도 동일하게 유효하다(겔 36:25; 히 12:24; 벧전 1:2).[253]

적용 ▶ 성자 예수님의 보혈로만 가능한 영혼의 세척은 성도의 양심이 성령을 통해 피 뿌림의 은혜를 받을 때 그 사람 안에 이루어지고, 성찬을 통해 그 사람 안에 확증된다(벧전 1:19; 제네바 교리문답 327).

제70문 그리스도의 피와 성령으로 씻겨진다는 것은 무슨 뜻입니까?

답 그리스도의 피로 씻겨짐은 십자가의 제사에서 우리를 위해 흘린 그리스도의 피로 말미암아 은혜로 우리가 하나님께 죄 사함을 받았음을 뜻합니다. 성령으로 씻겨짐은 우리가 성령으로 새롭게 되고 그리스도의 지체로 거룩하게 되어, 점점 더 죄에 대하여 죽고 거룩하고 흠이 없는 삶을 사는 것을 의미합니다.

해설 ▶ 십자가의 영원한 화목제사는 우리에게 죄 사함과 예수님의 몸에 접붙여짐, 그리고 거룩한 생활을 추구하도록 만든다(롬 6:3). 어린양 예수님의 피에 우리는 행실을 씻어야만 희게 된다(계 7:14). 그 보혈은 죄에서 우리를 해방시킨다(계 1:5). 따라서 죄와 옛 행실에서 벗어나 새로운 생명을 가진 사람은 죄에 종노릇 하지 말고 죽어야 한다(롬 6:4-6). 바울은 예수님 안에서 거룩하여지는 사람을

---

253) 정교회와 침례교회 그리고 안상홍증인회 등은 침례를 시행한다.

'성도'(ἅγιος)라 불렸다(고전 1:2). 그리스도인은 죄를 씻어 접붙여 주신 은혜를 믿음으로써, 범죄 후에 회개하고 또 죄 씻음을 받아야 한다.

적용 ➡ "말로 형용할 수 없는 구세주의 구속하심 그 은혜와 크신 사랑 찬송하고 찬송하세"(찬송가 261장 2절). 참고로 힌두교 역시 물 세례로 입교 의식을 거행한다.

제71문 세례의 물로 씻는 것처럼 확실히, 그리스도께서 자신의 피와 성령으로 우리를 씻으신다는 약속을 어디에서 하셨습니까?

답 세례를 제정하실 때 이렇게 말씀하셨습니다. "그러므로 너희는 가서 모든 족속으로 제자를 삼아 아버지와 아들과 성령의 이름으로 세례를 주고"(마 28:19), "믿고 세례를 받는 사람은 구원을 얻을 것이요 믿지 않는 사람은 정죄를 받으리라"(마 16:16). 이 약속은 성경이 세례를 "중생의 씻음" 혹은 "죄를 씻음"이라고 부른 데서도 거듭 나타납니다(딛 3:5; 행 22:16).

해설 ➡ 예수님께서 열한 제자에게 주신 지상명령에 세례 시행이 포함된다(마 28:19). 중생은 다른 말로 죄 씻음이다. 성령의 세례는 거듭나는 순간이며(행 19:2), 그렇게 중생한 사람이 공적 믿음의 서약을 함으로써 물세례를 받는다. 물세례는 지교회 즉 그리스도의 몸의 지체인 정식 회원이 되는 시간이다.

적용 ➡ 고대교회에서 세례 교육 기간은 약 3년이었다. 따라서 거의 제자화가 목표였다. 도르트 교회법 56조는 언약의 자녀는 세례로써 가능하면 신속히 인을 치고, 복음 강설이 있는 공 예배 중에 시행할 것을 규정한다. 따라서 개혁교회는 신생아가 처음 예배에 참석하는 주일에 세례를 받는다. 일부 대형교회가 유아세례를 주일 공 예배가 아닌 평일에 시행하는 것은 올바르지 않다. 개혁교회는 유아세례와 신앙고백(입교)을 할 때, 공 예배에 온 가족이 증인으로서 축하한다. 참고로 세례반과 별도의 세례당(baptistery)의 모양도 상징적 의미를 담고 있다.

> 팔(8)의 수는 초대기독교 시대부터 7 다음에 오는 완전수, 즉 부활의 수를 의미했다. 기독교에서 ..... 죽음과 영생, 거듭남과 부활을 표현하기에 가장 적절한 (세례반의) 형태는 바로 원형과 팔각형이었다. ...... 교회에서 최초의 세례당은 4세기 초 로마에서 8각형의 기본구조를 갖고 축조되었는데 ......254)

제27주일(제72-74문)
세례에 대한 세 가지 오해

제72문 세례의 물로 씻음이 곧 죄 씻음 자체입니까?

답 아닙니다. 오직 예수 그리스도의 피와 성령만이 우리를 모든 죄에서 깨끗하게 합니다.

해설 ➡ 세례와 죄 씻음은 똑같지 않다. 세례받으면 죄 용서를 받고 구원을 받는 것도 아니다. 천주교는 신부가 거룩하게 만든 성수(聖水)로 세례를 베푼다고 주장한다. 그러나 물 자체는 거룩하지 않다.

---

254) 이정구, "세례반에 관한 신학," 13.

죄를 용서하는 것은 물이 아니라. 예수님의 보혈과 성령의 새롭게 하심으로 가능하다(딛 3:5; 계 1:5).

적용 ➡ 세례이건 침례이건 물을 활용하는 방식은 아디아포라이다.

제73문 그러면 왜 성령께서는 세례를 "중생의 씻음"과 "죄를 씻음" 이라 하셨습니까?

답 하나님께서 그렇게 말씀하신 데에는 중요한 이유가 있습니다. 하나님께서는 몸의 더러운 것이 물로 씻겨지듯이 우리의 죄가 그리스도의 피와 성령으로 없어짐을 우리에게 가르치려 하셨습니다. 더 나아가서 우리의 죄가 영적으로 씻겨지는 것이 우리의 몸이 물로 씻겨지는 것처럼 매우 실제적임을 이러한 신적 약속과 표로써 우리에게 확신시키려 하셨습니다.

해설 ➡ 디도서 3:5의 생생한 이미지는 영적으로 깨끗이 씻는 것이 중요함을 보여준다. "성례전은 물질적이고 신체적인 요소에 큰 영향을 받는 인간에게 매우 중요한 의례(儀禮)의 형태를 가진 하나님의 은혜의 방편이다."[255] 사죄 곧 죄와 사망의 법에서 해방되고 성령과 생명의 법을 따라 살게 되는 중생은 인생에서 놀라운 변화를 가져온다. 물과 불같은 성령의 세례는 죄인의 죄를 씻고 태운다(눅 3:16). 팔츠 옛 예전서에 따르면, 삼위 하나님 가운데 성령의 이름으로 세례를 받는 것은 삼위께서 세례받는 성도의 영원한 교사와 위로자로서 그리스도의 몸의 지체로 만드시고 성화를 이루어 가심을 의미한다.

---

255) 최승근, "성찬의 성례전성 회복을 위한 제언," 210.

적용 ▶ 사회복음(Social Gospel) 운동 등에서 보듯이, 사죄의 은혜를 간과하는 구원의 복음이란 있을 수 없다.

제74문 유아들도 세례를 받아야 합니까?

답 그렇습니다. 그것은 유아들도 어른들과 마찬가지로 하나님의 언약과 교회에 속하였고, 또한 어른들 못지않게 유아들에게도 그리스도의 피에 의한 속죄와 믿음을 일으키시는 성령이 약속되었기 때문입니다. 그러므로 유아들도 언약의 표인 세례를 통하여 그리스도의 교회에 연합되고 불신자의 자녀와 구별되어야 합니다. 이런 일이 구약에서는 할례를 통하여 이루어졌으나 신약에서는 그 대신 세례가 제정되었습니다.

해설 ▶ AD 16세기에 초대교회로 돌아가려고 급진적인 종교개혁을 시도한 재세례파는 유아세례를 받은 사람은 성인이 되어 다시 세례를 받아야 한다고 주장했다(참고. 막 16:16의 '믿고 세례받음').[256] 재세례파는 세례를 받는 유아에게는 복음을 알거나 고백할 수 있는 능력이 없기에 유아세례를 반대했다(참고. 성인 세례를 지지한 터툴리안과 나지안주스의 고레고리 그리고 초기의 츠빙글리). 하지만 죄용서와 세례 그리고 성령을 선물로 받는 것은 유아와 같은 자녀들에게도 가능하다(행 2:38-39; 고전 7:14).[257] 유아세례의 근거는 사

---

256) 참고. 박영실, "개혁주의적 유아세례의 정당성과 바른 시행에 관한 연구," 『복음과 실천신학』 44 (2017), 111.

257) Van Bruggen, 『하이델베르크 요리문답 해설』, 350. 참고로 팔츠 옛 예전서는 유아세례의 근거 구절로 창 17:7, 막 10:13-14, 그리고 행 2:39를 언급한다. 그리고 세례받은 유아가 성령으로 다스림을 받으며, 장차 악에 맞서 싸우고, 대왕, 대선지자, 대제사장이신 예수님 안에서 모든 의를 따라 살도록 기도했다.

람의 상태나 자격이 아니라. 하나님의 언약과 명령이기 때문이다.258) 구약의 할례도 하나님께서 아브라함과 그의 후손과 맺은 언약에 기초한다(창 17:7-10; 롬 4:11-12). 유아들이 예수님께 나아가는 것을 금할 수 없다(마 19:15; 기독교강요 4.16.31). 사람의 손으로 할례를 행한다. 그러나 사람의 손으로 행하지 않고, 성령께서 행하시는 마음의 할례는 육신의 몸 곧 죄성을 벗는 것이다(골 2:11). 세례는 의로우신 구주 예수님과 연합하기에 '그리스도의 할례'이다(골 2:11). 사도행전에 유아세례의 예들이 나타난다. 백부장 고넬료의 온 권속이 세례를 받았고(행 10:48), 루디아의 온 권속이 세례를 받았으며(행 16:15), 빌립보의 간수의 온 가족도 세례를 받았고(행 16:33), 고린도의 많은 교인이 믿고 세례를 받았다(행 18:8).259) 사도행전에 유아들이 세례를 받았다고 구체적으로 언급하지 않은 것은 그것이 당연한 일이었기 때문이다.260) 유아 세례교인도 예수님의 몸의 지체이다. 그래서 개혁교회는 주일 출석 교인의 수가 아니라, 성인 세례교인과 유아 세례교인의 수를 주보에 명시한다.

중세 시대에 유아는 생후 8일경에 세례를 베풀었다. 그런데 겨울철에 아기가 세례받다가 사망한 경우가 발생하자, 세례 날짜는 유동적으로 바뀌었다. 고신 교회정치 '제3장 교인, 제23조 1항'에 유아

---

258) Van Bruggen, 『하이델베르크 요리문답 해설』, 345. 참고로 행위언약(covenant of works)을 언급하지 않는 HC에 어린이가 이해하기 쉽지 않은 신학 용어인 '언약'은 총 5회만 등장한다(HC 74[x2], 77, 79, 82문). 우르시누스는 총 323 문답으로 구성된 자신의 대교리문답 제1문 해설에서 (은혜) '언약'을 3회나 언급하고, 제31문답 해설은 언약을 중보자 예수님을 통한 '하나님과의 화목'이라고 정의한다. 행위언약은 우르시누스의 대교리문답 제36문에 등장하다. 참고. M. G. Brown, "The Covenantal Foundation of the Heidelberg Catechism," *Puritan Reformed Journal* 7/1 (2015), 90-93, 102.

259) 권기현, 『목사님, 정말 유아세례를 받아야 하나요?』 (경산: RNF, 2021), 145-52; Van Bruggen, 『하이델베르크 요리문답 해설』, 345.

260) 권기현, 『목사님, 정말 유아세례를 받아야 하나요?』, 157.

세례 해당자는 2세 이하로 규정한다. 그리고 최소한 부모 중 1인이 무흠 세례교인이어야 한다.

하나님의 생명의 언약 안에 들어온 자녀들의 신앙 양육을 위해 교회와 가정의 협력이 중요하다.[261] 부모는 자녀에게 불신자와 구별된 가치와 인생의 목표를 가르치는가? 그리고 교회는 부모에게 그렇게 할 수 있도록 교육하고 있는가? 세례를 받은 유아의 신앙교육은 부모를 넘어 전체 공동체의 일이기도 하다. 실제로 미국 연합 감리교(UMC)와 미국 연합 그리스도의 교회(United Church of Christ)는 세례를 받는 아기의 영적 양육의 책임을 공동체가 져야 한다고 명시한다.[262]

지적 능력이 없는 유아도 세례를 받는 게 성경적 원칙이기에, 언약 가정의 지적 장애인도 세례를 받을 수 있는가? 그렇다.

> 유아세례는 언약적 차원에서 부모의 신앙으로 하나님의 약속과 명령에 순종하여 주어지는 것이다. 마찬가지로 아이와 같은 지적 장애인의 세례도 같은 차원에서 베풀 수 있다고 하겠다. ...... 지적 장애인의 세례가 그의 구원을 보장하지는 않는다. 그럼에도 불구하고 언약 백성으로서 하나님의 복을 누리고 새 생명 얻을 수 있을 것이라는 소망은 그 세례를 통해서 부모들과 형제들이 가질 수 있을 것이다. ...... 지적 장애인의 지적, 의지

---

261) "1922년도에 출판된 대한예수교장로회 헌법 역시 유아세례를 집례하는 목사는 부모에게 성경, 교회신경, 대소교리문답, 기도생활, 경건의 모범 등에 해당하는 내용을 가르쳐서 세례예식 후에 부모가 자녀를 신앙 안에서 양육하도록 지도해야 함을 언급하고 있다." 신형섭, "가정구비모델을 적용한 한국장로교회(예장통합) 유아세례 부모교육 교육과정 연구," 『장신논단』 51/3 (2019), 261.

262) 박영실, "개혁주의적 유아세례의 정당성과 바른 시행에 관한 연구," 135-36; 신형섭, "가정구비모델을 적용한 한국장로교회(예장통합) 유아세례 부모교육 교육과정 연구," 262.

적, 영적 능력에 근거하여 그의 세례의 정당성을 논할 수 없다. 그 정당성은 이미 완성된 그리스도의 사역과 그리스도와의 신비적 연합과 하나님의 영원한 예정에 근거한다. 그리스도의 사역과 하나님의 예정은 인간의 지적 능력만 아니라 믿음에서도 앞선다. 그렇기 때문에 우리는 지적 장애인의 세례는 물론 구원에 대해서도 부정적으로 볼 필요가 없다.263)

사람은 유아와 지적 장애인의 구원 여부를 알 수 없다. 그것은 하나님의 주권에 속하기 때문이다. 그러나 유아와 지적 장애인의 세례조차 원천적으로 거부해서는 안 된다. 세례는 예수 그리스도께서 이루신 구원과 그 분과의 신비로운 연합이라는 실체를 가리키는 표이기 때문이다. 그렇다면 세례받은 지적 장애인도 성찬에 참여할 수 있다고 원칙적으로 주장할 수 있을 것이다.264) 지적 장애인이나 발달장애인의 세례 여부를 판단할 때 해당인의 신앙의 후견인이나 크리스천 부모 역할을 고려해야 하며, 정기적인 공예배 출석과 교회 장애부서의 활동 여부도 참조해야 한다.

적용 ▶ 산모가 태교(胎教)하여 출산한 후에 아기용품을 정성껏 준비하는 것처럼, 유아의 세례를 위해서도 잘 준비해야 한다. 마찬가지로 결혼식 준비보다 결혼 자체를 준비하는 게 더 중요하다. 하나님을 경외하는 부모는 설령 하나님께서 유아를 일찍 데리고 가시더라도 유아의 구원을 의심하지 않는다(도르트신경 1장 17조). 유아

---

263) 정성원, "지적 장애인 세례의 신학적 정당성," 『신학지남』 82/3 (2015), 72-73, 78.
264) 발달 및 지적 장애인의 성찬 참여 문제는 칼빈의 성찬론에서도 확실히 드러나지 않는 어려운 주제이므로 속단하기 어렵다. A. J. Stiff, "The Abiding Value of John Calvin's Eucharistic Theology for Disability Theology," *Calvin Theological Journal* 54/1 (2019), 143.

사망률이 높던 시기일수록 유아의 사망과 구원 문제는 성도에게 민감했다. 유아에게도 살아서나 죽어서나 유일한 위로는 그들이 예수님의 것이라는 사실에 있다.

티모씨 존스(Timothy P. Jones)의 가정 구비 모델(family-equipping ministry model)에 의하면, 목회 방법론적으로, 존스는 교회가 부모를 신앙양육자로서 구비시키며 가정 안에 신앙 전수가 효율적으로 나타날 수 있도록, 교육목회 여정을 네 단계를 통하여 제시한다. 첫째 단계는 부모 세대의 복음적 정체성 세우기이다. 둘째 단계는 부모의 신앙양육 실천과정들로, '신앙 대화하기'(faith talk)와 '신앙 걷기'(faith walk) 그리고 '신앙 동행하기'(faith processes)이다. 셋째 단계는 부모 세대가 가정의 신앙 교사임을 목양을 통하여 계속 인식시키는 것이다.[265]

제28주일(제75-77문)
기념하고 기대하게 하는 성찬

제75문　그리스도께서 십자가 위에서 이루신 단번의 제사와 그의 모든 공효(功效)에 당신이 참여함을 성찬에서 어떻게 깨닫고 확신합니까?

답　그리스도께서는 나와 모든 성도에게 그분을 기념하여 이 뗸 떡을 먹고 이 잔을 마시라고 명령하시고 또한 이렇게 약속하셨습니다. 첫째, 주님의 떡이 나를 위해 떼어지고

---

265) 참고. 신형섭, "가정구비모델을 적용한 한국장로교회(예장통합) 유아세례 부모 교육 교육과정 연구," 271-72.

잔이 나에게 분배되는 것을 내 눈으로 보는 것처럼 확실히, 그분의 몸은 나를 위해 십자가에서 드려지고 찢기셨으며 그분의 피도 나를 위해 쏟으셨습니다. 둘째, 그리스도의 살과 피의 확실한 표로서 주님의 떡과 잔을 내가 목사의 손에서 받아 입으로 맛보는 것처럼 확실히, 주님께서는 십자가에 달리신 자신의 몸과 흘리신 피로써 나의 영혼을 친히 영생에 이르도록 먹이시고 마시게 하실 것입니다.

해설 ▶ 팔츠 교회질서(Palatinate Church Order)는 설교-세례-교리문답(HC)-성찬-권징-구제 등을 차례로 다룬다. 이 순서가 유의한 것은 세례를 받은 사람은 교리문답을 익혀 성찬에 참여해야 한다는 사실을 명확히 보여주기 때문이다.

HC는 성찬을 총 3주일에 걸쳐 자세히 다룬다. 그만큼 그 당시에 성찬에 대한 논쟁이 심했다. 종교개혁자들은 교황주의자들을 적그리스도로 간주하면서 로마의 심장을 겨누었지만, 천주교는 HC의 성찬에 대한 성경적 가르침을 가증한 화체설로 대체해버렸다.[266]

성찬의 백성(eucharistic people)이 성찬에 참여하여 얻는 유익은 예수 그리스도께서 실제로 십자가에서 죽으셨음을 눈과 손과 입으로 확인할 수 있는 것이다. 성찬은 십자가에 달리신 예수님께서 피를 흘리셨고 살이 찢겼음을 기념하며 확인한다.[267] 그리고 성찬을 통해 예수님이 중생한 성도에게 영의 양식을 계속하여 먹이심도 확인한다. 그리고 부활하신 예수님은 엠마오로 가던 두 제자와 더불

---

266) E. van Alten, "From Reformation to Counter-Reformation to Further Reformation: A Picture of the Anti-Roman Background of the Heidelberg Catechism," *In die Skriflig* 47/2 (2013), 4-5.
267) 팔츠 옛 예전서에 따르며, 성찬은 성부의 사랑하시는 아들 예수님께서 당하신 죽음(bitter death)의 영광스런 기념(glorious remembrance)을 축하한다.

어 잡수셨다(눅 24:13-35). 성찬은 십자가는 물론 부활의 능력도 성도에게 가르친다. 성찬의 감각성과 공동체성 그리고 예전성은 아래 설명에 잘 나타난다.

예배에서 성찬은 말씀과 음악보다 이러한 공동체적인 성례전성을 잘 전달하고 표현한다. 성찬 자체가 그러한 공동체적인 측면의 교제를 드러내게 의도된 것이기 때문이다. 이는 성찬을 가리키는 명칭 중 하나가 교제(communion)라는 사실에서 잘 드러난다. 이에 더해, 성찬이 식사의 형태를 취한 의례라는 사실에서도 분명하게 나타난다. ...... 성찬은 공동체적일 뿐 아니라 물리적이고 신체적이고 감각적이기 때문에, 그리스도인들, 특히 초대교회의 그리스도인들은 기독교 예배가 말하는 성례전성을 구체적으로 경험할 수 있었다. 그들은 서로의 눈을 보고, 손을 잡고, 몸을 안고, 체취를 맡고, 입을 맞추고, 하나의 빵과 잔을 나누어 먹고 마시면서, 교제했고, 그러한 교제 속에서 하나님과 교제했다.268)

적용 ▶ 제75문은 목사가 성찬을 집례한다고 규정한다. 일반 성도나 목사가 아닌 선교사는 성찬을 집례할 수 없다. 그리스도인은 주일에 먹고 마시러 교회당에 간다. 보이지 않는 말씀은 주일 오전과 오후에 먹어야 하고, 보이는 말씀(성찬)도 자주 먹어야 한다(행 2:42, 46; 고전 11:33). 성찬의 주님이신 예수님 안에서 에덴동산의 포도는 잘 자라 더 나은 포도주가 된다. 교회당은 베들레헴 곧 하늘의 만나가 있는 생명의 떡집이며, 더 좋은 에덴동산과 같다. 그런데 주일에 강대상 곁에 텅 빈 성찬상이 자주 보인다. 구약에 진설병과

---

268) 최승근, "성찬의 성례전성 회복을 위한 제언," 211.

희생 제사가 없는 예루살렘 성전을 생각조차 할 수 없었듯이, 성찬의 잔치가 없는 신약 교회의 예전도 생각하기 어렵다.[269] 먼저 잘 먹어야 생명과 사랑을 전하는 선교적 교회가 될 수 있다.[270]

제76문 십자가에 달리신 그리스도의 몸을 먹고 그분의 흘리신 피를 마신다는 것은 무슨 뜻입니까?

답 그리스도의 모든 고난과 죽음을 받아들이고 이로써 죄 사함과 영원한 생명을 얻는 것이며, 나아가서 그리스도 안에 또한 우리 안에 거하시는 성령으로 말미암아 우리가 그리스도의 거룩한 몸에 더욱더 연합됨을 의미합니다. 비록 그리스도는 하늘에 계시고 우리는 땅에 있다 할지라도 우리는 "그의 살 중의 살이요 그의 뼈 중의 뼈"이며(창 2:23), 마치 우리 몸의 지체들이 한 영혼에 의해 살고 다스림을 받는 것처럼, 우리도 한 성령에 의해서 영원히 살고 다스림을 받습니다.

성찬에서 빵과 포도주 이렇게 두 가지 표를 주신 이유는 우리의 연약함 때문인데, 예수님께서 우리 영혼의 양식은 물론이거니와 우리 영혼의 음료이심도 깨닫도록 하신다(제네바 교리문답 351). 다시 말해, 예수님만 우리의 충분하고 온전한 양식이시다.

해설 ▶ 그리스도인이 구주 예수님을 믿는 마음으로 성찬에 참여한다면 속죄와 영생을 더욱 강화한다. 신앙공동체가 함께 주님의 상에

---

269) 이 단락은 P. J. Leithart, "At the Table," *First Things* (2021년 6월 30일)에서 요약 인용.
270) Stiff, "The Abiding Value of John Calvin's Eucharistic Theology for Disability Theology," 135.

서 먹고 마심으로 죄와 사탄의 권세에서 해방되어 예수님의 몸인 교회에 연합됨도 확신하게 된다. 이러한 예수님과 교회와의 연합을 강조하기 위해서, 포도주를 받을 때 작은 잔이 아니라 큰 잔을 사용하기도 한다. 마지막 아담이신 예수님은 성도를 자기의 아내로 삼으셨다(창 2:28). 마치 아담이 깊은 잠을 자는 동안 하나님께서 그의 갈비뼈로 하와를 만드셨듯이, 예수님은 친히 십자가에서 죽으심으로써 신부들을 새롭게 창조하셔서 구원하셨다. 성찬은 신랑 예수님과 신부 교회 사이에 파기될 수 없는 새 언약의 관계를 확실하게 보여준다(마 26:28). 어린양의 신부 교회는 성찬을 통해 신랑의 사랑을 확인하고 연합한다(고전 11:25; 계 19:7-9). 그리고 교회는 성찬을 통해 신랑을 만날 날 곧 주님의 재림을 고대한다. 예수 그리스도의 죽으심과 부활이라는 복음 선포와 성만찬이 있는 예배는 성도에게 위로를 준다(행 20:11-12).

적용 ➡ 성찬은 십자가의 구원을 기억하도록 만들고, 어린양께서 베푸시는 영원한 혼인잔치를 누리며 신랑의 육체적인 강림을 기대하게 만든다(참고. 계 19:9). 성찬에 참여하는 그리스도인은 천상에 계신 예수님을 향하여 자신의 마음과 뜻과 정성을 들여, 올려야 하며 동시에 성찬에 영적으로 실제로 임재하신 예수님을 경험해야 한다(기독교강요 3.2.1).[271]

제77문 믿는 자들이 이 뗀 떡을 먹고 이 잔을 마시는 것처럼 확실히, 그리스도께서 그들을 자신의 몸과 피로 먹이고 마시게 하겠다는 약속을 어디에서 하셨습니까?

---

271) 참고. Stiff, "The Abiding Value of John Calvin's Eucharistic Theology for Disability Theology," 142.

답　　　성찬을 제정하실 때 이렇게 말씀하셨습니다. "주 예수께서
　　　　잡히시던 밤에 떡을 가지사 축사하시고 떼어 가라사대 이
　　　　것은 너희를 위하는 내 몸이니 이것을 행하여 나를 기념하
　　　　라 하시고, 식후에 또한 이와 같이 잔을 가지시고 가라사
　　　　대 이 잔은 내 피로 세운 새 언약이니 이것을 행하여 마실
　　　　때마다 나를 기념하라 하셨으니 너희가 이 떡을 먹고 이
　　　　잔을 마실 때마다 주의 죽으심을 오실 때까지 전하는 것이
　　　　니라"(고전 11:23-26). 바울 사도는 거듭 이 약속의 말씀
　　　　을 하였습니다. "우리가 축복하는 바 축복의 잔은 그리스
　　　　도의 피에 참여함이 아니며 우리가 떼는 떡은 그리스도의
　　　　몸에 참여함이 아니냐? 떡이 하나요 많은 우리가 한 몸이
　　　　니 이는 우리가 다 한 떡에 참여함이라"(고전 10:16-17).

해설 ▶ 성찬에 참여하려면 예수님의 대속의 고난과 죽으심의 의미
를 배워야 한다(고전 11:29). 성찬은 예수님의 몸인 교회를 하나로
결속시키는 시간이다. HC 77문의 '성찬' 해설은 복음서가 아니라
고린도전서 11장에 근거하여 프레드리히 3세가 빵을 쪼개어 축하하
라는 명령을 내린 후에 작성되었다. 성찬에 대한 이런 이해는 루터
의 공재설과 천주교의 미신적 방식(화체설과 무릎 꿇음)을 거부했는
데, 대신 기독론, 성례론, 그리고 교회론적 측면을 담아낸다. 다시
말해, 하나님 보좌 우편에 계신 예수님의 실제 몸의 현존 그리고 성
찬상 주위로 모아진 지상의 그리스도의 실제 몸인 하나의 교회에 대한
교훈을 통합시킨다. 그리스도와의 교제(Communio cum Christo)
는 주님 자신의 몸과 피로써 그리고 생명을 주시는 성령을 통하여,
우리가 주님의 '살 중의 살, 뼈 중의 뼈'가 됨을 교훈한다(참고. 엡
5:31).272)

적용 ▶ HC의 칼빈주의 성찬론은 프리드리히 3세에게 정치적으로 곤경을 가져다주었다. 루터의 공재설(consubstantiation)을 지지한 뷔르템베르크의 루터파 공작 크리스톱, 츠바이브뤼켄의 볼프강, 막스밀리안 2세, 페르디난트 1세, 그리고 프리드리히 3세의 사위는 그를 이단과 배신자로 몰아붙여 맹렬히 공격했다.[273] 도르트 교회 질서 63조는 성찬을 가능하면 격월로 시행하도록 권했으며, 특히 성탄절, 부활절 그리고 오순절에 시행할 경우 유익이 있다고 밝혔다 (63조).

제29주일(제78-79문)
그리스도와 연합하게 하는 예식인 성찬

제78문 떡과 포도주가 그리스도의 실제 몸과 피로 변합니까?

답 아닙니다. 세례의 물이 그리스도의 피로 변하는 것도 아니고 죄씻음 자체도 아니며 단지 하나님께서 주신 표와 확증인 것처럼, 주의 만찬의 떡도 그리스도의 실제 몸으로 변하는 것은 아닙니다. 성찬의 떡을 그리스도의 몸이라고 말하는 것은 성례의 본질을 나타내는 성례적 용어입니다.

---

272) 이 단락은 E. de Boer, "Liturgical Reform in the 'Breaking of the Bread' in the Lord's Supper in the Palatinate and Its Resonance in the Heidelberg Catechism," *Acta Theologica Suppl* 20 (2014), 206-207에서 요약 인용함.

273) 참고. Thompson, "The Palatinate Church Order of 1563," 349; 주도홍. 『하이델베르크요리문답』의 역사와 정신," 193-96; Z. Ursinus, 『하이델베르크 요리문답해설』, *The Commentary of Dr. Zacharias Ursinus on the Heidelberg Catechism*, 원광연 역 (서울: 크리스챤다이제스트, 2006), 666.

해설 ▶ 천주교의 화체설(化體設)은 "이것은 내 몸이다"(고전 11: 24)를 성찬의 떡이 예수님의 살로 변한다고 해석한다. 그리고 화체설은 포도주가 예수님의 피로 변한다고 본다. 그러나 고린도전서 11장 24절은 "이것은 내 몸이 되었다"라고 언급하지 않는다. 천주교는 교인들에게 포도주를 주지 않는데, 주님의 피로 변한 포도주를 엎어버릴 경우, 주워 담을 수 없기 때문이다. 반면, 루터교는 주님의 살과 피가 떡과 포도주 안에, 함께, 아래에 있다는 공재설(共在設)을 주장한다.

승천하신 예수님은 성찬에 성령의 역사로 영적으로 임재하신다. 예수님의 영적 임재를 배제한 채, 츠빙글리처럼 주님의 죽으심을 기념만 하는 것도 오류이다. 성찬은 예수님의 죽으심과 부활 그리고 임마누엘의 은혜를 회중에게 선언한다(고전 11:26). '예수님의 살과 피'는 성례의 본질을 설명하는 표와 인에 해당하는 성례적 용어이다. 이것을 오해하면 화체설로 빠지며, 또한 그리스도인을 식인종으로 내몬다.

적용 ▶ 성찬은 '거룩한 교제'(holy communion)라 불린다. 여기서 '교제'는 소통(communication)이다. 그리스도인은 하나님과의 교제를 지속적으로 갈망한다. 그리스도인이 하나님과 관계를 맺는 방식은 하나님께서 근본적으로 요구하시는 사랑을 실천하는데 달려 있다. 교회는 성찬을 통하여 하나님의 사랑을 깨달아 이웃도 사랑하게 된다. 성찬을 통한 소통은 정보의 전달을 넘어 생명과 사랑의 교제이다. 성부 하나님은 예수님을 통하여 성령 안에서 주의 만찬에 초대하신 사람들에게 생명과 사랑을 흘려보내신다.[274]

---

274) A. Mălureanu, "The Importance and Significance of Communication and Communion: Conceptual Framework and Theological Perspective,"

제79문 그렇다면 왜 그리스도는 떡을 자신의 몸이라고 하시고, 잔을 자신의 피 혹은 자신의 피로 세우는 새 언약이라고 말씀하십니까? 또한 사도 바울도 왜 그리스도의 몸과 피에 참여하는 것에 대해 말합니까?

답 그리스도께서 그렇게 말씀하신 데에는 중요한 이유가 있습니다. 마치 떡과 포도주가 육신의 생명을 유지하듯이, 십자가에 달리신 그의 몸과 흘리신 피가 우리 영혼을 영생으로 이끄는 참된 양식과 음료라는 사실을 가르치려 하셨습니다. 더 나아가서 그리스도께서는 눈으로 볼 수 있는 이러한 표와 보증으로써 우리에게 다음을 확신시키려 하셨습니다. 첫째, 우리가 그리스도를 기념하면서 이 거룩한 표들을 육신의 입으로 받아먹는 것처럼, 실제로 성령의 역사에 의해 우리가 그분의 참된 몸과 피에 참여합니다. 둘째, 그리스도의 모든 고난과 순종이 확실하게 우리의 것이 되어, 마치 우리 자신이 직접 모든 고난을 당하고 우리의 죗값을 하나님께 치른 것과 같습니다.

해설 ▶ 예수님은 오병이어의 표적을 행하신 후, "내 살은 참된 양식이며 내 피는 참된 음료이다"라고 말씀하셨다(요 6:55). 예수님께서 유월절 어린양이시라면, 빵 대신에 양고기를 성찬에서 먹으라고 말씀하실만하지 않은가? 일상 음식은 양고기가 아니라 빵이다. 예수님은 떡을 통해 그리스도인이 주님과 일상의 삶에서 교제를 누리기를 기대하신다.[275] 그러므로 그리스도인은 성찬식 1주일 전에만 자신

ApTh 5 (2019), 212.
275) 김헌수, 『하이델베르크 교리문답 강해 II』, 358-59.

을 살필 게 아니라, 성찬 이후의 일상에서 거룩성을 유지해야 한다. 엄밀히 말하면, 떡과 포도주가 우리의 영혼을 위한 양식이 아니라, 예수 그리스도 자신이다. 구주 예수님은 자신이 우리의 양식임을 떡과 포도주라는 표로써 가르치신다. 성령님은 우리를 예수님과 신비롭게 연합시키셔서, 아버지 하나님의 눈에 예수님의 고난이 우리의 고난인 것처럼 만드신다. 성령은 성찬이 개별 식사가 아니라 공동체적 식사가 되도록 인도하신다.276)

HC는 68, 77, 79, 82, 84문은 성례를 '언약' 곧 중보자 예수 그리스도를 통한 하나님과 사람 사이의 화해를 가져오는 상호약속이라는 관점에서 다룬다.277) 우르시누스에 따르면, 성부는 언약의 창조자이시며, 성자는 언약의 중보자이시고, 성령은 언약의 선물로서 성도에게 영생과 칭의와 사죄를 인치시고 성화를 집행하시는 분이다.278)

제네바에서 신학을 공부하기 전에 프랑스 부르주법대에서 박사학위를 받은 올레비아누스는 구원의 '은혜언약'과 대조되는 '사탄과의 언약'(foedus Sathanae)을 사탄의 약속에 대해서 믿음을 가지는 동맹이요 단결이라 보면서, 결과적으로 인간의 본성이 사탄의 지배를 받고 어두움의 나라의 백성으로 전락했다고 설명한다.279) 다시 말해, 첫 아담은 타락함으로써 하나님과의 연합으로부터 분리되어 마귀와 언약을 체결했다(foedus cum Diabolo). 아담과 하와는

---

276) 이상은, "하이델베르크요리문답의 성령론, 그 윤리적 함의," 295-97.
277) 김재성, "하이델베르크 요리문답과 웨스트민스터 고백서의 언약사상," 『한국개혁신학』 40 (2013), 54.
278) Ursinus, 『하이델베르크 요리문답해설』, 557, 782-83; 김재성, "하이델베르크 요리문답과 웨스트민스터 고백서의 언약사상," 55-56. 참고로 우르시누스는 의식법과 시민법은 신약시대에 폐지되었으나 도덕법은 여전히 유효하다고 보았다.
279) 참고. 김재성, "하이델베르크 요리문답과 웨스트민스터 고백서의 언약사상," 59.

사탄의 약속("네가 죽지 않으리라. 네가 하나님처럼 되리라," 창 3:4-5)을 믿고 말았다. 사탄과 언약을 맺은 자들은 사탄의 형상(imago Sathanae)을 따르는 흑암의 나라의 시민이다.[280] 하지만 마지막 아담이신 예수님은 택자로 하여금 사탄의 형상을 벗고 하나님의 형상과 성품에 참여하도록 만드시고, 사탄과 어둠의 나라에서 종살이하던 사람들을 하나님의 빛의 나라로 옮기시고, 은혜 언약을 통해 하나님과 화목하게 하셨다.

적용 ▶ 성찬은 어린양과 교회의 신비로운 연합 곧 결혼 예식과 같다. 하지만 결혼식에 주례자와 신랑과 신부만 성찬을 거행하는 것은 오류이다. 결혼식은 성례가 시행되는 공 예배가 아니기 때문이다. 만약 결혼식장에서 신랑이나 신부가 각각 다른 이성을 마음에 품고 참석한다면, 그 시간은 복이 아니라 저주이다. 성찬에 참여할 때 우리 신랑 예수님을 사랑하고 감사하는 마음만이 충만해야 한다.

제30주일(제80-82문)
제단이 아니라 식탁인 성찬

제80문 주의 만찬과 로마교회의 미사는 어떻게 다릅니까?

답 주의 만찬은 첫째, 예수 그리스도께서 친히 십자가 위에서 단번에 이루신 유일한 제사에 의해 우리의 모든 죄가 완전히 사해졌음을 확증합니다. 둘째, 성령에 의해 우리는 그

---

280) L. D. Bierma, *The Covenant Theology of Caspar Olevianus* (Grand Rapids: RHB, 2005), 120-21.

리스도에게 연합되었으며, 그분의 참된 몸은 지금 하늘에 있고 하나님 우편에서 우리의 경배를 받으심을 확증합니다. 그러나 미사는 첫째, 그리스도가 산 자들이나 죽은 자들을 위해서 사제들에 의해 지금도 매일 드려지지 않으면, 그리스도의 고난에 의해서는 그들이 죄 사함을 받지 못한다고 가르칩니다. 둘째, 그리스도는 떡과 포도주의 형체 속에서 몸으로 존재하기 때문에 그 속에서 경배를 받아야 한다고 가르칩니다. 그러므로 미사는 근본적으로 예수 그리스도의 단번의 제사와 고난을 부인하는 것이며, 저주를 받을 우상숭배입니다.

해설 ▶ 성찬은 유월절 어린양이신 예수님께서 영 단번(once and for all)에 완성하신 구원의 은혜를 자기 신부들에게 베푸시는 만찬이다. 그러므로 우리는 이 식사 교제에 초대받아, 성찬의 주님이 주시는 영의 양식을 받아먹는다. 이 사실을 사사기 20-21장을 통해서 확인해 보자. 하나님은 자신의 타락한 백성 중에서라도 남은 자를 은혜 가운데 보존하신다(삿 20:7, 17). 그리고 그 남은 자들도 죽어야 마땅하지만, 번제와 화목제로 대속하시고 평화를 주신다(삿 21:4, 13). 범죄로써 마땅히 죽고 언약의 교제에서 제외되어야만 했던 죄인들은 예수 그리스도의 번제물과 화목제물 되심으로 구원과 평화를 받았다. 하나님은 아담에게 하와라는 신부를 주셨고, 베냐민 지파의 남은 자들 600명에게 처녀를 아내로 주셨다(삿 21:12, 23). 그것도 실로 즉 '평화를 가지고 오는 자'라는 뜻의 장소에서 아내를 주신다(삿 21:19). 마찬가지로 붉은 포도의 수확(삿 21:21) 즉 성만찬을 통해서 아버지 하나님은 예수 그리스도께서 우리의 구주요 신랑이심을 확인시켜 주신다. 구원이란 죄악으로 죽은 우리가 평화를 가지고 오시는(창 49:10) 예수님의 대속으로 그분의 신부가 되어 새롭게 성을 짓고 살게 되는 것이다(삿 21:23). 사죄의 은혜를 받아 성찬에 참여하는 성도는 죄를 범한 형제자매가 공동체에서 떨어져 나가지 않도록 용서하며 살아야 한다(마 6:12; 18:22).

천주교가 화체설을 따라 미사를 진행하면서, 떡과 포도주가 예수님의 살과 피로 변하게 된다고 주장한다면, 거기에 참여한 사람들은 다시 제사를 드리고 만다.281) 왜냐하면 화체설은 승천하신 예수님의 몸을 이 땅으로 내려오게 만들려는 미신적 관행이기 때문이다.282) 천주교에 따르면, 신부는 예수님의 살로 바뀐 떡을 앞뒤로 흔들어서 하나님 아버지께 제물로 드리는 표시를 하는데, 이것은 영단번의 속죄를 무시하는 처사이며, 떡과 포도주를 우상으로 숭배하는 행위이다(제네바 교리문답 349, 355). 성찬은 주님이 베푸신 식탁이지, 다시 제사를 드리는 번제단이 아니다.

제75-82문의 '성찬론'은 HC 초판에서 두 번의 개정을 거쳐 공인본문(textus receptus)으로 확정되는 과정에 변경되었다. 초판의 제79문과 제80문 사이에 추가된 새로운 질문은 우리에게 알려진 80문("주님의 성찬과 교황적인 미사 사이에 있는 차이는 무엇입니까?")이다. 이 문답 뒤에는 독자에게 양해를 구하는 이런 문구가 새겨져 있다. "그리스도인 독자들에게. 초판에서, 특히 폴리오 55에서와 같이, 간과된 것은 선제후의 은혜로운 명령에 따라 바로 이곳에 첨가되었습니다."283) 이런 추가는 프레드리히 3세가 화체설을 재확인한 트렌트회의(1545-1563)에 대응한 것이다. 다시 말해, 1562년

---

281) 김헌수, 『하이델베르크 교리문답 강해 II』, 364.
282) '미사'(missa)는 고대교회에서 예배가 마치면 "끝났으니(missa) 돌아가시오"라고 세례를 받지 못한 아이들과 같은 회중에게 말한 관습에서 나왔다. 김헌수, 『하이델베르크 교리문답 강해 II』, 366.
283) 이 단락은 황대우, "하이델베르크 신앙교육서에 나타난 성찬론," 254에서 요약.

9월의 제22차 트렌트회의는 미사를 거부하는 자에게 저주를 선언했기에, HC 80문은 미사를 저주받을 우상숭배라고 맞받아쳤다.

1546년 4월 5일에 열린 제4차 트렌트회의에서 천주교의 교리문답서를 먼저 라틴어로, 그다음 여러 모국어로 번역하여 어린이와 교육을 받지 못한 성인을 위해 활용할 것을 결정했다. 그러나 긴급 현안들을 다루다가 1562년 2월 26일의 제18차 트렌트회의에서 대주교 Carlo Borromeo에 의해 천주교 교리문답서 작성을 다시 결정했다. 이런 결정이 있기 전에 예수회 소속 Petrus Canisius가 작성한 교리문답서가 있었지만, 천주교에 널리 활용되지 못했다.284)

적용 ▶ 예수님의 십자가는 영원한 속죄를 성취한 마지막 제단이다. 그러므로 신약의 그리스도인은 더 이상 제단을 쌓을 필요가 없다. 우리는 예수님의 대속의 공로를 믿고 예배하며 기도할 뿐이다.

제81문 누가 주님의 상에 참여할 수 있습니까?

답 자기의 죄 때문에 자신에 대해 참으로 슬퍼하는 사람, 그러나 그리스도의 고난과 죽음에 의해 자신의 죄가 사하여지고 남아있는 연약성도 가려졌음을 믿는 사람, 또한 자신의 믿음이 더욱 강하여지고 돌이킨 삶을 살기를 간절히 소원하는 사람이 참여할 것입니다. 그러나 외식(外飾)하거나 회개하지 않는 사람이 참여하는 것은 자기가 받을 심판을 먹고 마시는 것입니다.

해설 ▶ 천국은 결혼잔치를 베푼 왕과 같다(마 22:2). 왕이신 하나

---

284) Van Alten, "From Reformation to Counter-Reformation to Further Reformation," 3.

님께서 베푸신 혼인잔치에 초대받은 사람은 합당한 예복을 갖추어야 한다(마 22:12; 계 19:8; 21:8). 그리스도인이 성찬에 참여하려면, 구주 예수님의 대속을 믿고 범죄한 자신의 모습을 보면서 슬퍼하고 회개해야 한다. 성찬에 참여하기 전에 회개하여 삶을 바로 잡는 것은 성찬의 식탁으로 초대하신 주 예수님을 의지하는 것이다. 예수님의 몸을 분별하지 않고 먹고 마신다면, 자신이 받을 형벌을 먹고 마시는 것이다(고전 11:29). 고린도교회의 일부 교인은 성찬을 무시하다가 질병에 걸리고 죽기까지 했다(고전 11:29-30). 참고로 고린도교회가 주일 저녁 예배 중에 성찬에 앞서 나눈 애찬(愛餐)에서 문제가 발생했기에, 그런 시장한 사람은 각자 집에서 먹고 예배당에 와야 했다(고전 11:34).

적용 ▶ 성찬에 참여하기 전에 분별해야 할 '주님의 몸'($\tau\grave{o}$ $\sigma\tilde{\omega}\mu\alpha$, 토소마, 고전 11:29)은 은유적으로 예수님의 몸 된 교회(고전 12:13) 혹은 교회공동체 안에 현존하시는 그리스도인가?(큄멜, 보른캄, 케제만, 피이, 호렐, 헤이즈, 머피-오코너). 아니면 그리스도께서 자신의 몸과 피를 십자가에서 제물로 드려 성취하신 대속의 은혜인가?(마샬, 호피우스, 씨슬튼, 쉬라게, 볼프, 파사코스). 후자가 자연스러운데, 예수님이 실제 몸으로 대속을 위해 죽으셨으므로 그것을 믿는 사람은 예수님의 몸인 교회의 지체가 되어 서로 차별하지 말고 사랑해야 한다.[285] 그런데 공적 고백 곧 입교하지 않은 어린이나 초신자가 주님의 대속과 성찬의 의미를 제대로 파악하거나 믿지 못하지만, 주님의 몸 된 교회공동체만 알아도 유아 성찬이 가능하다고 주장하

---

285) D. E. Garland, *1 Corinthians*, BECNT (Grand Rapids: Bakers, 2003), 552-53; D. A. Carson (ed), 『성경신학 스터디 바이블』, *NIV Biblical Theology Study Bible*, 박세혁 외 역 (서울: 복 있는 사람, 2021), 2285.

는 우를 주의해야 한다(참고. 미국 CRC의 유아에게 열린 성찬).

제82문 자신의 고백과 생활에서 믿지 않음과 경건치 않음을 드러내는 자에게도 이 성찬이 허용됩니까?

답 아닙니다. 그렇게 되면 하나님의 언약이 더럽혀져서 하나님의 진노가 모든 회중에게 내릴 것입니다. 그러므로 그리스도와 그분의 사도의 명령에 따라, 그리스도의 교회는 천국의 열쇠를 사용하여 그러한 자들이 생활을 돌이킬 때까지 성찬에서 제외시킬 의무가 있습니다.

해설 ▶ 성찬으로 우리는 구주 예수님과 연합할 뿐 아니라, 세례를 받은 형제자매들과도 연합한다. 시벌 중에 있는 사람은 성찬에 참여할 수 없다. 따라서 교회의 근육과 같은 권징(勸懲)은 장로교회에서 당회의 역할인데, 공동체의 성찬을 보호하기 위함이다(마 18: 15-18).

적용 ▶ 개혁교회는 1년에 4회 정도 성찬을 시행하는데, HC가 작성될 당시 팔츠 교회들도 비슷했다. 성찬 이전 주간에 개혁교회 장로는 구역원을 심방한다.

제31주일(제83-85문)
천국의 두 가지 열쇠

제83문 천국의 열쇠는 무엇입니까?

답 거룩한 복음의 강설(講說)과 교회의 권징인데, 이 두 가지를 통하여 믿는 자에게 천국이 열리고 믿지 않는 자에게는 닫힙니다.

해설 ▶ 천국의 첫째 열쇠는 복음을 강설함으로써 천국 안으로 초대하는 것이다(마 16:19; 참고. 마 23:13). 천국의 둘째 열쇠는 권징을 통해 밖으로 잠시 내보는 것이다(마 18:18). 하나님의 참 자녀는 사생자가 아니므로 범죄에 대한 징계를 받는다(히 12:6-9). 징계를 통해 거룩해지고 하나님께 더 순종할 수 있다.

루터에게 있어 설교의 과업은 하나님의 임박한 심판 때문에 공포와 고뇌에 빠져 공격당하는 양심을 반복하여 위로하는 것이다. 공격받은 양심은 율법의 음성을 듣지만, 선한 양심은 그리스도를 올바로 신뢰함으로써 복음을 듣고 확립된다. 사탄과의 영적 싸움에서 무기와 같은 설교가 제공하는 이 위로는 그리스도 안에 나타난 하나님의 은혜로운 판결을 반복하여 안전하고 확신하도록 만드는 것이다. 따라서 설교의 주요 과업은 사탄이 지속적으로 뿌려놓은 혼동을 거두어 내는 것이다. 이를 위해서 율법과 은혜를 올바르게 구분하여, 사람과 상황에 적절하게 적용하는 것이 필요하다. 이 작업은 설교자 편에서는 분별력을 요청하는데, 성령님의 인도와 역사가 필요하다. 신랑 예수님과의 연합과 은덕을 공유함을 담은 복음 설교는 신부 교회로 하여금 감사와 사랑과 헌신이 솟아나도록 만든다. 죄책감에 물든 양심에게 사랑과 믿음과 소망의 복음 설교가 선포되면, 영적 전투력이 상승할 것이다.[286)]

적용 ▶ 성경을 읽거나 설교를 들음으로 주어지는 권징도 겸허히 수

---

286) 참고. P. Toso, "Luther's Theology of the Cross in Preaching and as Spiritual Warfare," *Logia* 9/3 (2000), 18-19, 26.

용하자(딤후 3:16). 참고로 루터가 밝히는 말씀하시는 하나님의 도구인 훌륭한 설교자의 열 가지 자질은 다음과 같다. (1) 잘 가르침, (2) 명석한 두뇌, (3) 말을 잘함, (4) 좋은 목소리, (5) 좋은 기억력, (6) 너무 장시간 설교하지 말고 마칠 때를 앎,[287] (7) 신념이 있고 부지런함, (8) 설교로써 돈을 벌지 않고, 생명과 재물과 명예를 헌신하겠다는 각오, (9) 만인의 조롱을 감내함, (10) 조롱을 인내함.[288]

제84문 거룩한 복음의 강설을 통하여 어떻게 천국이 열리고 닫힙니까?

답 그리스도의 명령에 따라, 하나님께서 그리스도의 공로 때문에 사람들이 참된 믿음으로 복음의 약속을 받아들일 때마다 참으로 그들의 모든 죄를 사하신다는 사실이 신자들 전체나 개개인에게 선포되고 공적으로 증언될 때, 천국이 열립니다. 반대로 그들이 돌이키지 않는 한 하나님의 진노와 영원한 정죄가 그들 위에 머문다는 사실이 모든 믿지 않는 자와 외식하는 자에게 선포되고 공적으로 증언될 때, 천국이 닫힙니다. 이러한 복음의 증언에 따라서 하나님께서는 이 세상에서와 장차 올 세상에서 심판하실 것입니다.

---

287) "설교자가 청중을 불필요하게 괴롭게 하거나 길고 지루한 설교로 붙들어 두는 것은 옳지 않다. 말씀을 듣는 일의 즐거움을 앗아가 버리면 결국 그 해가 설교자 자신에게 돌아오게 될 것이다." M. Luther, 『탁상담화』, *Table Talk*, 이길상 역 (서울: 크리스챤 다이제스트, 2005), 266-67.

288) Luther, 『탁상담화』, 9. 참고로 루터 당시에 성인의 영웅담이나 교부의 묵상집을 읽고 도덕적으로 설교한 것이 관례였다. 루터는 본문을 벗어난 설교를 다음과 같이 비판한다. "설교자는 본문에서 벗어나지 않고 자기 앞에 있는 본문에 주목하여 그것을 청중에게 이해시키도록 해야 한다. 입에서 나오는 대로 지껄이는 설교자는 마치 시장에 간 어떤 여인과 같다. 그녀는 다른 여인을 만나서 멈춰 서서 잠시 수다를 떨고, 또 다른 여인을 만나 말하고 계속 이야기만 하고 있으니 시장에 늦게 도착할 수밖에 없다. 본문을 떠나서 헤매고 있는 설교자도 꼭 이와 같다." 김주한, "마르틴 루터의 설교신학 이해: 그의 초기 설교들 (1513-1522)을 중심으로," 『대학과 선교』 17 (2009), 47에서 재인용.

해설 ➡ 사도 베드로는 복음을 통하여 하나님의 뜻을 분별하여 선포하는 사역을 통해 천국 열쇠를 활용함으로써, 이미 임한 하나님 나라의 청지기로서 선교적 사명을 감당해야 했다(마 16:19; 참고, 욥 38:31; 막 3:27).[289]

예수 그리스도는 하나님 나라이시다(행 28:23, 31). 설교자가 천국으로 가는 유일한 길인 구주 예수님의 복음을 공적으로 설교하면, 믿음으로 받아들여 죄 사함을 통해 천국의 문이 열린다.[290] 그러나 그 선포된 복음을 거부하면 천국 문이 닫히고 정죄와 진노를 받는다(고후 2:16). 예수님은 다윗의 열쇠를 가지고 천국 문을 열고 닫으신다(계 3:7). 히스기야 왕을 도운 총리급 엘리아김은 다윗 집의 열쇠를 가지고 있었다(사 22:22). 사망과 음부의 권세들을 가지고 계신 예수님은 다윗의 후손으로서 다윗의 왕조를 천국으로 성취하신다(계 1:18).

적용 ➡ 천국의 문이 열리는 복음 강설 시간에, 개인 용무를 위해 휴대폰을 사용하는 것은 천국 문을 닫아버리고 휴대폰을 사탄의 도구로 전락시키는 것이다. 그렇다면 회중은 어떤 자세로 설교를 경청해야 하는가? 평소에 말씀을 묵상하고 말씀을 따라 사는 훈련을 하고, 설교자를 위해 기도하고, 설교자와 화목하며, 토요일에 그다음 날 주일 설교 본문을 미리 읽고 자신을 위해서 기도하고, 예배와 강설 중에 졸지 않기 위해 토요일에 잠을 일찍 자고(WSC 90; WLC 160), 설교를 하나님의 말씀으로 여기고 성령의 조명과 유익을 기대하며 겸손히 이해하기를 애쓰며 경청해야 한다.[291]

---

289) G. R. Osborne, *Matthew*, ZECNT (Grand Rapids: Zondervan, 2010), 628-29.
290) Van Bruggen, 『하이델베르크 요리문답 해설』, 373.

개혁교회는 전도를 위해 불신자를 초청하는 전도 주일을 거의 지키지 않는다. 하지만 이런 소극적인 선교보다는 교회는 불신자들이 공적 예배에 참석하여 복음을 듣고 믿는 기회를 만들어야 한다.

제85문 교회의 권징을 통해서 어떻게 천국이 닫히고 열립니까?

답 그리스도의 명령에 따라, 그리스도인의 이름을 가진 자가 교리나 생활에서 그리스도인답지 않을 경우, 먼저 형제로서 거듭 권고할 것입니다. 그렇지만 자신의 오류와 악행에서 돌이키기를 거부한다면, 그 사실을 교회 곧 치리회(治理會)에 보고해야 합니다. 그들이 교회의 권고를 듣고도 돌이키지 않으면, 성례에 참여함을 금하여 성도의 사귐 밖에 두어야 하며, 하나님께서도 친히 그들을 그리스도의 나라에서 제외시킬 것입니다. 그러나 그들이 참으로 돌이키기를 약속하고 증명한다면, 그들을 그리스도의 지체와 교회의 회원으로 다시 받아들입니다.

해설 ▷ 교회가 범죄 중에 빠진 교인을 개인적인 권고와 두 세 증인의 권고라는 절차를 따라 권면한 후에 효과가 없으면, 공적으로 치리회가 기도하며 조사한 후에 권징해야 한다(마 18:15-17). 교회의 이러한 정당한 권징은 하나님의 승인을 얻는 것이다(마 18:18). 권징은 회중에서 시작되고, 회중이 신실하지 않으며 권징은 시행될 수 없고, 권징이 해이해지면 교회가 무너지기 시작한다.[292] 참고로 세례와 입교 시에 교회의 치리에 순종할 것을 문답한다. 물론 세례를 받지 않은 사람도 권징의 대상이다.

---

291) 손재익, 『설교, 어떻게 들을 것인가?』 (서울: 좋은씨앗, 2018), 118-70.
292) Van Bruggen, 『하이델베르크 요리문답 해설』, 374.

교회의 순수성과 생활의 경건을 계속 파괴하다가 권징을 받는 사람은 성찬에서 제외된다(참고. 도르트교회법 72조). 권징의 기간 안에 그 사람의 삶에 회개의 징표가 있으면, 공동체 안으로 다시 들어온다. 이 세상에서 권징을 거부하는 사람은 영원한 천국에서도 제외될 것이다(계 21:8; 22:15).

권징은 사탄에게 넘겨주는 것($\pi\alpha\rho\alpha\delta o\tilde{u}\nu\alpha\iota\ \tau\tilde{\omega}\ \sigma\alpha\tau\alpha\nu\alpha$, 파라두나이 토 사타나)인데, 징계를 받은 사람의 몸(옛 사람의 죄성)은 멸망 당하고 영을 주님의 날에 구원하시기 위한 수단이다(고전 5:5).[293] 디모데가 목회한 에베소교회의 후메네오와 알렉산더는 하나님을 모독하지 못하도록 사탄에게 넘겨져 징계를 받았다(딤전 1:20). 여기서 하나님의 사역의 도구로 활용된 '사탄에게 넘겨지는 것'은 사탄의 미혹을 받아 범죄한 자들이 겪게 된 일정 기간의 질병과 같은 고난을 가리킬 수 있으며, 궁극적으로는 교회가 시행하는 징계나 교회밖의 '사탄의 영역'으로 내쫓는 출교를 가리킨다(행 5:1-11; 고전 1:30-31; 고후 12:7; 딤전 4:1; 5:15; 딤후 2:26; 딛 3:10).[294] 출교는 회개를 위한 최후의 교정 수단이다.[295] 거룩한 교회공동체 안에 죄가 퍼지지 않도록 천국 열쇠를 적절히 활용해야 한다.

적용 ▶ 교회는 이단에 빠진 자들을 예수님의 관점을 통해 권징해야한다(계 2:16). 공평한 권징의 시행은 교회의 진리와 거룩함을 보존한다. 그리고 투명한 권징을 위해 교인이명증도 중요하다. 도르트교회질서 82조는 당회의 조언으로 이명하려는 성도의 행실에 대한 증명서를 교회직인과 함께 제공해야 하며, 교회직인이 없을 경우 두사람의 날인이 필요하다고 설명한다.

---

293) C. L. Blomberg, *1 Corinthians* (Grand Rapids: Zondervan, 1994), 105-106.
294) W. D. Mounce, *Pastoral Epistles* (Nashville: Thomas Nelson, 2000), 68-69.
295) Van Bruggen, 『하이델베르크 요리문답 해설』, 371.

제32주일(제86-87문)

은혜로 회복된 하나님의 형상과 선행

제86문 우리의 공로가 조금도 없이 그리스도로 말미암아 오직 은혜로 우리의 죄와 비참으로부터 구원받았는데, 우리는 왜 또한 선을 반드시 행해야 합니까?

답 그리스도께서 자신의 보혈로 우리를 구속(救贖)하셨을 뿐 아니라 그분의 성령으로 우리를 새롭게 하여 자신의 형상을 닮게 하시기 때문입니다. 이것은 우리가 모든 삶으로써 하나님의 은덕에 감사하고 하나님께서 우리를 통해 찬양 받으시기 위함이며, 또한 우리 각 사람이 그 열매로써 자신의 믿음에 확신을 얻고, 경건한 삶으로써 다른 사람을 그리스도에게 인도하기 위함입니다.

해설 ▣ 제3부 감사에 속한 86-91문의 '선행'이란 하나님의 은혜에 대한 감사의 표시이자 중생의 필연적인 열매이고 우리의 믿음을 증거하는 열매이다. HC는 선행으로 구원받는다고 말하지 않으므로 자력구원관(autosoterism)을 거부한다. 하지만 선행 없는 구원이란 있을 수 없다. 도덕과 선행은 구원을 담은 보석 상자를 개봉할 수 없지만, 그 보석함이 하나님의 은혜로 주어졌음을 선포한다.[296] HC에서 감사의 선행은 첫째 자리에 위치하지 않고, 비참과 구원을 뒤따르는 셋째 항목이다. 그러므로 감사 자체가 구원과 천국의 문을 열수 없다. 하지만 성도의 선행 안에 선하신 하나님의 속성과 목적이

---

296) H. Stob, "The Heidelberg Catechism in Moral Perspective," *Reformed Journal* 13/8 (1963), 6.

드러난다.297)

천주교는 이신칭의 교리가 선행의 가치를 약화시킨다고 비판한다. 그러나 개신교회는 천주교와 달리 선행이 아니라 은혜로 구원을 받는다고 믿는다(엡 2:8). 하지만 선행이 동반되지 않는 구원은 없고, 거룩한 삶과 감사가 없는 사람은 주님을 뵈올 수 없다(히 12:14; 계 21:27). 그리스도인은 예수 그리스도로 말미암아 의의 열매들이 가득하여 하나님의 영광과 찬송이 되도록 힘써야 한다(고전 10:31; 빌 1:11). 이를 위해, 성도는 예수 그리스도를 본받고 하나님의 성품에 참여함으로써 소망 중에 믿음으로 사랑을 실천해야 한다(엡 5:1-2; 살전 1:3; 벧전 2:21-24; 벧후 1:5-11).298) 중생한 성도는 죄악에 빠져 성령님께서 근심하지 않도록 항상 두렵고 떨림으로 구원을 이루어 가야 한다(빌 2:12). 그리고 중생한 성도는 선행을 통해 하나님의 구원의 은혜에 보답하고, 하나님의 성품과 구원을 거울처럼 비춰야 한다.299) 우리가 믿고 구원과 영생을 받은 것으로 신앙생활이 끝난다면 영적 공허에 빠질 것이다. 마치 화려한 무대 공연이 끝난 후 빈 객석을 보고 허탈해하는 배우처럼 말이다. 그러나 성도는 구원받은 후 하나님의 영광을 위하여 살아야 하는 더 큰 인생의 목적이 남아있다. 그것은 선행으로 하나님께 영광과 찬양을 드리는 것이다.

그리고 감사라는 동기에서 나오는 선행은 성도 자신의 믿음을 강화한다. 그리스도인이 하나님을 사랑하며 그분의 성품을 기꺼이 닮아간다면, 하나님의 택함과 부르심을 더 확실하게 만들 수 있다(벧

---

297) Stob, "The Heidelberg Catechism in Moral Perspective," 7.
298) J. Vanderkemp, *Heidelberg Catechism*, Volume 2, trans. by J. M. Harlingen (Grand Rapids: RHB, 1997), 168-69.
299) Stob, "The Heidelberg Catechism in Moral Perspective," 8.

후 1:10). 또한 세상 속에 빛의 자녀로 파송된 그리스도인이 수행하는 선행이라는 감사의 열매는 불신자에게 감동과 영향을 주어 그들을 전도한다(마 5:16; 빌 2:15; 딛 2:14; 벧전 2:9; 3:1, 16). 다시 말해, 선행은 믿음으로써 말씀의 원칙에 입각하여 성령의 도움으로써 살되, 이웃의 유익을 도모하여 그들을 그리스도에게 인도하고 하나님께 영광을 드리는 것을 목적으로 삼는다.300) 성부께서는 예정하신 죄인들에게 사죄의 은총을 주실 뿐 아니라, 성령을 통하여 우리를 갱신시키시고 거룩하게 살도록 하신다(제네바 신앙고백 126). 중생한 성도는 이기주의나 개인주의를 멀리하고 선행으로써 남을 섬겨 선교해야 한다.

그리스도인은 특히 교회와 사회의 약자를 위하여 선을 실천해야 한다.301) 예수님께 접붙여진 좋은 나무는 성령 충만하여 선한 열매를 맺는다(요 15; 갈 5:18-23). 택정 받은 사람은 구원을 선물로 받아 선을 행하고 하나님과 이웃을 섬기도록 창조되었기에, 선을 행하지 않는 사람은 비정상이다.302) 도르트신경 제13항 '선택의 확신의 가치'는 다음과 같이 예정의 은혜가 성도의 선행과 직결됨을 설명한다.

> 이러한 선택을 깨달아 알고 확신하는 것은 하나님의 자녀들로
> 하여금 매일 하나님 앞에서 겸손하게 하고, 하나님의 헤아릴 수
> 없이 깊은 자비하심을 찬양하게 하고, 자신들을 깨끗하게 하고,
> 그들에게 먼저 그토록 큰 사랑을 보여주신 하나님께 뜨거운 사
> 랑으로 감사하게 하는 더 큰 동기가 된다. 따라서 선택 교리를

---

300) 김성애, "하이델베르크요리문답의 선행 이해: 사회적 약자를 중심으로," 『신앙과 학문』 22/3 (2017), 37-45. 참고로 그리스도인의 열정적인 선행은 미지근한 성도를 일깨워 뜨겁게 만드는 유익도 있다(고후 9:2). Vanderkemp, *Heidelberg Catechism*, Volume 2, 161.
301) 김성애, "하이델베르크요리문답의 선행 이해," 46-52.
302) Van Bruggen, 『하이델베르크 요리문답 해설』, 395.

가르치고 묵상하는 일이 하나님의 자녀로 하여금 하나님의 계명에 순종하는 데 해이하게 하거나 육적인 자기 과신에 빠지게 한다고 말할 수 없다. 하나님의 계명에 순종하는 데 해이하게 하거나 육적인 자기 과신에 빠지게 하는 일은 흔히, 하나님의 공의로우신 심판에 따라, 분별없이 선택의 은혜를 받았다고 여기거나, 택함받은 사람들이 걷는 길을 가려 하지 않고 선택의 은혜를 무익하고 뻔뻔하게 이야기하는 사람들에게 일어난다.303)

그리스도인의 감사 생활을 다루는 HC 86문의 내용은 62-64문에서 이미 나타났다. 사람의 어떤 행동도 불완전하기에 하나님 앞에 의로움이나 상을 받을 이유가 될 수 없다. 예수님께 접붙임을 받아 영생을 얻은 사람이라면 믿음으로써 선행을 통해 주님께 감사해야 한다. "이 사실은 개혁파 신앙인에게는 그의 전체 삶이 모든 언사(言事)에 있어서 삶의 갱신의 계명 하에 놓여 있음을 의미한다."304)

HC 8문은 사람이 거듭나야만 선행이 가능하다고 설명하고, 86문은 모든 그리스도인의 선행과 예수님을 닮은 경건한 삶은 선교를 위한 것이라고 밝힌다. 그런 선교 선행은 주기도(主祈禱)가 가르치듯이 하나님 백성의 십계명의 요약인 사랑을 실천하는 것이다.305) 성부는 자신의 독생자를 내어주시기까지 죄인을 사랑하셨는데, 그런 하나님을 닮은 성도는 자신을 이웃과 원수에게까지 내어줌으로써 사랑의 공동체를 이루기를 힘써야 한다.306)

---

303) 이것은 정찬도·문지환, 『코르트 베흐립』, 205-206의 번역이다.
304) 한상진, "하이델베르크 신앙교육서에 나타난 칼빈주의 교육," 23. 물론 그리스도인의 선행을 위해서는 옷차림과 자세와 말도 중요하다. Vanderkemp, *Heidelberg Catechism*, Volume 2, 165.
305) F. H. Klooster, "Missions: The Heidelberg Catechism and Calvin," *Calvin Theological Journal* 7/2 (1972), 203.

참고로 우르시누스는 선교의 도구인 선행을 신약의 몇몇 구절을 통해 간략히 설명한다(눅 22:32; 롬 6; 8:1-16; 14:19; 벧전 3:1).[307] 하지만 HC 82문에서 관련 성경의 암시와 메아리는 적지 않다.

적용 ▶ 성도가 감사의 못을 하나씩 박는 훈련을 잘 감당한다면, 범사에 감사할 수 있을 것이다. 피상적인 감사와 도매금 감사는 효력이 없는 금물이다. 현대 교회는 탈기독교 시대에 선행이 선교를 수행하는 도구임을 반드시 기억해야 한다. 그 누구도 자신을 변화시킨 분의 능력 그리고 자신이 살지 않는 삶의 패턴을 선교적 실천으로써 증언할 수 없다.[308]

HC가 작성될 16세기 중순 무렵에, 독일의 루터파와 스위스의 개혁파교회가 해외선교를 수행하는 데 있어 두 걸림돌은 동쪽의 이슬람 세력 그리고 서쪽 및 해외에 진출한 스페인과 포르투갈 그리고 프랑스가 주축이 된 천주교 세력이었다.[309] 그럼에도 제네바교회는 천주교 신앙에 물든 명목상 교인들을 개종 및 교화시키는 선교 사역에 집중했을 뿐 아니라, 브라질 선교와 같은 해외선교와 인근 국가들에 개혁파 사역자들을 많이 파송했다.[310] 개혁파는 선교를 하나님을 알지 못하는 지역과 영역에 구주 예수 그리스도의 통치를 확장하는 기회로 여겼다.

---

306) Stob, "The Heidelberg Catechism in Moral Perspective," 9.
307) Z. Ursinus, 『하이델베르크 요리문답해설』, *The Commentary of Dr. Zacharias Ursinus on the Heidelberg Catechism*, 원광연 역 (서울: 크리스챤다이제스트, 2006), 740.
308) Stob, "The Heidelberg Catechism in Moral Perspective," 8.
309) HC는 16세기에는 공통언어였던 라틴어(1563년 2월)를 비롯하여 히브리어, 그리스어, 영어, 불어, 화란어, 이태리어, 헝가리어, 폴란드어 등 11개 국어로, 그리고 17세기에는 스페인어, 포르투갈어, 말레이어, 자바어 등으로 번역되었는데, 다름 아니라 선교를 위한 목적이었다. Klooster, "Missions," 183-86, 207-208.
310) Klooster, "Missions," 187-91.

바울의 새 관점(New Perspective on Paul)은 최종 구원을 얻기 위한 인간의 순종을 강조하기에, 구원의 탈락에 대한 염려 때문에 구원의 은혜와 감사는 사라진다(살전 5:18). 이와 반대로, 구원의 확신을 가진 루터의 기도를 들어보자. "그리스도여, 나의 생명은 당신의 것입니다. 나의 죽음도 당신의 것입니다. 내가 간구하오니, 당신의 왕권을 잡게 하소서. 당신이 죽으실 때 왜 그렇게도 심한 고통을 받았습니까? 내가 당신 나라의 작은 기업이 되지 않는다면 말입니다. 왜 당신의 생명이 차디찬 무덤에 싸여 감추어졌습니까? 당신의 죽음이 몰아낸 나의 죽음이 아니라면 말입니다. 오 그리스도여, 당신은 내게 확고한 구원을 이루소서."311)

제87문 감사하지도 않고 회개하지 않는 삶을 계속 살면서 하나님께로 돌이키지 않는 사람들도 구원을 얻을 수 있습니까?

답 결코 구원을 받을 수 없습니다. 성경은 음란한 자, 우상숭배 하는 자, 간음하는 자, 도둑질 하는 자, 탐욕을 부리는 자, 술 취하는 자, 욕하는 자, 강도질하는 자나 그와 같은 죄인들은 하나님 나라를 유업으로 받지 못한다고 말씀합니다.

해설 ▶ 성령께서 성도를 이식시켜 예수님께 접붙여 주님의 은혜로운 사역과 덕에 참여하며 교제하도록 만드시기에, 그들은 선행이라는 열매를 감사함으로 그리고 필연적으로 맺을 수밖에 없다(HC 64, 86).312) 그리스도인은 예수님의 이름으로 항상 아버지 하나님께 감

---

311) Luther, 『탁상담화』, 520.
312) D. J. Smit, "Vervreemding en Gawe: Sleutelmotiewe in die Heidelbergse Kategismus?" *NGTT* 54/1-2 (2013), 14-15.

사해야 한다(엡 5:20). 구주 예수님과 올바른 관계를 맺어야만, 올바른 감사를 드릴 수 있다.313) 회개하지 않고 지속적으로 음행, 우상, 도둑질, 탐욕, 술 취함, 강도질에 빠진 자는 구원을 얻지 못한다(고전 6:9-10; 계 21:8; 22:15). 회개하지 않고 지속적으로 범죄한다면 죄를 없애러 오신 예수님의 구원 사역을 불신하는 것이다(요일 3:4-10).314) 중생 이전의 범죄가 예수님의 대속과 성령의 중생케 하시는 은혜로 용서를 받았다면, 중생 이후의 범죄도 회개하며 거룩하고 의로운 생활로써 은혜에 보답해야 한다(고후 6:11).

적용 ▶ 미국 PCUSA는 HC의 87문의 1967년판 영어 번역과 해설을 최근에 수정했다. 수정한 이유는 HC 450주년을 기념하려는 데 있지 않고, 87문의 '동성애' 항목을 삭제하여 동성애를 신앙고백과 교리적으로 지지하기 위함이었다(고전 6:9).315)

제33주일(제88-91문)
진정한 회개와 참된 선행

제88문 사람의 진정한 회개는 무엇입니까?

답 옛 사람이 죽고 새 사람으로 사는 것입니다.

해설 ▶ 회개는 예수님의 죽으심과 합하여 세례를 받아 장사 된 사람이 새 생명 가운데 사는 것이며(롬 6:3-4), 유혹의 욕심을 따르던 옛 사람을 벗고 심령이 새롭게 되어 새 사람으로 사는 것이다(엡

---

313) 김헌수, 『하이델베르크 요리문답 강해 III』 (서울: 성약, 2010). 26.
314) Blomberg, *1 Corinthians*, 118.
315) Ottati, "Learning Theological Ethics through the Heidelberg Catechism," 139.

4:22-24). 회개의 출발점은 우리가 구주 예수님과 연합되어 새 사람이 된 것을 믿는 것이다. 예수님과 함께 십자가에 자신의 옛 사람을 못 박았다면, 예수님께서 그 사람 안에 살아계신다(갈 2:20).

'회개'(회심)는 자신의 죄를 깨닫고 슬퍼하며 미워하면서 옛 자아를 죽이고(mortification) 하나님의 자비와 은혜를 삶에 적용하여 화목 된 사람으로서 기쁨으로 열렬히 순종하면서 새 사람으로 사는 것(quickening)이다. '중생'과 '회개'와 '회심'은 서로 밀접하다(참고. WSC 35).316) 그리스도인의 회개는 평생동안 반복된다(참고. 루터의 95개 반박문의 제1문). 중생 때에 사죄의 큰 은총이 임했듯이, 범죄하는 그리스도인의 일상에도 동일한 큰 은혜가 필요하다. 이 사실은 BC 29조에서 확인할 수 있다. 이 29조는 참 그리스도인이 표지를 다루는데, 죄를 멀리하고 의를 추구하며 하나님과 이웃을 사랑하는 사람이라고 규정한다. 그다음 그리스도인은 예수님을 믿어 죄 사함을 얻은 후에, 주님의 보혈과 고난과 죽음과 순종에 끊임없이 호소해야 한다고 설명한다(롬 7:24-25; 요일 1:7-9).

우르시누스는 '회심'이 그리스도인을 이 세상에서는 완전하게 바꿀 수는 없지만, 회심의 열매들은 사랑, 순종, 선행, 그리고 전도라고 설명한다(참고. 기독교강요 3.3.9).317) 성령의 역사로써 은혜로 주어지는 진정한 회심이 맺는 이런 성화의 열매들은 구원의 증거이다. 회개가 원인이라면 삶의 변화라는 선행은 뒤따르는 결과이다(참고. 스 10:3). 이런 열매와 결과가 없다면 진정한 회개가 아니다. 가룟 유다는 죄책감을 느꼈지만, 자살로 생을 마감했다(마 27:3-5). 죄책감을 느끼며 자책하는 것은 참된 회개가 아니다.

---

316) 김홍만, "하이델베르크 요리문답서와 웨스트민스터 소요리문답서의 비교," 13.
317) 김홍만, "하이델베르크 요리문답서와 웨스트민스터 소요리문답서의 비교," 14.

HC 88-90문은 옛 사람과 죄 죽이기와 더욱더 예수 그리스도와 연합되어 성령을 의존하며 충만한 은혜를 자각하면서 제자도를 실천하며 살기를 강조하는데, 구약(십계명)과 신약의 가르침을 잘 반영한다(롬 6:11; 13:12; 15:13; 고후 12:9; 갈 5:22-23; 골 3:5-9).318)

적용 ▶ 참된 회개가 아닌 경우는 러시아의 문호 안톤 체호프의 단편소설 '하급 관리인의 죽음'이 좋은 예이다. 참된 회개는 삶의 변화와 사죄의 은총을 향유함으로 완성된다.

제89문 옛 사람이 죽는다는 것은 무엇입니까?

답 하나님을 진노케 한 우리의 죄를 마음으로 슬퍼하고 더욱더 미워하고 피하는 것입니다.

해설 ▶ 옛 사람이 살아있을 때는 죄를 미워하지 않고, 죄가 하나님의 진노를 초래하는 무서운 것임도 간과한다. 죄악으로 물든 옛 본성을 죽이는 사람은 죄가 하나님의 진노를 초래한다는 사실을 항상 기억해야 한다(고후 7:11). 사람의 눈을 의식하여 겉으로만 범죄하지 않으려 애쓰고 정작 마음이 더러운 상태에 빠져있다면 결코 옛 사람을 죽일 수 없다. 그리고 옛 사람을 죽이기 위해서 죄를 피해야 한다. 그리고 범죄의 가능성을 인지하고 유혹을 피해야 한다. 요셉은 바로 왕의 친위대장인 보디발의 아내의 유혹을 받았을 때, 그녀와 함께 있지도 아니했다(창 39:10).

적용 ▶ 죄와 맞서는 경우와 피하는 경우를 지혜롭게 분별해야 한다.

---

318) A. van de Beek, "Mortificatie en Vivificatie in de Heidelbergse Catechismus," *In die Skriflig* 49/1 (2015), 4-5, 8.

제90문 새 사람으로 다시 사는 것은 무엇입니까?

답   그리스도로 말미암아 하나님 안에서 마음으로 즐거워하고, 하나님의 뜻에 따라 모든 선을 행하며 사는 것을 사랑하고 기뻐하는 것입니다.

해설 ▶ 새 사람은 마음이 변화된 사람이다(롬 12:2; 참고. 욜 2:12-14). 새 사람의 마음은 항상 곧 모든 형편에서 기뻐하려 노력한다(살전 5:16). 그리스도인이 기뻐하는 공간은 주님 안이다(눅 1:46; 빌 4:4, 10). 마음이 변화되어 회개하는 새 사람은 하나님의 말씀에 나타난 주님의 뜻을 실천하는 것을 좋아한다(시 119:106; 골 3:7-10). 하나님의 증거 곧 말씀을 기업으로 삼는 사람은 마음에 즐거움이 있다(시 119:111).

적용 ▶ 그리스도인은 중생하여 새사람이 되었지만, 여전히 죄인이다. 성도는 긴장 가운데 산다.

제91문 그런데 선행이란 무엇입니까?

답   참된 믿음으로 하나님의 율법을 따라서 그리고 그분의 영광을 위하여 행한 것만을 선행이라 하며, 우리 자신의 생각이나 사람의 계명에 근거한 것은 선행이 아닙니다.

해설 ▶ 선행의 원천은 믿음이다. 그러면 어떤 믿음인가? 예수님께서 우리를 불법에서 구원하셔서 깨끗하게 만드신 이유는 선한 일에 열심을 내는 하나님의 백성이 되게 하시기 위함을 믿는 것이다(딛 2:14). 선행의 방법은 하나님의 말씀을 실천하는 것이다. 그리고 그리스도인의 선행의 목적은 하나님의 영광이다. 바리새인처럼 남의 눈과 칭찬을 의식하여 선을 행하는 것은 위선에 지나지 않는다(마

6:6-4). 다시 말해, 자신의 명예를 드러내려는 의도로 선을 행하는 것은 회개의 열매인 참 선행이 아니다. 말씀을 실천하기를 기뻐하는 사람의 선한 양심에서는 선한 행동이 나올 수밖에 없다(벧전 3:16). 참고로 믿음(faith)은 '행위'를 의미하는 라틴어 fiendo에서 파생되었다(참고. 롬 14:23). 선행은 이신칭의 즉 회심의 필연적인 결과이자 감사의 표현일 뿐 아니라, 성도가 위선자가 아니라 참 신앙의 소유자임을 증명한다(눅 1:75).[319]

우르시누스는 HC 91문답 해설에서 선행을 우리 자신의 의견이나 관습이 아니라 (1) 하나님의 율법에 따라, (2) 하나님의 영광을 위해, 그리고 (3) 복음을 자신에게 적용시켜 참된 믿음과 선한 양심으로만 행하는 일이라고 규정한다. 따라서 HC와 우르시누스는 선행을 (1) 성경의 규범적 측면, (2) 자신이 아닌 하나님의 영광과 존귀라는 상황적 측면, 그리고 (3) 복음을 자신의 실존에 적용시킨 실존적 측면으로 규정한다.[320] 그러므로 (1) 규범적 측면에서 하나님 명령에 반하는 행위는 선행이 아니다. 또한 (2) 상황적 측면에서 행위 자체가 선도 악도 아닌 행위라 하더라도 이웃에게 해를 끼쳐 악한 결과를 초래한다면 선행이 될 수 없다. 그리고 (3) 실존적 측면에서 행위 자체가 선도 악도 아닌 경우에, 행위자의 선한 양심과 믿음의 발로가 아니라면 선행이 아니다.[321]

---

319) Olevianus, *A Firm Foundation*, 117. 참고로 우르시누스는 "선행은 구원에 필수적이다"라고 말하는데 주의했다. 왜냐하면 그 표현은 천주교를 지지하는 것으로 비칠 수 있고, 성경에 등장하지 않기 때문이다. 이경직, "하이델베르크 요리문답 해설에 나타난 믿음과 선행,"『한국개혁신학』40 (2013), 9.

320) Z. Ursinus,『하이델베르크 요리문답해설』, *The Commentary of Dr. Zacharias Ursinus on the Heidelberg Catechism*, 원광연 역 (서울: 크리스챤다이제스트, 2006[1562]), 756-60; 이경직, "하이델베르크 요리문답 해설에 나타난 믿음과 선행," 12.

321) Ursinus,『하이델베르크 요리문답해설』, 759; 이경직, "하이델베르크 요리문답 해설에 나타난 믿음과 선행," 12.

성령께서 믿음을 주시고(HC 65), 성도의 기도 생활과 성화의 주체는 성령이시므로(HC 116), 성령은 성도의 선행과 감사의 근거이시다(HC 63).[322] 이에 발맞추어, 벨직신앙고백 24조 '성화'는 선행을 구원의 조건이 아니라고 설명하면서, 선행의 올바른 동기를 "이와 같이 너희도 명령받은 것을 다 행한 후에 이르기를 우리는 무익한 종이라 우리가 하여야 할 일을 한 것뿐이라 할지니라"(눅 17:10)로써 풀어낸다. 그리고 24조 '성화'는 "그럼에도 불구하고 우리는 하나님께서 그 선행들에 상 주심을 부인하지 않으며, 그의 은혜로 말미암아 그의 선물들을 주십니다."를 추가한다(롬 2:6-7; 고전 3:14; 요이 8; 계 2:23).

적용 ▶ "루터 사상의 공공성은 그의 개혁 사상이 신학적 기반을 가지고 있지만, 그것이 개개인의 종교적 또는 신앙적 차원뿐만 아니라 온 사회와 삶 전체에 영향을 끼친 것에서 볼 수 있다. ...... 그의 선행에 관한 이해도 마찬가지이다. 칭의와 실천적 선행의 상관관계에 대한 그의 새로운 해석이 자신의 영혼 구원을 꾀하는 이기주의의 발판이 아닌 이웃 사랑의 바탕에서 이루어지는 선행(caritas)을 가능하게 해주었음을 볼 수 있다. 루터는 그의 문서 『선행에 관하여』를 통하여 칭의론의 잘못된 이해를 막았을 뿐만 아니라, 새로운 차원에서의 봉사와 기증문화의 길을 열어주었다. 루터는 성경을 바탕으로 하여 남녀 모두를 위한 교육을 위해 교육 개혁적인 사상을 시의원들을 향해 호소하며 펼쳤다. 당시 몰락해가던 수도원 학교들과 성당 학교들을 보며 교육의 필요성이 절실하고 학교 건립이 시급함을 피력했다."[323]

---

322) 이상은, "하이델베르크요리문답의 성령론, 그 윤리적 함의," 285-86.
323) 한정애, "마르틴 루터의 공공신학 사상," 『신학과 사상』 6 (2016), 171.

제34주일(제92-95문)
언약의 십계명 중 서문과 제1계명

제92문 하나님의 율법은 무엇입니까?

답 하나님께서는 다음과 같이 말씀하셨습니다(출 20:2-17;
신 5:6-21). "나는 너를 애굽 땅 종 되었던 집에서 인도하
여 낸 너의 하나님 여호와라."

해설 ▶ HC 제34주일에서 44주일은 십계명을 설명한다. 신앙고백
서에 필수적 내용은 사도신경, 주기도문, 그리고 십계명이다. 이 가
운데 십계명은 제일 늦게 AD 13세기부터 포함되었다.[324] HC의 구
조상 십계명은 사도신경과 HC의 전체 요약적 결론과 같은 주기도문
사이에 위치하는데 두 가지 이유가 있다. 첫째, 십계명은 사도신경
이 밝히듯이 구원자 예수 그리스도의 은혜를 믿는 믿음에서 나오는
감사의 표현이기 때문이다. 둘째, 성도가 십계명을 따라 영적 전투
를 수행하며 순종하더라도 종종 느끼는 불완전한 모습을 하나님께
서 온전케 해주실 것을 소망하며 기도(주기도)할 수 있기 때문이
다.[325]

율법은 하나님의 말씀이기에, 하나님의 마음과 성품과 뜻과 소원
을 담아낸다.[326] 십계명은 구약의 모든 율법의 요약이다. 출애굽기

---

324) 이경직, "『하이델베르크요리문답해설』에 나타난 십계명 이해," 『한국개혁신학』
40 (2013), 314.
325) 이경직, "『하이델베르크요리문답해설』에 나타난 십계명 이해," 332.
326) P. Enns, *Exodus* (Grand Rapids: Zondervan, 2000), 413. 참고로 *Kort
Begrip* 제3문답은 십계명을 통하여 사람은 비참을 깨닫는다고 밝힌다. 다시
말해, 십계명을 구원의 감사에 대한 반응이 아니라, 비참과 연결한다. 이와 유
사하게 하이델베르크 예전서도 십계명 낭독을 주일 공 예배의 첫 순서에 배치
한다. 참고. 정찬도·문지환 편역, 『코르트 버흐립』, 29.

의 십계명은 야웨 하나님께서 자기 백성을 이집트의 종살이에서 건져내신 후 시내산에서 그들과 언약을 체결하시면서 주신 생활의 규칙이다(출 20:18-19; 참고. 신 5:2). 따라서 십계명은 구원의 조건이나 단순한 율법도 아니고, 구원의 결과이자 언약의 일부이다.327) 출애굽이라는 구원은 아브라함 언약의 성취이듯이, 십계명도 언약의 말씀이다(창 15:13-14).

> 출애굽기 십계명은 언약체결 과정에서, 신명기 십계명은 언약 갱신 과정에서 주어졌습니다. 둘 다 광야 길에서 주어진 언약법입니다. 전자는 광야 길의 시작에서, 후자는 광야 길의 마지막에서 주어졌습니다. 전자는 이집트로부터 구원의 시작에서, 후자는 약속의 땅 입성을 앞두었다는 측면에서 구원의 마지막 단계에서 주어졌습니다. 그러므로 십계명은 자기 백성을 향한 하나님의 구속역사 가운데 중요한 부분을 차지합니다. 다른 말로, 하나님의 구속역사는 언약의 말씀(율법)이 필수 조건이라는 의미입니다. 언약의 말씀 없는 하나님의 구원역사는 없습니다. 하나님의 구원역사는 언약의 말씀과 함께 합니다. 언약의 말씀은 구원역사의 시작과 나중입니다.328)

십계명의 서언은 고대 근동의 종주권언약에 나타난 '역사적 서문'에 해당하는데, 종주가 속국을 위해 행한 은덕을 밝힌다. 십계명은 자비로운 대왕이신 야웨께서 작은 왕들인 이스라엘 백성에게 주신 언약의 말씀인데, 그들은 가나안 땅에서 감사함으로 실천해야 했다

---

327) 고재수, 『십계명 강해』 (서울: 여수룬, 1991), 14; J. H. Walton et als (ed), 『IVP 성경배경주석』, *The IVP Background Commentary*, 정옥배 외 역 (서울: IVP, 2010), 134.
328) 이기업, "십계명 강해," (고신 대학교회 설교문, ND), 3.

(신 4:13). 야웨는 전능하시고 언약을 지키시는 분이다. 그분의 은혜로 구원을 받은 언약 백성도 하나님과 올바른 사랑의 관계를 맺으며 언약 규정을 준수해야 한다.[329] 하지만 언약 백성 중에 십계명을 고의로 계속 무시한다면 언약 백성이 누리는 구원의 복을 상실하게 된다. 성도가 죄와 비참에서 구원받은 후에 감사의 생활을 하려면 예수님께서 성취하신 십계명을 지켜야 한다. 새 모세이신 예수님 안에서 새 출애굽을 한 그리스도인은 마음을 다하여 십계명을 지킴으로써 하나님과 맺은 새 언약에 신실하고 충성할 수 있다.[330] 예수님은 십계명과 구약의 율법을 성취하셨다(마 5:17). 그리스도인에게 십계명은 '자유롭게 하는 온전한 율법'인데, 사랑의 동기로 온 마음과 행동으로 지켜야 한다(롬 13:9-10; 약 1:25). 예수님께서 성취하신 십계명은 새 언약 백성인 그리스도인의 삶을 보존하고 성화시키는 수단이다.

적용 ▶ HC 92-113문에 나타난 '십계명 해설'은 아래와 같은 여러 특징을 가진다.[331] 그리스도인이 십계명을 준수하는 것은 감사의 행위이다. 십계명은 계시역사의 발전에 따라 해설되는데, 강조점은 그리스도인의 내적 확신과 자발적 순종에 있다. 그리고 십계명의 보편적 중요성 그리고 실천적 적용을 염두에 둔다. 또한 십계명의 절대적 권위를 인식하며, 십계명의 요구는 인격적 특성으로 나타난다. 그리고 HC는 천주교와 루터교가 십계명을 나누거나 복음과 대조시키는 방식에 반대한다. 물론 이 세상에서 성도가 완전한 상태가 되

---

329) Enns, *Exodus*, 412.
330) W. H. Gispen, *Exodus* (Grand Rapids: Regency Reference Library, 1982), 189.
331) P. J. de Bruyn, "Die Verklaring van die Tien Gebooie volgens die Heidelbergse Kategismus," *In die Skriflig* 25/2 (1991), 199; 이경직, "『하이델베르크요리문답해설』에 나타난 십계명 이해," 325.

는 것은 불가능하다.

십계명은 예수님 안에서 성취되어 그리스도인의 '자유의 헌장'과 같으며(참고. 갈 5:13), 2인칭 단수 '너는 -하라/-하지 말라'이므로 사회윤리의 기초가 되는 개인의 윤리적 책임을 강조하고, 제유법으로 계명이 주어졌기에 관련된 모든 행위를 포괄적으로 해석해야 하며, 십계명의 해석의 출발점이자 목표는 사랑이다.332) 그리고 언약의 성취이자 궁극적으로 예수님 안에서만 가능한 죄와 사망에서의 해방을 보여주는 출애굽 사건을 해방신학처럼 인본주의적이고 사회적 차원으로 격하시키지 않아야 한다.333)

제93문 십계명은 어떻게 나뉩니까?

답 두 부분으로 나뉩니다. 처음 부분은 하나님에 대한 우리의 태도를 가르치며, 둘째 부분은 이웃에 대한 우리의 의무를 가르칩니다.

해설 ▶ '십계명'(Decalogue)은 '열 개의 말씀'이라 불린다(출 34:28; 신 4:13; 10:4).334) 또한 '언약의 돌판들'이라고도 불린다 (신 9:9, 11, 15; 왕상 8:9). 제1-4계명은 하나님에 대한 언약 백성의 태도를 가르치고, 제5-10계명은 이웃에 대한 의무를 가르친다.335) 그리스도인이 하나님과 올바른 관계를 먼저 맺는다면 이웃을 향한 윤리를 실천할 수 있다. 따라서 십계명의 후반부의 주제는

---

332) J. Douma, *The Ten Commandments: Manual for the Christian Life* (Phillipsburg: P&R, 1996), 12.

333) Douma, *The Ten Commandments*, 7-8.

334) 혹자는 각 계명에 주제어 하나만 기록되었기에, '열 개의 말씀'이라고 보기도 한다. 참고. P. J. de Bruyn, *The Ten Commandments* (Pretoria: Varia Publishers, 1993), 15.

335) 김홍전, 『십계명 강해』(서울: 성약, 1996), 57.

하나님 중심적인 윤리의 실천이다. 그리스도인은 예수님께서 율법을 완전히 지키시고 성취하신 것을 믿고 성령의 법과 능력을 따라 십계명을 준수해야 한다(요일 3:24; 4:13; 5:3).336)

흔히 개혁교회가 선택을 강조하고 또는 이신칭의를 강조해서 그리스도인의 생활을 약화시킨다는 비판을 듣기도 한다. 그러나 이런 비판은 개혁교회가 가르쳐왔던 것에 대한 이해가 없는 비판이라는 것을 보여주는 좋은 예가 하이델베르크 요리문답서이다. 하이델베르크 요리문답서는 교회권징을 포함한 천국열쇠와 십계명을 해설하는 감사 부분에서 그리스도의 생활을 강조한다.337)

제1-4계명 즉 유일신 하나님만 경배할 것, 하나님을 형상으로 표현하여 숭배하는 것 금지, 하나님의 이름의 망령된 사용 금지, 그리고 안식일 준수는 이방 나라들과 전혀 다른 이스라엘 백성의 정체성을 규정한다.338) 이스라엘 백성의 이런 하나님 중심의 정체성은 제5-10계명의 실천으로 구체화 되고, 다시 이방인들의 삶과 구분된다. 십계명은 하나님 중심의 계명들이고, '-하라'는 '하지 말라'를 전제하는데 그 역도 마찬가지이며, 완전수 '10'과 연관되기에 무언가를 추가할 필요가 없는 충분한 계명이다.339)

---

336) 김홍전, 『십계명 강해』, 52.
337) 이남규, "하이델베르크요리문답서 구조에 나타난 개혁신학의 특징," 256-57.
338) D. J. A. Clines, 『포스트모더니즘과 이데올로기 성서비평: 히브리 성서 저자들과 독자들의 이데올로기』, Interested Parties: The Theology of Writers and Readers of the Hebrew Bible, 김병하 외 역 (서울: 한들출판사. 2000), 56-57.
339) G. I. Williamson, 『하이델베르그 요리문답 해설』, The Heidelberg Catechism: A Study Guide, 이길호 역 (서울: 도서출판 베다니, 1995), 216.

적용 ▶ 루터교와 천주교는 제1-2계명을 하나로 묶고, 제10계명을 둘(이웃의 집은 제9계명이며, 이웃의 아내와 나머지 재산은 제10계명)로 나눈다. 천주교는 성상을 만들어 숭배하기에, 제2계명을 제1계명에 포함시켜 자신의 행위를 무마하려고 한다.

제94문 제1계명에서 하나님께서 요구하시는 것은 무엇입니까?

답 내 영혼의 구원과 복이 매우 귀한 것이기 때문에 나의 온갖 우상숭배, 마술과 점치는 일과 미신, 성인(聖人)이나 다른 피조물에게 기도하는 것을 피하고 멀리해야 합니다. 더 나아가 유일하고 참되신 하나님을 바르게 알고 그분만을 신뢰해야 하며, 모든 겸손과 인내로 그분에게만 복종하고, 모든 좋은 것들을 오직 그분에게서만 기대하며, 마음을 다하여 그분을 사랑하고 경외하며 그분만 섬겨야 합니다. 그러므로 지극히 작은 일이라도 하나님의 뜻을 거슬러 행하기보다는 오히려 모든 피조물을 포기합니다.

해설 ▶ 제1계명은 "너는 나 외에는 다른 신들을 네게 있게 말지니라."이다(출 20:3; 신 5:7). 이 첫째 계명은 유일신 하나님께서 우상숭배를 금지하시는 것인데, 나머지 계명들의 기초이자 출발점이다(신 6:4; 참고. 고전 8:4). 십계명의 서문(출 20:2)이 십계명을 지켜야 할 동기를 설명한다면, 제1계명은 뒤따르는 아홉 계명을 이해하는 개념적 틀과 같다.340) 따라서 만약 제1계명이 사라지거나 변경된다면, 나머지 아홉 계명의 의미와 가치는 상실되고 혼란에 빠지게 된다.341) '나 외에는'(출 20:3)은 '내 앞에서'라고 번역이 가능하다.

---

340) Enns, *Exodus*, 414.
341) De Bruyn, *The Ten Commandments*, 23-24.

따라서 우상숭배를 하지 않고 오직 하나님만 예배하려면 코람데오를 실천해야 한다.342) 혹은 '나 외에는'을 '나보다 더 선호하여'(in preference over me)라고 해석해도 무방하다.343)

출애굽이라는 존귀한 구원의 복을 주신 분은 영원하신 언약의 주이시며 자존자이신 야웨이시다(출 3:14).344) 하나님은 유일한 신이시다(신 6:4). 그러므로 이스라엘 백성이 가나안에 정착하여 이방 나라들로 둘러싸여 살 동안에, 유일한 예배의 대상은 하나님이심을 분명히 알고, 우상과 미신을 숭배하거나 다른 피조물에게 기도하는 것을 금해야 했다.345) 질투는 사랑에 굶주리신 하나님께서 원하시는 것을 향유하지 못하도록 방해하는 모든 것에 대해 노하시는 감정이다. 그래서 하나님은 자기 백성과 모든 피조물로부터 독점적으로 영광을 받으시기를 원한다.

우상과 미신과 성인이나 다른 피조물은 자칫 사람을 종으로 삼는 우상이 될 수 있다. 그러나 하나님만 유일하고 참된 신이다. 그리스도인은 하나님을 바르게 알고 신뢰하고 복종하고 경외해야 한다. 하나님의 뜻을 거스르기보다 모든 피조물과 만물을 포기해야 한다. 참된 감사와 경건의 삶은 주 하나님을 사랑하고 경외하며, 죽는 것보다 그분을 거스르는 것을 더 두려워하고 순수하게 열심을 내는 것이다(기독교강요 1.2.1). 그러나 하나님을 알지 못하는 자는 하나님 이외의 피조물에게 종노릇하며, 자신의 배를 신으로 모신다(갈 4:8; 빌 3:19).

제1계명을 포함하여 십계명의 대부분은 긍정 명령보다는 '-하지말라'는 부정형 명령이다. 인간의 죄악 된 본성을 전제하여 악에 저

---

342) Walton et als (ed), 『IVP 성경배경주석』, 134-35; 이기업, "십계명 강해," 19.
343) Gispen, *Exodus*, 189.
344) 김홍전, 『십계명 강해』, 59-60.
345) Enns, *Exodus*, 413.

항할 것을 촉구하는 금지 명령은 금지된 사항은 물론, 그 반대편도 적극적으로 준수할 것을 교훈한다.346) 예수님은 마귀가 우상숭배로 미혹했을 때 물리치셨다(신 6:13; 마 4:10). 그리고 주님은 마귀를 멸하셨다(요일 3:8; 계 12:7-8).

신약 교회는 3400년 전의 십계명을 어떻게 지킬 수 있는가? AD 1-3세기의 그리스도인들은 제1계명을 준수하기 위해 로마황제 숭배를 거부했고(살후 2:4; 계 13:1), 일제강점기 동안에 순교신앙을 가진 성도는 신사참배를 거부했다.

적용 ▶ 그 누구도 예수 그리스도 안에 머물지 않고도 하나님의 계명을 지키거나 그분을 기쁘게 해드리는 선을 행할 수 없다.347) 중생하지 못한 사람이든 그리스도인이든 자신의 힘으로 도덕을 추구하는 것은 불가능하다. 불신 사회 속에서 그리스도인이 하나님의 영광을 위해 십계명을 즐겁게 준수한다면, 불신자로부터 왜 그리고 어떻게 그렇게 살 수 있는지 궁금증을 불러일으킬 것이다.348)

"십계명을 온전히 알면 성경 전체를 안다"라고 말한 루터는 율법의 요약인 제1계명을 설명하면서, 우상숭배라는 악행을 경고하는 경외와 선행에 대한 상급인 하나님을 신뢰할 것을 강조한다. 따라서 루터는 십계명을 율법(경외)으로만 두지 않고, 그것을 복음(신뢰)과 변증법적으로 이해했다.349) 유일신 하나님을 믿는다고 말을 하면서도 일이 술술 잘 풀릴 때 하나님을 신뢰하지 않고 잊어버리는 '실천

---

346) 이기업, "십계명 강해," 17.
347) Enns, *Exodus*, 432.
348) 참고. Enns, *Exodus*, 433.
349) 참고로 루터는 호세아서 강의에서 회개와 심판을 율법으로, 믿음과 자비를 복음으로 이해했다. 그리고 그는 호 6:3을 기독론적으로 해석했고, 호 7:11의 어리석은 에브라임을 교황주의자와 연결했다. M. J. Haemig, "Martin Luther on Hosea," *Word & World* 28/2 (2008), 171-75.

적 무신론자'가 되지 않도록 경계해야 한다(시 73).350)

제95문 우상숭배란 무엇입니까?

답 우상숭배란 말씀으로 자신을 계시하신 유일하고 참되신
하나님 대신, 혹은 하나님과 나란히, 다른 어떤 것을 신뢰
하거나 고안하여 소유하는 것입니다.

해설 ▶ 우상숭배는 피조물을 조물주 하나님보다 더 경배하고 섬기
는 것이다(롬 1:25). 이스라엘 주변의 암몬에 몰렉, 모압에 그모스,
그리고 두로에 바알과 같은 가짜 신들이 우상으로 숭배 받았다. 사
해 동남쪽의 에돔의 경우, 안전한 지형, 경제력, 지혜, 그리고 군사
력이 우상이었다(옵 1:3-9). 이스라엘 백성이 탈출했던 이집트의 경
우, 농경의 신 하피(Hapi), 나일강의 개구리 등이 일으키는 재해를
관리한다던 헤크트(Hekht), 그리고 태양신 아멘-라(Amen-Ra) 등
이 있었다.351) 이런 이집트의 우상들은 하나님께서 내리신 열 가지
재앙 때문에 자신의 무능함을 드러내고 말았다. 탐심과 배금(拜金)은
모든 시대에 걸쳐 가장 강력한 우상이다(마 19:21; 골 3:5). 번영복
음과 실천적 무신론 그리고 이신론에 빠진 부모가 배금이라는 우상
을 숭배하면 자녀는 출세와 성적지상주의라는 열매를 맺는다.352)
자본주의의 신은 시장과 자본 즉 맘몬이다. 천사 숭배도 금지 사항
이며(골 2:18; 계 19:10; 22:8), 가현설과 같은 이단의 가르침도 우
상이다(요일 5:21).
　십계명은 부분으로 전체를 설명하는 제유법(synecdoche)을 종

---

350) De Bruyn, *The Ten Commandments*, 25.
351) M. Horton, 『십계명의 랜즈를 통해서 본 삶의 목적과 의미』, *The Law of Perfect Freedom*, 윤석인 역 (서울: 부흥과 개혁사, 2005), 46-47.
352) 김홍전, 『십계명 강해』, 72.

종 활용한다. 제1계명의 우상숭배는 천연자원이나 약자를 착취하는 자본주의, 쾌락주의, 그리고 사람을 파괴하고 비인간화시키는 국가 사회주의와 같은 이데올로기 숭배 등도 포괄적으로 금한다.[353]

적용 ▶ 그리스도인의 코람데오 즉 신전의식과 삶은 우상숭배를 예방한다. 하나님께서 우리의 주권자요 소유주가 되시므로, 그분은 홀로 올바른 방식으로 예배받기를 열망하신다(WSC 52). 자신의 건강과 미모와 애인과 스펙도 우상이 될 수 있다(눅 18:29). 주님이 주신 재능을 하나님의 영광을 위해 활용하지 않는다면, 그 재능은 우상이 된다.[354] 알코올과 스마트폰, 도박, 마약, 성 등에 중독되는 것과 같은 것도 우상숭배인데, 이것들의 결말은 파멸이다. 심지어 '행복'도 강력한 우상으로 자리매김한다. 그리스어 명사 '행복'($\varepsilon\dot{\upsilon}\delta\alpha\iota\mu o\nu\acute{\iota}\alpha$, 유다이모니아)은 '좋은'($\varepsilon\dot{\upsilon}$, 유)과 '악령들'($\delta\alpha\iota\mu o\nu\acute{\iota}\alpha$, 다이모니아)의 합성어로서, 좋은 악령들이라는 우상 숭배적 뉘앙스를 가진다.[355] 하나님의 영광을 위해 살 때 행복하기에, 행복이 인생의 주요 목적은 아니다.

제35주일(제96-98문)
예배의 방법으로서 제2계명

제96문 제2계명에서 하나님께서 원하시는 것은 무엇입니까?

---

353) J. M. Vorster, "'N Etiek van Liefde: Die Etiese Perspektiewe van die Heidelbergse Kategismus," *In die Skriflig* 47/2 (2013), 2-4.
354) Horton, 『십계명의 랜즈를 통해서 본 삶의 목적과 의미』, 49.
355) 김홍전, 『십계명 강해』, 239.

답 어떤 형태로든 하나님을 형상으로 표현하지 않는 것이고, 하나님이 자신의 말씀에서 명하지 아니한 다른 방식으로 예배하지 않는 것입니다.

해설 ▶ 제2계명은 "너를 위하여 새긴 우상을 만들지 말고, 또 위로 하늘에 있는 것이나 아래로 땅에 있는 것이나 땅 아래 물 속에 있는 것의 아무 형상이든지 만들지 말며, 그것들에게 절하지 말며, 그것들을 섬기지 말라. 나 여호와 너의 하나님은 질투하는 하나님인즉, 나를 미워하는 자의 죄를 갚되 아비로부터 아들에게로 삼사 대까지 이르게 하거니와, 나를 사랑하고 내 계명을 지키는 자에게는 천 대까지 은혜를 베푸느니라."이다(출 20:4-6).

제1계명보다 더 긴 제2계명은 아버지의 범죄가 자손 3-4대까지 이른다고 경고한다. 그런데 이 경고는 아버지의 범죄가 자손에게 미치지 못한다는 말씀과 어떻게 조화되는가?(신 24:6; 겔 18:8). 출애굽기 20장 5절은 하나님을 피조물의 형상으로 전락시켜 숭배하는 죄를 멀리하는 데 있어 아버지와 자녀가 공동의 책임을 져야 함을 가르친다.[356] 그리고 출애굽기 20장 5-6절은 '삼사 대'와 '수천 대'를 대조하여 하나님의 본심은 언약공동체인 가정에 언약의 복을 내리는 데 있음을 강조한다.[357]

하나님의 계시 말씀을 올바로 분별할 것을 전제하는 제2계명은 다른 신의 우상이 아니라 하나님의 우상을 만들거나 절하지 말 것을 명한다.[358] 이스라엘 백성은 어리석게도 시내산 기슭에서 하나님을 금송아지 형상으로 만들어 숭배하다가 심판을 받았다(출 32; 참고.

---

356) Walton et als (ed), 『IVP 성경배경주석』, 135; Enns, *Exodus*, 416-17.
357) 김지찬, 『데칼로그: 십계명 어떻게 이해할 것인가』 (서울: 생명의 말씀사, 2016), 161-62.
358) Vorster, "'N Etiek van Liefde," 4; 고재수, 『십계명 강해』, 32.

렘 10:14). 비가시적인 하나님을 특정 형상으로 만들어 숭배할 수 없다. 하나님을 우상의 형상으로 만들지 말라는 제2계명은 하나님을 표현하고 예배하는 올바른 방법에 대해 가르친다. 모세는 시내산에 강림하신 하나님의 형상을 볼 수 없었지만 목소리와 말씀은 들었다 (신 4:15-16). 그러므로 하나님의 형상이 아니라 주님의 말씀을 믿고 예배해야 한다.359) 그런데 생각이 어리석고 허망한 사람은 자신의 유익을 위하여 우상의 형상을 만들어 소원을 성취하려 한다(롬 1:22-23). 그러나 사람의 마음이야말로 돌 뜨는 곳 곧 우상 공장이다(참고. 삿 3:19). 하나님의 형상을 만들어 자기 방식대로 섬기는 사람은 하나님을 미워하는 자이다. 하나님은 예배가 올바른 방식이 아닌 경우로 드려질 때 질투하시고 심판하신다(출 32:14). 예를 들어, 대제사장 아론의 두 아들인 나답과 아비후가 번제단의 불이 아닌 다른 불로 분향하다가 즉사했다(레 10:1-2). 그리고 법궤를 어깨에 메지 않고 수레에 싣고 오다가 소들이 뛰자 법궤에 손을 댄 웃사는 즉사했다(삼하 6:6-7). 레위기가 소개하는 수많은 제사 규정은 하나님이 정하신 것이다. 그리스도인이 하나님과 교제하는 예배는 하나님께서 규정하신 방법을 따라야 한다.

적용 ▶ 김헌수는 40일 금식기도와 100일 새벽기도를 통해 하나님을 감동시키고 조종하려는 것을 우상숭배로 간주한다.360) 설교자의 얼굴이 강대상 뒤의 스크린에 크게 비취는 것은 바람직한가? 설교자의 얼굴을 스크린 없이 볼 수 있는 정도의 교회당 크기가 바람직하지 않은가? 설교 중에 설교자의 형상보다는 설교의 요지와 대지를 소개하는 게 효율적이다.

---

359) 고재수, 『십계명 강해』, 35.
360) 김헌수, 『하이델베르크 요리문답 강해 III』, 102.

제97문 그렇다면 어떤 형상도 만들면 안 됩니까?

답 하나님은 어떤 형태로든 형상으로 표현될 수 없고 표현해
도 안 됩니다. 피조물은 형상으로 표현할 수 있으나, 그것
에 경배하기 위해 또는 하나님께 예배하는 데 사용하기 위
해 형상을 만들거나 소유하는 일은 금하셨습니다.

해설 ▶ 제1계명이 하나님을 '내적 예배'의 유일한 대상으로 설명한
다면, 제2계명은 질투하는 하나님을 '외적 예배'의 유일한 대상으로
묘사한다.361) 이스라엘 백성을 430년간 억압했던 이집트는 여러 신
들을 황소, 개구리, 이, 파리 등으로 형상화했다. 출애굽한 이스라엘
백성은 이렇게 우상의 형상을 만들어 숭배하던 이방인의 관습을 거
부해야 했다. 하나님을 피조물의 형상으로 만들거나 그것을 숭배하
는 행위는 어린양의 신부에게 있어서는 안 될 중죄이다(계 21:8).

제2계명을 준수해야 할 신약 교회가 기억해야 할 사항은 무엇인
가? 하나님은 영이시다(요 4:24; 고후 3:17). 하나님의 형상은 예수
님께서 사람이 되심으로써 가시화되었다. 구약의 하나님 이름들이
강조하던 의미와 사역을 모두 성취하신 예수님은 보이지 않는 하나
님 아버지의 형상이시다(고후 4:4; 빌 2:6; 골 1:15; 2:9). 그래서 예
수님을 보는 것은 성자를 세상에 보내신 성부를 보는 것이다(요
14:9). 예수님은 우리 안에 어그러진 하나님의 형상을 회복시키셨
고, 참된 예배도 가능하게 되었다(엡 4:24).

신약성경은 제2계명을 직접 인용하지 않지만, 그 내용을 로마서
에서 확인할 수 있다. 어리석은 자들은 썩어지지 않는 하나님의 영
광을 썩어질 사람과 새와 짐승과 기어 다니는 동물의 모양의 우상으

---

361) 이기업, "십계명 강해," 18.

로 바꾸었다(롬 1:23).362)

  예수님께서는 성령의 능력으로 자신과 연합한 성도를 자신의 형
상으로 변화시키셨기에, 그리스도의 형상인 교회는 예수님을 경배
한다.363)

적용 ▷ 하나님은 아름다운 분이시며, 자신의 아름다움을 표현하도
록 어떤 사람에게 예술의 은사를 주셨다(시 27:4; 96:6). 사람은 문
화명령을 수행하는 하나님의 형상이기 때문이다(창 1:26-28; 골
3:10). 제2계명은 모든 미술이나 예술 행위를 금하지 않고, 종교적
숭배를 위해 형상을 만드는 것을 금한다.364) 그리고 오늘날 성도의
감성을 자극하는 열린 예배를 추구하는 교회의 예전은 예수님의 복
음에는 닫혀 있는 채로 음악에만 열려있지 않는가?365)

제98문 그렇다면 교회에서는 "일반 성도를 위한 책"으로서 형상들을
허용해서는 안 됩니까?

답 그렇습니다. 우리는 하나님보다 더 지혜로운 체해서는 안
됩니다. 하나님께서는 자기 백성이 말 못하는 우상을 통해
서가 아니라 자신의 말씀에 대한 살아 있는 강설을 통해
가르침을 받기를 원하십니다.

해설 ▷ 천주교인은 마리아 상(像) 앞에 기도하는데, 이것은 제2계

---

362) L. Novakovic, "The Decalogue in the New Testament," *Perspectives in Religious Studies* 35/4 (2008), 380.
363) E. P. Clowney, 『예수님은 십계명을 어떻게 해석하셨는가?』, *How Jesus transforms the Ten Commandment*, 신호섭 역 (서울: 크리스챤출판사, 2008), 60.
364) Van Bruggen, 『하이델베르크 요리문답 해설』, 423.
365) 참고. 김헌수, 『하이델베르크 요리문답 강해 III』, 111.

명을 어기는 행위임을 보여주는 좋은 예이다. 그리고 천주교는 일반 성도의 신앙 수준을 고려하여 성당의 스테인드글라스(색 유리창)에 예수님의 생애를 그려 둔다. 천주교는 성상을 성경을 읽지 못하는 일반 성도를 교훈하는 데 유익한 성경과 같다고 주장하지만, 그것은 제2계명을 어기는 우상숭배이다. 이처럼 인간이 고안해낸 좋은 의도 도 얼마든지 우상숭배를 조장할 수 있다. AD 7-9세기에 내부 이견 에도 불구하고 동방교회는 성상파괴(iconoclasm)를 단행했지만, 서방 천주교는 게르만족을 전도하는 데 유용하다는 명분 등을 앞세 워 성상을 계속 사랑(iconophilia)했다.[366]

적용 ▶ 소위 인기 많은 젊은 가수와 연예인을 '아이돌'(idol)이라 부르는 것도 주의해야 한다. 제2계명 때문에 예장 고신은 예배당 안 의 십자가를 부착하기를 꺼린다. '국기에 대한 경례' 혹은 '국기에 대해 받들어 총'은 국기를 우상으로 숭배하는 행위가 아닌가? 그나 마 대안으로 제시된 '국기에 대한 주목'도 오늘날 효력이 거의 없 다.[367]

---

[366] AD 680년 이전에도 중세교회는 유물(relic)과 더불어 성상도 숭배했다. 그런 데 비잔틴제국은 이슬람의 위협에 대응하기 위해, 제국민의 숭배를 분산시키던 많은 성상을 파괴함으로써 더 통치권을 황제에게 집중하려고 시도했다. 그 무 렵 이슬람교의 경우, 알라 이외의 다른 우상이나 형상을 만들거나 숭배하지 못 하도록 금지령을 내린 바 있다. J. Herrin, "What caused Iconoclasm?" *Journal of Ecclesiastical History* 65/4 (2014), 859-66.

[367] "고신 교회는 국기 배례에서 주목례로 변경한 직후인 1952년 9월에 설립되었 기에 초창기에는 국기와 관련하여 갈등은 전혀 없었다. 다만 1946년 9월에 고 려신학교가 부산 좌천동 일신여학교 2층을 빌려 개교할 당시, 여학교 학생들이 국기 배례를 하는 모습을 본 신학생들이 이에 항의한 사례가 있었다는 기록이 있다. ...... 이에 제22회 고신 총회(1972년 9월)는 '국기경배 구호 변경 문제는 신학부에 맡겨 널리 발표하고, 정부 당국에 전 교단적으로 진정하되, 본 교단과 뜻을 같이하는 타 교단과도 규합하여 적극 추진키로 하고 이를 사무부에 일임 하다'로 결정하였다. ...... 제24회 총회(1974년 9월)는 계속해서 '우리(대한예 수교장로회 고신측)는 국기에 대하여는 주목으로 한다. 구호도 주목으로 변경 해 주기를 바란다.'로 정부에 진정하기로 결정하였다. ...... 다른 교회와 달리

제36주일(제99-100문)

성령 훼방죄와 성령으로 예배함에 대한 제3계명

제99문 제3계명에서 하나님께서 원하시는 것은 무엇입니까?

답 우리가 저주나 거짓 맹세, 또는 불필요한 서약으로 하나님의 이름을 욕되게 하거나 잘못 사용하지 않는 것이며, 더나아가 침묵하는 방관자가 되어 그러한 두려운 죄에 참여하지 않는 것입니다. 오히려 하나님의 거룩한 이름을 두려워하고 존경하는 마음으로만 사용하여, 우리가 하나님을 바르게 고백하고 부르며 우리의 모든 말과 행실에서 그분이 영광을 얻도록 하는 것입니다.

해설 ▶ 제1계명의 유일하신 하나님은 자신의 형상과 이름으로 계시하신다(출 3:14). 그래서 제2계명은 하나님의 형상을 만드는 행위를 금지하고, 제3계명은 하나님의 이름의 오용을 금지한다.[368] 제3계명은 "너는 너의 하나님 여호와의 이름을 망령되이 일컫지 말라. 나 여호와는 나의 이름을 망령되이 일컫는 자를 죄 없다 하지 아니하리라"이다(출 20:7). 하나님의 이름은 거룩하고 지극히 존귀하다(시 111:9). 언약 백성은 하나님의 이름으로 일컬음을 받는다(대하 7:14). 하나님의 이름으로 거짓 맹세하지 말아야 한다(레 19:12). 그러나 하나님을 경외함으로 그분의 이름으로 맹세할 수 있다(신 6:13; 삼상 20:42). 하지만 하나님의 이름을 훼방하는 죄는 사형에

고신 교회가 신사참배 거부 운동에서 비롯된 전통을 이어갔음을 잘 보여준다."
성희찬, "고신 교회 70년과 고신 전통(혹은 고신 정신)의 계승"
(http://reformedjr.com/board05_03/97041; 2021년 9월 3일 접속).
368) 이기업, "십계명 강해," 24.

해당했다(레 24:16; 참고. 말 1:16). 그리고 거짓 선지자가 하나님의 이름으로 예언하는 것은 제3계명을 범하는 행위이다(레 23:16, 21).

예수님께서 성령의 능력으로 축귀하신 것을 악령의 왕 바알세불이 행한 일로 간주하는 성령 훼방죄는 용서받지 못한다(마 12:31). 오순절에 부어지신 성령님은 예수님의 구원 사역을 증거하시고 믿도록 역사하시는데, 성령의 이런 사역을 거부하는 자는 용서를 받을 수 없다(히 6:4-6; 요일 5:16).[369] 따라서 불신자나 복음을 건성으로 받아들인 자들이 짓는 성령 훼방죄는 구주 예수님과 그분을 보내신 성부 하나님의 이름과 사역을 모욕하는 것이기도 하다. 올레비우누스는 성령님을 믿지 않는 것을 성부와 성자를 불신하는 것과 동일시했는데, 성령의 계시(조명)가 없이는 성부와 성자를 믿을 수 없기 때문이다.[370]

예수님의 공생애는 에스겔 39장 7절의 예언을 따라 성부의 이름을 영화롭게 하시는 것이다(요 17:6). 그래서 예수님은 주기도문에서 "하늘에 계신 아버지의 이름이 거룩히 여김을 받으시도록" 기도하라고 가르치셨다(마 6:9). 그런데 역설적이게도 예수님은 하나님의 아들임을 밝히신 후, 종교 지도자들로부터 신성모독 죄로 고초를 겪으셨다(마 26:65).

그리스도인은 하나님의 이름을 진지하고 정당하게 부름으로써 기도와 찬송을 드려야 한다(창 4:26; 시 69:30; 72:19; 116:17; 계 4:8; 5:9-10). 그리고 구원의 은혜를 주신 삼위 하나님의 이름에 합당한 예배를 드려야 한다. 또한 삼위 하나님의 이름으로 세례를 받은 성도는 거룩한 선교적 삶으로써 하나님의 이름을 높여야 한다(마

---

369) Van Bruggen, 『네덜란드 신앙고백 해설』, 122.
370) 신득일 (ed), 『종교개혁과 하나님』, 182.

28:19-20). '그리스도인'은 그리스도에게 속한 사람다운 삶으로써 주 예수님의 이름에 합당한 영광을 드려야 한다.

제3계명은 예배자가 어떤 자세로 하나님의 이름을 사용해야 하는가를 다룬다. '이름'은 그 이름을 가진 당사자 자신을 가리킨다. 그래서 사도는 '나사렛 예수 그리스도의 이름'(ἐν τῷ ὀνόματι Ἰησοῦ Χριστοῦ τοῦ Ναζωραίου, 엔 토 오노마티 이에수 크리스투 투 나조라이우)으로 선포했고, 그 이름으로 치유했다(행 3:6; 5:40-42). 헛된 우상을 숭배하듯이, 하나님을 예배한다면 하나님의 이름을 헛되게 만드는 것이다.

그리스도인은 하나님의 이름으로 혼인 서약을 하고, 세례를 받을 때도 삼위 하나님의 이름으로 서약한다. 정당한 이유 없이 결혼 서약을 깨트리고, 세례받은 사람이 교회를 떠나는 것도 제3계명을 어기는 것이다.

HC의 십계명 문답은 제유법을 통해 해설하기에, 문답에 언급된 사항들은 전체를 가리키지 않는다. '하나님의 이름'은 피조물을 사랑하시고 은혜를 베푸시는 하나님 자신을 가리키므로(요일 4:16), 하나님의 형상인 사람을 향한 그리스도인의 사랑이 없는 언행심사는 제3계명을 어긴 것이다(약 3:9).[371]

적용 ▣ 기도할 때 중언부언하는 것도 하나님의 이름을 헛되게 만든다(마 6:7). 기도 중에 별 의미 없이 추임새처럼 '주여'나 '아버지'를 가볍게 부르지 않도록 주의해야 한다(사 29:13). 가사를 음미하지 않은 채 찬송하는 것도 제3계명을 어긴 것이다.[372] 아프리카 가나(Ghana)의 상점이나 자동차 창문에 하나님의 이름이나 성경 구절

---

371) Vorster, "'N Etiek van Liefde," 5.
372) 고재수, 『십계명 강해』, 46.

을 부착해 두는데, 그들의 행위가 그런 구절에 부합하지 못할 경우 제3계명을 어기게 된다. '기독교신문, 복음병원, 예수병원, 기독대학교'라는 명칭을 사용한다면, 그것에 걸맞은 복음 사역이 중요하다. 성도는 하나님의 이름을 무의식적 혹은 습관적으로 사용할 수 있기에 주의가 필요하다(예. Oh, my God=By Golly). 하나님의 이름으로 자행된 십자군 전쟁, 미국에 정착한 백인들의 인디언 학살, 남아공의 인종차별정책(Apartheid), 그리고 홀로코스트를 자행한 나치 치하에 굴종한 독일제국교회(Reich's Church)도 제3계명을 어겼다.373)

제100문 맹세나 저주로 하나님의 이름을 욕되게 하는 것은 그들이 할 수 있는 대로 그러한 죄를 막거나 금하지 못한 사람들에게까지 하나님께서 진노하실 정도로 중대한 죄입니까?

답 진실로 그렇습니다. 하나님의 이름을 욕되게 하는 것보다 더 크고 하나님을 진노케 하는 죄는 없습니다. 따라서 하나님께서는 이 죄를 사형으로 벌하라 명하셨습니다.

해설 ▶ 모세 율법은 하나님의 이름으로 남을 모독하거나 저주하는 자는 사형으로 엄벌했다(레 24:10-16). 그리고 모세는 사람이 입으로써 하나님의 이름을 언급하며 서원한 후에 지키지 않는 경솔한 서원을 금한다(민 30:2).

적용 ▶ 부모가 아들을 주신다면 하나님께 목회자로 바치겠다고 서원한 경우, 아들은 그 서원을 지켜야 하는가? 구체적으로 예를 들면, 아들에게 목회자로서의 자질이나 소명이 없는 경우는 어떻게 되는가?

---

373) Horton, 『십계명의 랜즈를 통해서 본 삶의 목적과 의미』, 116.

제37주일(제101-102문)
예배와 정당한 맹세로서 제3계명

제101문 그러나 하나님의 이름으로 경건하게 맹세할 수 있습니까?

답   그렇습니다. 국가가 국민에게 요구하는 경우, 혹은 하나님
       의 영광과 이웃의 복을 위하여 신뢰와 진리를 보존하고 증
       진하는 데 꼭 필요한 경우에는 맹세할 수 있습니다. 그러
       한 맹세는 하나님의 말씀에 근거한 것이며, 그렇기에 구약
       과 신약의 성도도 이것을 옳게 사용해 왔습니다.

해설 ▶ 하나님보다 더 높은 존재는 없기에, 그분은 스스로 맹세하
셔서 아브라함에게 복을 주셨다(창 22:16). 바울도 하나님을 증인
삼아 맹세에 가까운 말을 한 바 있다(고후 1:23).[374] 그런데 재세례
파는 모든 맹세를 거부했기에, 경건한 맹세조차 거부했다(참고. 마
5:34-37).[375] 예수님은 대제사장 가야바 앞이라는 법정에서 맹세
했다는 암시가 있다(마 26:63). 그리스도인은 학습과 세례, 결혼예
식, 그리고 직분자의 임직에 합당하게 서약한다. 그리고 사람 간에
다툼이 있을 때에도 판결을 위해 하나님을 경외함으로써 맹세했다
(출 22:10-11; 신 6:13; 히 6:16).

적용 ▶ 루터에게 기도는 제3계명을 지키는 것이다. 왜냐하면 제3
계명은 하나님의 이름을 찬양하고 그분의 이름을 부르며 기도하라는
명령이기 때문이다. 그리고 기도는 하나님의 명령이며, 기도의 출발
선은 말씀을 순종하는 것이다. 기도는 절박한 외침이며, 매일 기도하

---

374) Van Bruggen, 『하이델베르크 요리문답 해설』, 428.
375) 김헌수, 『하이델베르크 요리문답 강해 III』, 161.

는 습관을 들여야 하고, 그것은 악마의 힘을 막는 철옹성이다.376)

제102문 성인(聖人)이나 다른 피조물로도 맹세할 수 있습니까?

답　　아닙니다. 정당한 맹세는 오직 홀로 사람의 마음을 아시는 하나님을 불러, 진리에 대해 증인이 되어 주시며 내가 거짓으로 맹세할 때 형벌하시기를 구하는 것입니다. 이러한 영예는 어떤 피조물에게도 돌아갈 수 없습니다.

해설 ▶ 중세 천주교의 경우 생활의 각 영역마다 성인이 있어, 그 성인의 이름으로 맹세했다. 그러나 맹세는 사람이 아니라 하나님의 이름으로, 그분을 경외함으로 해야 한다(신 10:20; 삼상 20:42). 가식적인 바리새인들은 성전의 금과 제단의 예물을 두고 맹세하면 유효하다고 주장했는데, 그 결과 금과 예물보다 더 큰 성전과 제단은 맹세에서 무시했다(마 23:16-20).

적용 ▶ 우리의 마음을 감찰하시는 하나님을 의식한다면, 신실하고 정직하게 맹세할 것이다.

제38주일(제103문)
영원한 안식과 말씀의 봉사로서 제4계명

제103문 제4계명에서 하나님께서 원하시는 것은 무엇입니까?

답　　첫째, 하나님께서는 말씀의 봉사와 그 봉사를 위한 교육이

---

376) Luther, 『대교리 문답』, 234-45.

유지되기를 원하시며, 특히 안식의 날인 주일에 내가 하나님의 교회에 부지런히 참석하여, 하나님의 말씀을 경청하고 성례에 참여하며 주님을 공적(公的)으로 부르고 가난한 자들에게 기독교적 자비를 행하기 원하십니다. 둘째, 나의 일생 동안 악한 일들을 그만두고, 주께서 그의 성령으로 내 안에 일하시게 하며, 그럼으로써 영원한 안식이 이 세상에서부터 시작되기를 원하십니다.

해설 ▶ 십계명 중 가장 긴 제4계명은 "안식일을 기억하여 거룩히 지키라. 엿새 동안은 힘써 네 모든 일을 행할 것이나, 제칠 일은 너의 하나님 여호와의 인식일인즉 너나 네 아들이나 네 딸이나 네 남종이나 네 여종이나 네 육축이나 네 문안에 유하는 객이라도 아무 일도 하지 말라. 이는 엿새 동안에 나 여호와가 하늘과 땅과 그 가운데 모든 것을 만들고 제칠 일에 쉬었음이라. 그러므로 나 여호와가 안식일을 복되게 하여 그날을 거룩하게 하였느니라."이다(출 20:8-11). 출애굽 전에 이스라엘 백성은 이집트의 속박에서 안식을 누리지 못했다. 이런 의미에서 제4계명은 이스라엘 백성에게 매우 실제적이었다. 그리고 안식일은 안식년과 희년으로 확대되었다(출 23:11; 레 25; 느 10:31). 구약성경의 히브리어 '샤바트'(שָׁבַת)는 노동을 '중단하다(cease)'라는 동사로 사용되다가(창 2:2), 점차 노동을 중단하는 안식을 위한 날이라는 명사로 자리 잡은 것 같다(출 20:8; 신 5:12).[377] 따라서 출애굽 사건 이전에도 안식이 있었다.

---

377) 이기업, "십계명 강해," 30; 김희석, "개혁주의 관점에서 본 안식 개념과 주일 성수," 『신학지남』 82/2 (2015), 15. 참고로 토요일 안식일이 일요일 주일로 변경된 최초의 기록은 AD 330년경 유세비우스의 시 92편(안식일의 노래) 주석이다. 양용의, 『예수와 안식일 그리고 주일: 마태복음을 중심으로』 (서울: 이레서원, 2000), 15.

아담과 하와는 에덴동산에서 안식을 누릴 수 있었고, 그들이 범죄하지 않았다면 생명나무 열매를 먹고 영원한 안식에 들어갈 수 있었을지 모른다.378)

시편 92편의 '안식일의 찬송 시'를 구속사의 발전을 따라 이해한다면, 주일은 하나님의 이름을 부르며 예배하는 날이며(92:1), 주님의 큰일 곧 예수님의 십자가와 부활을 기억하며 감사해야 하는 날이며(92:4-5), 주님의 원수를 패망시키는 은혜를 입어야 하는 날이다(92:7-9, 11).

시내산 언약은 안식일을 지켜야 하는 근거로 하나님의 창조 사역의 완성과 그 이후의 안식을 제시한다(출 20:8-11; 참고. 창 2:1-3). 그런데 시내산 언약이 체결된 지 40년 후에 있었던 모압 언약에서는 안식일을 지키는 근거가 하나님의 큰 일인 출애굽이라는 구원으로 바뀐다(신 5:15). 이 둘을 종합하면, 안식의 근거는 새 창조 사역이다.379) 안식일 계명은 예수님 덕분에 구원을 받아 자신의 호흡과 영생이 주님께 달려있다고 고백하는 새 피조물인 모든 성도가 지켜야 할 규례이다.380) 따라서 제4계명은 안식일을 어김으로써 이익을 보는 특정 사람들만을 겨냥한 계명이 아니다.381) 하나님은 안식일에 복을 주시고 거룩하게 하셨으므로, 언약 백성은 거룩하신 하나님과 언약의 교제를 위해 노동을 피하고 예배에 집중해야 했다. 노동을 통한 물질적 이익을 얻기 위해서 안식일을 범한 것은 바벨론 포로라는 비참을 초래한 주요 원인이었다(렘 17:21-22).

---

378) Horton, 『십계명의 랜즈를 통해서 본 삶의 목적과 의미』, 133-34.
379) 김희석, "개혁주의 관점에서 본 안식 개념과 주일준수," 21.
380) Clowney, 『예수님은 십계명을 어떻게 해석하셨는가?』, 90.
381) Contra Clines, 『포스트모더니즘과 이데올로기 성서비평: 히브리 성서 저자들과 독자들의 이데올로기』, 55.

예수님은 그림자와 같은 의식법(ceremonial law)인 안식일 준수를 성취하셔서 모든 날을 주님을 위한 안식의 날이라는 실체(實體)로 바꾸셨다(골 2:16; 기독교강요 2.8.28-29; 제네바 교리문답 168).382) 안식일의 주인이신 예수 그리스도는 안식일에 환자를 치유하셔서 참 안식을 주셨고, 수고하고 무거운 짐진 자들에게 안식을 주셨다(마 11:28-30; 12:8). 그리스도인은 하나님께서 완성하실 신천신지에서 주실 영원한 안식에 들어가려고 힘써야 하는데, 안식을 얻기 위해 매일 활용할 도구는 복음의 능력이다(히 4:11-12). 그리스도인은 하나님의 구원과 안식을 누리지 못하도록 저해하는 요소들을 안식일의 주인이신 예수님 안에서 제거해야 하고, 주일에도 새 창조를 위한 봉사를 수행해야 한다(마 12:8; 요 5:9, 17).383)

구약의 안식일이 오늘날 한 주의 첫날인 주일로 변한 것은 아니다.384) 신약에서 모든 날이 주일이지만, 예수님의 부활과 새 창조를 기념하여 일요일 즉 주일에 공 예배로 모인다(행 20:7; 고전 16:2; 참고. 계 1:10).385) 이런 의미에서 주일은 성만찬이 있는 예배와 봉사를 위한 안식의 날이다(참고. 시 92편 안식일의 노래). 성도가 주일 공예배로 정기적으로 열심을 내어 회집하는 것은 삼위 하나님과의 언약 갱신을 좋아하고 형제자매와의 교제를 사랑하고 있다는 증거이다.386) 그림자가 아니라 하나님의 현존이 충만한 실체로써 드리는 예배와 성도가 진리 안에서 사랑하는 교제는 성령께서 주도하

---

382) Horton, 『십계명의 랜즈를 통해서 본 삶의 목적과 의미』, 145.
383) 제2 성전 시기 유대인들 안에 안식일을 지키는 규정은 통일되지 않았다. 예수님의 안식일 준수 방식은 유대인들 가운데 자유로운 견해에 가깝다. 참고. Novakovic, "The Decalogue in the New Testament," 382-83.
384) Contra Gispen, *Exodus*, 196.
385) 양용의, 『예수와 안식일 그리고 주일: 마태복음을 중심으로』, 498; 김홍전, 『십계명 강해』, 128.
386) Vorster, "'N Etiek van Liefde," 5.

시는 사역이다(요 4:24; 고후 13:13). 그러므로 그리스도인이 제4계명을 신약 방식으로 지키기 위해서는 성령의 충만을 꼭 간구해야 한다. 그것이 거룩하고 복되게 주일을 준수하는 방법이다(창 2:3). 신약 성도가 구약의 방식대로 안식일을 준수한다면, 십자가와 부활로 안식일을 성취하신 예수님의 구원 사역을 무시하는 처사가 된다. 하지만 구약 안식일에 담긴 정신을 주일 성수에 적용하는 노력은 값지다.

> 일주일의 모든 요일이 안식이 충만하게 회복된 날이지만, 예수께서 다시 오실 그날이 올 때까지는 구약시대에 안식일을 지킨 예를 좋은 유비적인 모델로 받아서 일주일에 적어도 하루는 함께 모여 예배드리고 말씀을 배우고 기도하며 하나님의 나라로서 일주일의 모든 시간을 살아갈 수 있도록 훈련해야 할 것이다. 만약 이러한 '이미와 아직 사이'의 간극을 인지하지 못하고 구약의 안식일 제도는 완성되었으므로 더 이상 아무런 시간상의 절기를 지키지 않아도 된다고 주장하게 되면, 현대 교회의 예배 모임 자체가 급속하게 약화될 것이며, 또한 율법폐기론적 주장으로 치우치게 될 것이다. 구약성경에서 가르친 율법은 예수·그리스도에 의해서 모두 성취되었으므로 종결된 것이지만, 그 율법이 가르치는 삶의 의미 즉 하나님이 통치하시는 나라의 삶에서 실현되어야 하는 율법의 뜻은 그리스도인의 삶을 통해 지켜져야 하는 것이다.387)

그리스도인은 주일의 예배와 잔치와 교제라는 안식을 통해 신천신지에서 맛볼 안식을 미리 경험한다. 그리스도인은 예배를 통해 예

---

387) 김희석, "개혁주의 관점에서 본 안식 개념과 주일성수," 25.

수님께서 성취하신 참 안식을 감사하며 즐기고, 재림으로써 완성될 미래의 안식을 기대한다.

그리스도인이 하나님을 예배하며 육과 영으로 안식한다면, 하나님께서 노동을 멈춘 그 사람을 위해서 일하실 것이다. 하나님께서 은혜를 베푸시지 않는다면 인간의 모든 수고는 헛되다(출 16:26; 시 127:2). 게으름은 '모든 패악의 어머니'(마틴 부처)인데, 그리스도인은 6일 동안 열심히 노동함으로써 참 안식을 누리고 이웃의 빈자를 구제해야 한다.388) 물론 안식일 준수는 예수님 당시의 유대인들처럼 성경의 원칙과 무관하게 장로의 전통을 따라 지킬 수 없다. 기독교 역사를 보면, 교회의 직분자들과 헌신적인 그리스도인은 주일에 병자와 약자와 갇힌 자를 찾아 위로하고 섬기는 데 헌신했다.389) 이런 의미에서 안식일 규정은 복음의 열매를 맺기 위해서 즉 지상명령을 수행하기 위해 주어졌다고 보아도 무방하다.390)

피로사회에서 주5일 근무제는 대체로 환영받지만, 이 제도는 엿새 동안 일하고 제7일에 안식하신 하나님과 모세오경의 율법에 나타난 노동 관념에 어긋나는가?(창 2:2-3; 신 5:13-14).391) 주5일 근무가 성경적 원칙에 정확히 맞아떨어지는 것도 아니며, 그렇다고 반기독교적 정책도 아니라고 볼 수 있다.392) 참고로 이스라엘의 7월은 '절기의 달'이라 불릴 정도로, 대속죄일과 장막절 등 노동을 쉬고 주님을 즐거워해야 하는 날이 많았다. 따라서 구약에서 1년 동안 안식의

388) 참고. 최준혁, "마르틴 부처의 요리문답 연구," (Ph.D. 논문, 안양대학교, 2017).
389) Clowney, 『예수님은 십계명을 어떻게 해석하셨는가?』, 99.
390) Clowney, 『예수님은 십계명을 어떻게 해석하셨는가?』, 99.
391) 제네바 교리문답 176은 숫자 '7'이 완성을 상징하기에, 일곱째 날에 안식하는 것은 안식의 완성을 바라보며, 현세에서 안식이 시작되었음을 가르친다고 설명한다. Calvin, 『깔뱅의 요리문답』, 153.
392) 성기문, "주5일근무제와 구약의 '안식' 준수," 『한국개혁신학』 16 (2004), 59.

날을 모두 계산한다면 일주일에 정확히 6일 동안 일해야 하는 것이 규정이었다고 보기 어렵다. 분명한 것은 주5일이든 아니면 6일이든 소명의 자리인 직장에서 땀 흘려 노동하지 않으면, 꿀 같은 참 안식은 찾아오지 않는다.

적용 ▶ "주일성수가 '예배 참석'이라는 의미로 축소되어버린 느낌조차 든다. 이런 현상은 주일을 지키는 올바른 태도가 아니다. 하나님의 왕국의 안식을 회복하기 위해서 힘쓰고 애써 최선을 다하는 태도로 주일을 지켜야 함이 옳다고 본다."393) 그리스도인은 구약 안식일의 정신을 계승하여, 주일에 사사로운 오락을 금하며, 생필품은 미리 준비해야 한다(느 13:15-22; 참고. 고신 헌법에 나타난 청교도식 주일 성수).394) 따라서 주일에 성도가 가게를 이용하고 음식이나 물품을 교회당으로 배달시키는 것은 경제활동을 하는 사람들에게 예배의 기회를 빼앗고 전도의 장애를 놓는 행태가 된다. 주일에 돈을 사용하지 않는다면, 돈 우상에서 잠시나마 벗어날 수 있다.395) 주일에 영화관을 찾거나 식당을 이용하고 배달 음식을 즐기며 자유하는 사람들은 그렇지 않은 연약한 성도를 시험에 빠트리지 않도록 절제해야 한다. 그리고 형제자매의 신앙 양심을 침해하지 않도록 주의해야 한다(롬 14:5). 하지만 주일에 노동하거나 유희를 즐기면서 양심의 거리낌을 느끼고 남의 눈치를 보는 것은 심각한 사안에 해당한다.396)

---

393) 김희석, "개혁주의 관점에서 본 안식 개념과 주일성수," 27.
394) 고재수, 『십계명 강해』, 60. 참고로 웨스트민스터총회의 안식일에 대한 결정은 바리새주의 경향이었으며, 그것은 청교도의 스콜라 철학적 안식일 엄수주의와 맞물려 있고, 결국 한국교회에 영향을 미쳤다는 주장은 양용의, 『예수와 안식일 그리고 주일: 마태복음을 중심으로』, 485-86을 보라.
395) 김지찬, 『데칼로그: 십계명 어떻게 이해할 것인가』, 234.
396) Horton, 『십계명의 랜즈를 통해서 본 삶의 목적과 의미』, 142.

기독교인 고용주나 사장은 직원들도 주일에 쉬도록 해야 한다(출 23:12).[397] 그리스도인은 주일에 토익과 같은 공인 시험을 치는 것을 반대하는 입법 활동을 추진해야 하는데, 주일 성수 개념이 없는 교인들의 지지를 기대하기 어렵다.

제39주일(제104문)
직분자에 대한 순종과 한계에 대한 제5계명

제104문 제5계명에서 하나님께서 원하시는 것은 무엇입니까?

답 나의 부모님, 그리고 내 위에 있는 모든 권위에 모든 공경과 사랑과 신실함을 나타내고, 그들의 모든 좋은 가르침과 징계에 대해 합당한 순종을 하며, 또한 그들의 약점과 부족에 대해서는 인내해야 합니다. 왜냐하면 그들의 손을 통해 우리를 다스리시는 것이 하나님의 뜻이기 때문입니다.

해설 ▶ 제5계명은 "네 부모를 공경하라. 그리하면 너의 하나님 나 여호와가 네게 준 땅에서 네 생명이 길리라"이다(출 20:12). 십계명 중 첫 네 계명은 종교적이고, 나머지 여섯 계명은 사회적이며 윤리적이라고 선명히 구분하지 않도록 주의해야 한다.[398] 왜냐하면 이웃을 향한 여섯 계명들도 하나님으로부터 나오고, 그것들을 범할 경우 하나님께 범죄하는 것이기 때문이다.[399] 제5계명은 이웃과 사람을 향한 여섯 계명들의 시작으로 부모 공경을 다룬다. 제5계명은 하

---

397) 고재수, 『십계명 강해』, 60.
398) Enns, *Exodus*, 419.
399) Enns, *Exodus*, 419.

나님을 향한 앞의 네 계명과 맞물린다. 왜냐하면 부모는 자녀에게 하나님의 대리인으로서 자녀를 다스리고 돌보기 때문이다. 가정에서 어머니의 역할은 아버지 못지않게 중요하다(레 19:3). 그리스도인이 가정을 떠올릴 때, 주님께서 은혜로 주신 부모와 자녀라는 사실을 기억해야 한다(창 33:5).

구약시대에 패륜아는 사형으로 다스려야 했다(출 21:15). 자녀는 부모의 말씀을 청종해야 한다(잠 19:26; 23:22). 예수님은 유대인들의 위선적인 부모 공경을 질타하셨고(마 15:4-6; 막 7:10-11; 참고. 잠 28:24), 신약 서신서의 가정규례는 부모 공경을 설명한다(엡 6:1-3). 바울은 주님 안에서 부모를 공경하는 사람에게 땅에서 장수할 것이라는 약속을 설명한다(참고. 신 5:16). 이 약속을 출애굽하여 가나안에 정착한 이스라엘 백성에게 적용한다면, 그들이 계명에 순종할 경우 제사장 나라로서 오랫동안 약속의 땅에 거주할 것이라는 의미이다.[400]

하나님께서 가정에 세우신 직분자인 부모는 자녀에게 마땅히 행할 길을 가르쳐야 한다(잠 22:6). 불효자식이 부모의 권징을 거부할 경우, 부모는 교회가 이 문제를 공적으로 다루도록 도움을 요청해야 한다(신 21:18-21).[401] 자녀는 부모의 자녀이기 전에 하나님의 언약 백성이기 때문에, 하나님의 말씀과 권위에 복종해야 한다. 예수님은 어릴 적부터 부모를 존경하며 효도하셨고(눅 2:51), 십자가에 달리셨을 때조차 제5계명을 온전히 지키셨다(요 19:26-27).

제5계명에서 공경 대상인 부모가 어찌하여 '준 신적 권위'(semi-divine authority)를 가진다고 할 수 있습니까? 첫째는,

---

400) Enns, *Exodus*, 421.
401) 김헌수, 『하이델베르크 요리문답 강해 III』, 236.

언어적 측면입니다. '공경하라'(to honor)는 히브리어는 다양한 의미를 가지고 있습니다. '높이 들어올리다'(to prize highly; 잠 4:8), '경의를 표하다, 영화롭게 하다'(to show respect, to glorify and exalt; 시 91:15). 그리고 이 단어가 하나님에 대해 사용될 때 예배 용어가 됩니다(시 86:9). 실제로, 레 19:3은 '너희 각 사람은 너희 부모를 경외하고(to fear; 5계명), 나의 안식일을 지키라'고 명합니다(4계명). 재미있는 것은 레 19:3이 십계명의 제4계명(안식일)과 제5계명(부모공경)을 역순으로 기록한다는 점입니다. 그러므로 부모 공경과 하나님 경외는 같은 의미의 단어가 됩니다.402)

제5계명의 부모는 육신의 부모를 포함하여, 나이와 은사에 있어 모든 윗사람 그리고 하나님의 규례에 따라 '가정과 교회와 국가'에서 우리보다 높은 지위에 있는 모든 권위자(예. 남편, 고용주, 직분자, 대통령)를 포함한다(창 45:8; 삿 5:7; 왕하 2:12; 13:14; 엡 6:5-9; 딤전 5:8, 17; WLC 124).403) 그러므로 하나님께서 그들을 세워서 통치하시기 때문에, 부모에 해당하는 사람들의 권위를 존중하고 비난하기보다 인내하며, 그들을 변호하며 약함을 함께 담당하며 기도하며 존중해야 한다(WLC 127). 부모와 같은 권세자들이 우리 마음에 맞는 경우 혹은 조건을 충족시키는 그 정도만 존중하는 것은 그들을 세우신 하나님의 뜻을 받드는 것이라고 보기 어렵다.404) 독일의 종교개혁가 마틴 부처(1491-1551)는 자신의 교리문답(1543)에서 제5계명의 '부모'에 자신에게 조언을 주는 동료 그리

---

402) 이기업, "십계명 강해," 33.
403) Horton, 『십계명의 랜즈를 통해서 본 삶의 목적과 의미』, 156; Gispen, *Exodus*, 197; Van Bruggen, 『하이델베르크 요리문답 해설』, 437.
404) Van Bruggen, 『하이델베르크 요리문답 해설』, 439.

스도인도 포함시켰다.405) 그리고 크리스천 종이 제5계명을 지킨다면, 부모 격인 주인의 것을 도둑질하지 말아야 한다(딛 2:10; 참고. 제8, 10계명). 여기서도 여러 계명이 서로 연결된다.

하나님은 생명을 세상에 채우는 문화명령(창 1:28) 다음에 가정을 허락하셨다(창 2:18). 문화명령의 생명 존중은 제6명과 직결되고, 가정은 제5계명과 연결된다. 여기서 제5-6계명의 연결고리를 볼 수 있다.

적용 ▶ 가정은 사회의 토대가 되는 기초 단위이다. 그러므로 가정에서 부부와 부모와 자녀 간의 친밀하고 거룩한 관계는 사회의 안정으로 확장된다.406) 자녀가 가정에서 부모의 권위에 순종하지 않는다면, 가정 바깥의 어떤 권위에도 순종하지 않을 것이다. 그 때 부모는 자녀에게 매를 들어야 한다. 자녀가 자신의 이부자리조차 정돈하지 않도록 나태한 삶을 방치하는 부모도 적지 않다. 참고로 HC가 작성될 당시 재세례파는 국가의 권위에 의문을 표하고 저항하기도 했다.

개혁교회의 경우, 장로와 집사는 봉사하는 임기가 정해져 있다. 따라서 이전에 장로로 섬겼다 할지라도 시무 장로가 아니라면 일반 성도로서, 현재 장로로 섬기는 직분자의 권위를 존중해야 한다.407) 교회 안에 자리 잡은 유교의 장유유서의 전통이 직분자로서 실제로 사역하는 것보다 더 권위를 발휘하지 않도록 하려면 성경적 직분론을 정립해야 한다.

---

405) 참고. 최준혁, "마르틴 부쳐의 요리문답 연구," 163.
406) Walton et als (ed), 『IVP 성경배경주석』, 137.
407) 김헌수, 『하이델베르크 요리문답 강해 III』, 252.

제40주일(제105-107문)

살인, 미움, 생명, 그리고 사랑에 대한 제6계명

제105문 제6계명에서 하나님께서 원하시는 것은 무엇입니까?

답 내가 이웃의 명예를 훼손하거나 그들을 미워하거나 해치
거나 죽이지 않기를 원하십니다. 나는 나의 생각이나 말이
나 몸짓으로 무엇보다도 행동으로 그리해서는 안 되고, 다
른 사람을 시켜서 해도 안 되며, 오히려 모든 복수심을 버
려야 합니다. 더 나아가 자기 자신을 해쳐서도 안 되고 부
주의하게 위험에 빠뜨려서도 안 됩니다. 그러므로 살인을
막기 위해서 국가는 또한 칼을 가지고 있습니다.

해설 ◪ 히브리어 두 단어로 가장 짧게 기록된 제6계명은 "살인하지
말지니라."이다(출 20:13). 생명에는 생명이라는 동해보복법(lex
talionis)에 따라, 고의로 사람을 죽인 자는 반드시 죽임을 당해야
했다(창 9:6; 출 21:12; 민 35:30-31). 구약시대에 부지중에 살인한
사람들을 위해 도피성 제도를 운영했다(민 35:22-25). 예수님은 계
명을 지킬 때 마음의 동기를 중요하게 여기시는데, 형제를 향하여
화를 내고 '라카'(ῥακά, 멍텅구리)라고 말하는 것도 살인이다(마
5:22). 칼빈은 마태복음 22장 39절의 이웃 사랑의 계명과 하나님의
형상을 지닌 인간의 존엄에 근거하여, 생각과 행동으로 살인하는 것
을 반대하며 모든 생명은 보존되어야 마땅하다고 주장했다(참고. 창
1:26; 9:5-6; 요일 3:15).[408] 범위를 넓히면 국가는 살인을 막기 위

---

408) R. M. Britz, "Calvin's Exposition of the Sixth Commandment as a
Trajectory in His Catechetical Works," *In die Skriflig* 55/1 (2021), 6-8.

해서 형을 집행할 수 있는 칼의 권한을 가지고 있다(롬 13:4). 낙태도 살인이므로, 태아에게 어떤 증후군의 조짐이 있다고 낙태하지 않도록 주의해야 한다. 물론 자살도 살인이다. 그리고 살인으로 규정되는 안락사에 대한 신학적이고 성경적 대처가 필요하다.[409]

적용 ▶ 사람의 건강과 생명을 위협하는 격투기(예. UFC)나 위험한 레저 활동(예. 번지점프)은 제6계명을 범할 수 있다.[410] 지나친 흡연과 음주도 마찬가지이다. 전쟁을 미화하는 영화를 시청하는 것, 살상무기를 만드는 회사의 주식을 구매하는 것, 반전 운동을 성경적 근거가 없이 전개하는 것, 그리고 구약의 규정을 문자적으로 그리고 성급하게 적용하여 사형제를 주장하는 것도 주의해야 한다(참고. 창 9:6; 롬 13:4).[411]

---

409) 참고로 매장이 아니라 화장을 몸의 부활을 부정하는 행위로 규정하여 반대하는 경우는 De Bruyn, *The Ten Commandments*, 139, 146을 보라.

410) De Bruyn, *The Ten Commandments*, 147.

411) 사형제를 반대한 재세례파, 슐라이에르마허, 칼 바르트 등과 달리, 루터와 칼빈은 롬 13장의 정부가 쥐고 있는 칼의 권세에 근거하여 사형제를 지지했다. 기독교의 대다수 교파와 달리 미국 OPC(정통장로교회)는 창 9:6을 근거로 사형제도를 지지하는데, 미국에서 18세기까지 사형제를 반대하는 것은 성경의 규칙을 반대하는 것으로 간주되었다. 1968년에 미국 그리스도의 교회는 사형제를 폐지하는 데 동의했다. 참고로 국가인권위원회는 헌법 제10조의 인간 생명권 보장 조항을 들어 사형제 폐지를 권고하기로 결정했다(2005년 4월 6일). 그런데 피해자의 인권을 고려할 때, 사형제도는 인간이 생명의 보호와 보상을 받는 최선의 방책이며, 범죄를 예방하고 생명존중을 위한 상징성을 가진다는 주장은 정일웅, "사형제도와 인간의 생명," 『신학지남』 73/2 (2006), 24-27을 보라. 무엇보다 사형을 언도하기까지 (인종, 부, 지위와 무관하게) 공정한 재판이 선행되어야 되돌릴 수 없는 오판을 방지할 수 있다(예. 미국에서 1900-1985년에 걸쳐 25명의 무고한 사람이 사형됨). 사법부에 정의가 구현되지 않으면, 무고한 생명이 희생되기 십상이다. 그리고 사형수가 긴급히 복음을 받아들여 회개할 수 있지만, 교도소 선교사역을 통해 무기수가 회심하는 전도의 많은 열매도 간과할 수 없다. 또한 구약에서 신약으로의 구속사적 발전과 사랑의 윤리를 고려해야 하며, 성경적 정의는 형벌 자체의 집행이라기보다, 회복적 정의라는 사실도 중요하다. 사형제를 존속하더라도 법적인 보완 장치가 필요하다. J. A. du Rand, "Die Doodstraf: 'N Teologiese Standpunt," *Verbum et Ecclesia* 26/2 (2005), 342-52; 이종원, "A Survey on the

제106문 그런데 이 계명은 살인에 대해서만 이야기합니까?

답   아닙니다. 하나님께서는 살인을 금함으로써 살인의 뿌리
         가 되는 시기, 증오, 분노, 복수심 등을 미워하시며, 이 모
         든 것들을 살인으로 여기신다고 가르칩니다.

해설 ▶ HC 106문은 사람을 죽이는 직접 살인 못지않게 증오와 같
은 간접 살인을 중요하게 여긴다.[412] 악한 생각으로도 사람을 죽일
수 있다(마 5:22). 인종차별과 같이 사람을 미워하거나 증오하는 행
위도 살인이므로, 소위 왕따도 사회적 살인이다(요일 3:15). 고리대
금업자도 종종 살인자의 행렬에 가담한다. 하나님 아버지의 지혜이
신 예수님을 구주로 믿지 않고 대적하는 행위는 자신을 영원히 죽이
는 범죄이다(잠 8:35-36). 살인의 반대말은 사랑이며, 살인의 진정
한 궁극적 예방책은 사랑이다.[413]

적용 ▶ 의료 윤리와 연관된 안락사, 낙태, 장기 이식, 사형제 등을
위해서 성경적 규정을 세워야 한다.[414] 여러 가지 중독도 자기 살인
으로 귀결될 수 있다. 참고로 한국 천주교 『교회헌법』 제1398조는
"낙태를 주선하여 그 효과를 얻는 자는 자동 처벌의 파문 제재를 받
는다."라고 규정한다.

제107문 앞에서 말한 방식으로 우리 이웃을 죽이지 않으며, 그것으로

Death Penalty from the Perspectives of the Christian Ethics," 『한국기
독교신학논총』 75/1 (2011), 244-47.
412) Horton, 『십계명의 랜즈를 통해서 본 삶의 목적과 의미』, 193.
413) 제6계명은 외세의 침입에 국가와 정부가 정당하게 나라를 방어하는 것을 허용
    하고, 전쟁 포로나 수감자를 잔인하게 다루는 행위를 금한다는 설명은 Williamson,
    『하이델베르그 요리문답 해설』, 247-49를 보라.
414) De Bruyn, *The Ten Commandments*, 144.

답 아닙니다. 하나님께서는 시기와 증오와 분노를 정죄하심으로써 우리가 우리 이웃을 자기 자신처럼 사랑하여, 인내와 화평과 온유와 자비와 친절을 보이고, 우리가 할 수 있는 한 그들을 해악으로부터 보호하며, 심지어 원수에게도 선을 행하라고 하셨습니다.

해설 ▶ 그리스도인이 원수조차 사랑해야 한다면, 이웃을 향해 시기와 증오와 분노를 멈추고, 사랑을 실천해야 한다. 마음의 독초와 같은 증오는 언행이라는 겉으로 표출되기 마련이다. 이웃을 질병과 해악과 위험으로부터 보호하고, 친 생명 정책을 수립해야 한다. 그리고 자살로 이어질 수 있는 스트레스와 우울감을 덜어주는 노력도 필요하다.

적용 ▶ 거리의 노숙자와 아프리카 등의 기아를 방치하는 것도 간접 살인에 해당한다.[415] 하나님은 이사야를 통해 주린 자와 괴로워하는 자를 먹이고 만족하게 하면 물이 끊어지지 않는 동산 같은 생활을 약속하셨다(사 58:10). 교회가 노숙자를 초청하여 사경회를 개최하여, 복음의 빛으로 그들의 인간 존엄성을 회복시키고 목욕과 식사와 깨끗한 속옷을 제공하는 노력은 아름답다. 그리스도인은 생명 존중을 위해 인터넷상에서 악성 댓글을 통해 타인의 명예를 모독하고 살인으로 이끄는 경우는 극도로 삼가야 한다. 그리스도인은 선거 투표에 임할 때 생명 존중을 공약으로 제시하는 후보를 눈여겨보아야 한다.

---

415) Horton, 『십계명의 랜즈를 통해서 본 삶의 목적과 의미』, 196.

제41주일(제108-109문)

성적 범죄와 혼인에 대한 제7계명

제108문 제7계명에서 하나님께서 원하시는 것은 무엇입니까?

답 모든 부정(不貞)은 하나님의 저주 아래 있습니다. 따라서 거룩한 혼인의 관계에 있든지 독신으로 있든지, 우리는 어떤 부정이라도 마음으로부터 미워하고, 순결하고 단정한 생활을 해야 합니다.

해설 ➡ 제7계명은 "간음하지 말지니라."(οὐ μοιχεύσει, 우 모이큐세이)이다(출 20:14). 혼인은 부부가 하나님의 문화명령을 수행하기 위해 사랑과 순결과 믿음을 촉진하고, 경건한 자녀의 출산을 위해 주어진 하나님의 규례이다(창 1:28; 2:24). 결혼은 남녀의 성관계가 올바른 의미를 발하는 안전한 공간이다. 결혼은 한 남자와 한 여자의 사랑 문제보다 더 큰 의미가 있다. 혼인은 한 남자와 한 여자 그리고 하나님 사이의 사랑 언약이다(창 2:18-25; 말 2:13-16; 마 19:4-6; 막 10:6-9; 고전 11:8-12; 엡 5:31-33).[416] 그런데 미국 장로교회(PCUSA)는 2014년 제221회 총회에서 결혼을 '한 남자와 한 여자 사이의 서약'에서 '두 사람 사이의 서약'으로 바꾸었고,

---

416) Vorster, "'N Etiek van Liefde," 6. 참고로 올레비아누스는 하이델베르크의 한 여인에게 청혼했으나, 칼빈주의자에게 자신의 딸을 아내로 줄 수 없다는 여인의 아버지의 반대로 무산되었다. 그는 스트라스부르의 경건한 과부인 필리피네(Philippine von Metz, d. 1611)와 1561년에 결혼했다. 우르시누스는 1574년경에 늦은 나이에 마르가레타 트라웃바인(Margaretha Trautwein)과 결혼하여 아들 하나를 두었다. 위염, 복통, 손가락 관절염, 그리고 우울증 등으로 병약했던 우르시누스는 아내로부터 헌신적인 돌봄을 받았다. 그리고 그는 여러 질병의 고통 가운데 죽음을 종종 묵상했다. 참고로 선제후 프레드리히 3세의 아내는 통풍으로 고통을 겪었다. 이남규, 『우르시누스·올레비아누스: 하이델베르크 요리문답서의 두 거장』, 129-31, 291, 307.

2018년 제223회 총회에서 다양한 성 정체성인 LGBTQ(IA)을 인정함으로써 결혼을 설계하신 하나님의 의도와 주권을 무시했다.[417]

십계명의 핵심은 새사람이 된 그리스도인이 사랑으로써 수행할 의무 윤리이다. 그러므로 제7계명은 결혼을 사랑하라는 계명이기도 하다.[418] 하나님께서 주시는 지혜를 가지고 배우자는 상대방을 존중하며 필요를 채우는 훈련을 해야 한다(벧전 3:7). 일부다처제 혹은 일처다부제는 배우자의 행복을 추구하기보다 자신의 욕구를 충족시키려는 타락의 양상이다.

간음과 간통은 정당한 결혼과 무관하게 미혼이건 기혼이건 성관계를 맺는 것이다. 배우자의 간통은 이혼 사유이다(레 18:20; 20:10; 마 5:32). 불신 배우자가 신자 배우자를 강압적으로 내쫓아내는 경우도 정당한 이혼 사유이다(고전 7:12-13). 제7계명을 준수하려면, 이성간 결혼을 벗어난 성행위, 혼전 동거, 그리고 근거 없는 산아제한(신 맬서스주의)도 거부해야 한다.[419] 제7계명은 일부다처제에 빠진 부유한 기혼 남성만 표적으로 삼은 계명이 아니다.[420] 참고로 하나님은 언약 백성의 배교와 우상숭배를 혼인을 깨트린 간통에 빗대어 설명하신다(겔 16; 호 1-3; 계 2:14; 17-18).

적용 ▶ 생명의 위협을 받을 정도로 지속적인 가정 폭력이 벌어지는 경우, 그리고 오랜 기간 배우자와 가정을 돌보지 않고 가출한 경우는 합당한 이혼 사유로 볼 수 있다. 행복한 결혼 생활은 간음을 예방

---

417) 김진명, "구약과 신약에서 말하는 '성'과 '결혼'의 주제에 대한 종합적 이해에 대한 연구: 창세기 1장 27절과 2장 18-25절 본문의 정경적 전개에 관한 주석적 연구," 『장신논단』 51/5 (2019), 11, 30-33.
418) Vorster, "N Etiek van Liefde," 6.
419) Van Bruggen, 『하이델베르크 요리문답 해설』, 448.
420) Contra Clines, 『포스트모더니즘과 이데올로기 성서비평: 히브리 성서 저자들과 독자들의 이데올로기』, 59.

하는 최선책이다.[421] 이를 위해, 부부가 함께 아가서를 읽고 느낀
점을 나누어보자.[422]

제109문 하나님께서는 이 계명에서 간음, 또는 그와 같은 부끄러운 죄
만을 금하십니까?

답 우리의 몸과 영혼이 모두 성령의 전이기 때문에 우리가 몸
과 영혼을 순결하고 거룩하게 지키기를 원하십니다. 그렇
기에 하나님께서는 모든 부정한 행동이나 몸짓, 말이나 생
각이나 욕망, 또한 그리로 유혹하는 모든 것을 금하십니다.

해설 ➡ 성령의 전(殿)인 성도는 음행을 피해야 한다(창 39:9; 고전
6:18-19). 부부간의 친밀한 사랑을 위해 성관계가 중요한데, 혼인
관계 바깥에서 음행을 저지르지 않도록 부부는 혼인 때의 서약을 따
라 신의를 지켜야 한다(잠 5:15-23). 제7계명은 섹스어필이나 이른
바 섹시한 행동, 몸짓, 말, 그리고 생각을 금한다. 그리고 성경은 동
성애를 금하는데, 그것은 구약성경이나 신약성경이 기록될 당시에
만 제한되는 규정이 아니다(레 18:22; 20:13; 롬 1:16-17).[423] 제7
계명은 음란한 행실과 음란이 가득한 눈도 금한다(막 6:22; 벧후
2:7, 14). 참고로 남아공 개혁교회(GKSA)는 1927년 총회에서 HC
41주일에 근거하여 제7계명을 어기는 죄의 특성을 규정하지 않은
채 모든 종류의 춤을 금한 바 있다. 그래서 1988년 총회에서 특정
상황에서 춤이 범죄로 이어질 수 있지만, 그렇지 않은 경우도 있기
에 이전 총회의 결정을 철회하라는 건의가 있었다.[424] 그리스도인

---

421) Williamson, 『하이델베르그 요리문답 해설』, 254.
422) 참고. 한병수, 『아가서에 반하다』 (서울: 도서출판 다함, 2021).
423) 참고. 에이즈를 하나님의 심판으로 이해하는 De Bruyn, *The Ten Commandments*,
    209, 214.

은 성령의 전이므로, 홀로 제7계명을 지킬 수 없고 성령님의 도움을
구해야 한다.

제7계명에서 금지된 죄는 요구된 의무를 소홀히 하는 것 외에
간통과 간음, 강간, 근친상간, 남색, 모든 부자연스러운 정욕,
모든 부정한 상상과 생각 및 애정이며, 부패하거나 더러운 모든
서신 왕래 혹은 그것에 귀를 기울임이며 음탕한 표정, 뻔뻔스럽
고 가벼운 행동, 야하고 무례한 옷차림 또한 합법적인 결혼을
하지 않고 불법적인 결혼을 시행하는 것이며, 마음을 허락하고
용납하고 경영하며 바람을 피우는 것이다. 또 독신 생활의 서약
에 말려 들어가는 것과 결혼을 부당하게 지연시키는 것이며, 불
의하게 이혼하거나 유기하는 일이며 또한 게으름과 폭식과 술
취함과 음란한 친구와 사귀는 것이며 음탕한 노래와 서적, 춤과
연극을 즐기는 것이며, 우리 자신이나 다른 사람들에게 음란을
자극하는 것이나 음란 행위를 하는 것이다(WLC 139).

적용 ➡ 성도가 신앙공동체의 타인을 향해 '섹시하다'라는 저속한
말을 사용하는 경우 제7계명을 어기게 된다. 단어 선택에 있어 조심
해야 한다. 소위 '19금' 잡지나 영화나 동영상은 부정한 욕망과 생각
의 덫에 빠트린다. 제7계명은 포르노 시청, 관음증, 그리고 노출이
심한 옷차림도 금한다.[425]

---

424) De Bruyn, *The Ten Commandments*, 165.
425) De Bruyn, *The Ten Commandments*, 222-24.

탐욕을 금하고 이웃의 유익을 추구함에 대한 제8계명

제110문 제8계명에서 하나님께서 금하신 것은 무엇입니까?

답 하나님께서는 국가가 법으로 처벌하는 도둑질과 강도짓만을 금하신 것이 아니고, 이웃의 소유를 자기의 것으로 삼으려고 시도하는 모든 속임수와 간계를 도둑질이라고 말씀하십니다. 이런 것들은 폭력으로 혹은 합법성을 가장하고서 일어날 수 있는데, 곧 거짓 저울이나 자 혹은 되, 부정품, 위조 화폐나 고리대금과 같은 일, 기타 하나님께서 금하신 일들입니다. 하나님께서는 또한 모든 탐욕을 금하시고, 그분의 선물들이 조금이라도 잘못 허용되거나 낭비되는 것을 금하십니다.

해설 ▶ 제8계명은 "도둑질하지 말지니라."이다(출 20:15). 하나님은 만유의 주인이시고, 사람은 청지기이다(시 24:1). 사유재산이 인정되는 사회에서 이웃의 유형 및 무형의 재산(지식, 위엄, 자존감, 자유, 권리)을 불법적으로 자기의 것으로 만들기 위해서 동원하는 모든 행위는 도둑질이다.[426] 인신매매는 매우 심각한 도둑질이다(출 21:16). 도둑질의 근원은 돈을 사랑하고(딤전 6:10), 자족하지 못함에서 나오는 우상숭배와 같은 탐욕이다(골 3:5). 이 세상에서 벌어지는 거의 모든 부정부패는 맘몬과 연결된다고 해도 지나치지 않다.

아이와 청년들도 맘몬 숭배에 빠져들기에, 물질의 청지기, 절제 그리고 정당한 경제활동에 대한 가정교육이 필요하다. 그리스도인

---

426) Walton et als (ed), 『IVP 성경배경주석』, 137.

은 성실하게 일하면서(살후 3:1-12), 빌린 돈을 성실하게 갚고, 합법성을 가장한 부정과 위조, 한탕주의와 중독에 빠트리는 도박 산업, 청탁성 및 선심성 뇌물, 그리고 고리대금 등을 거부해야 한다.427)

땅의 것보다 위의 것을 추구해야 하는 성도는 모든 형편에서 자족을 통해 제8계명을 지킬 수 있다(빌 4:11-12; 골 3:2). 성도가 예수님을 자신의 인생의 주님으로 믿고 인정할 때에만 근본적으로 자족할 수 있다. 그리고 성도는 썩지 않고 쇠하지 않으며 더럽혀지지 않는 천국의 기업으로 자족할 수 있어야 한다(벧전 1:4). 그리스도인은 하나님 나라의 복으로 자족하는 자세를 넘어, 성령의 은사를 비롯하여 하나님께서 주신 모든 선물들을 적극 활용함으로써 제8계명을 지켜야 한다.

참고로 카이퍼는 십계명을 세 범주로 나누어 아래와 같은 병행 구조를 찾는다.428) 하나님과 사람의 존재: 제1계명/제6계명, 하나님과 사람의 세계: 제2계명/제7-8계명, 하나님과 사람의 이름: 제3계명/제9계명. 하지만 이 병행 구조에 제4계명과 제5계명은 빠져있다. 그리고 둘째 범주인 '세계'와 관련하여, 하나님을 피조물의 형상으로 만드는 것(제2계명)과 간음(제7계명) 그리고 도둑질(제8계명)을 '세계'라는 주제로 분류하는 것은 설득력이 부족하다. 다시 말해, 하나님을 형상화하는 것과 도둑질하는 것은 직접적인 병행이나 유비를 찾기 어렵다.

적용 ▶ 현대에는 지적 재산권이 중요하다. 그리고 제국의 약육강식

---

427) Williamson, 『하이델베르그 요리문답 해설』, 258-59; De Bruyn, *The Ten Commandments*, 234.

428) A. Kuyper, "Commentary on the Heidelberg Catechism Lord's Day 42(1895)," trans. by A. Gootjes, *Journal of Markets & Morality* 16/2 (2013), 716.

적인 정복 전쟁은 국가 간의 도둑질이다. 김홍전은 제8계명을 어기는 죄로 신분 사회에서의 기득권을 가진 높은 계층이 낮은 계층민을 수탈한 것을 지적한다(참고. 노예제도). 또한 대형 빌딩이 초래하는 일조권 침해나 빌딩풍 그리고 해변 근처의 대형 건물이 바다 조망권을 독점하는 것도 이 계명과 관련 있다. 김홍전은 그리스도인이 사회를 변화시키는 방법을 혁명적 전복이나 사회의 세력을 의존하는 데에서 찾는 대신, 하나님 나라를 형제애 속에서 현시하는 것이라고 주장한다.[429]

제8계명의 경제적인 측면을 좀 더 적용해보면, 주식이나 부동산을 투기하고 복권으로 불로소득을 노리는 것은 인간의 탐욕을 숙주삼아 번식한다. 그리스도인은 보이스 피싱이나 스미싱과 같이 남의 재산을 속여 강탈하여 재산과 생명까지 파괴하는 범죄를 뿌리 뽑도록 입법 활동을 펼쳐야 한다. 그리고 약속을 잘 지키는 것은 남의 시간을 도둑질하지 않는 방법이다. 그리고 제8계명은 도박과 임금 착취, 그리고 부당한 파업 등도 금한다. 만약 그리스도인 피고용인이 근무 시간에 성경을 읽거나 기도하여 태업을 일삼는다면 고용인의 소유를 착취하게 된다.[430] 또한 성도가 하나님께서 주신 은사와 달란트를 계발하는 것도 제8계명을 지키는 한 가지 길이다.

제111문 이 계명에서 하나님께서 원하시는 것은 무엇입니까?

답　내가 할 수 있고 해도 좋을 경우에는 나의 이웃의 유익을 증진 시키며, 내가 남에게 대접을 받고 싶은 대로 이웃에게 행하고, 더 나아가 어려움 가운데 있는 가난한 사람을

---

429) 김홍전, 『십계명 강해』, 200-210.
430) Horton, 『십계명의 랜즈를 통해서 본 삶의 목적과 의미』, 257.

도울 수 있도록 성실하게 일해야 합니다.

해설 ▶ 제8계명은 제6-10계명을 포괄한다. 제6계명을 어기는 것은 남의 생명을 도적질하는 행위이며, 제7계명을 어기는 것은 남의 배우자를 도적질하는 행위이며, 제9계명을 어기는 것은 이웃의 명예와 인권을 도적질하는 행위이고, 제10계명을 어기는 것은 이웃의 모든 소유를 도둑질하는 발단이기 때문이다.431) 그러므로 십계명 중 하나를 어기는 것은 다른 계명들을 어기는 것이기도 하다.

그리스도인은 직업을 소명으로 여기고 정당한 경제활동으로 이윤을 창출하며, 불신자의 존경을 받도록 노력해야 하고, 더 나아가 이웃의 빈자를 도와야 한다.432) 그리고 적극적으로 황금률을 수행해야 한다(마 7:12). 빈자는 '부자를 위한 성례'(聖禮)이기 때문이다. 구제는 탐욕에 물든 영혼의 질병을 치유한다. 어느 시대이건 가난의 대물림에 사회적 요인이 크게 작용한다. 이를 염두에 두고 사회는 희년의 정신을 존중하고 실천해야 한다. 바울은 "도둑질하는 자는 다시 도둑질하지 말고, 빈궁한 사람에게 구제할 것이 있도록 자기 손으로 일하여 선을 행하라"고 제8계명을 능동적으로 풀이했다(엡 4:28). 이처럼 구원에 이르는 믿음은 하나님과 이웃을 사랑하는 동기에서 나오는 그리스도인의 경건 실천을 동반하는데, 하나님의 영광을 위해 사적인 삶은 물론 공적 영역에서 올바른 동기와 태도를 가지고 살아야 한다.433)

도둑질하지 말라는 사회 부정의(不正義)와도 직결된다. 성경은 약

---

431) 이기업, "십계명 강해," 46.

432) Horton, 『십계명의 랜즈를 통해서 본 삶의 목적과 의미』, 255.

433) M. D. Hugen, "The Shaping Influence of the Heidelberg Catechism on the Pastoral Care of the Church," *Reformed Review* 55/2 (2001), 133-36.

자의 토지와 가산과 임금을 탈취한 권세가들의 죄를 고소한다(사 5:8; 렘 22:13-17; 암 8:4-6; 합 2:9-12; 마 23:14; 약 2:7; 5:4). 이스라엘 백성은 추수하면서 약자를 위해서 일정 부분 남겨두어야 했고, 적극적으로 가난한 사람을 도와야 했다(출 23:11; 레 19:10; 신 15:4-5, 8). 취리히의 종교개혁가 하인리히 불링거(1504-1576)는 사유재산을 훔친 사람은 감옥에 가지만, 공공재(公共財)를 훔친 사람은 황금 길과 레드카펫을 거닌다고 일갈한 바 있고, 루터도 왕과 통치자와 연루된 더 큰 도둑들을 비판했다.434)

적용 ▶ 제8계명은 청지기로 살아야 할 개인의 사유재산을 인정한다. 따라서 성경은 모든 생산과 분배를 국가가 통제하는 공산체제를 거부한다. 또한 모든 소유는 하나님의 것이므로, 그리스도인은 모든 경제활동의 목적을 자신의 이윤 창출에만 두는 통제되지 않는 신자유주의의 문제도 직시해야 한다.435) "내 돈으로 내가 쓰니 참견하지 말라"는 말은 하나님께서 가지고 계신 물질에 대한 주권과 자신의 물질의 청지기직을 무시할 때만 성립된다. 이웃의 빈자를 제쳐두고 애완견에 과도하게 투자하는 것도 제8계명이 교훈하는 우선순위를 어기는 낭비가 아닌가? 소위 과식의 능력을 자랑하는 '먹방'을 통해 폭식을 미화시키는 것은 굶주리는 빈자를 모욕하는 행위가 된다.

---

434) J. Douma, *The Ten Commandments: Manual for the Christian Life* (Phillipsburg: P&R, 1996), 290-91, 305. 참고로 Douma는 신약시대에 십일조 규정을 지키는 데 부정적이다. 구약 이스라엘에서 정교와 시민영역은 구분이 되지 않았기에 십일조는 다양한 영역에 활용되었지만, 오늘날은 종교와 정치가 분리되어서 국민은 세금을 납부하고 있다. 따라서 Douma는 성도는 자원하여 헌금을 하여 지교회의 운영에 기여해야 할 뿐 아니라, 교회당 바깥의 구제 사역에도 힘써야 한다고 본다.
435) Vorster, "'N Etiek van Liefde," 7.

제43주일(제112문)
구원과 참된 증언에 대한 제9계명

제112문 제9계명에서 하나님께서 원하시는 것은 무엇입니까?

답   내가 어느 누구에게도 거짓 증언을 하지 않고, 다른 사람
의 말을 왜곡하지 않고, 뒤에서 헐뜯거나 중상(中傷)하지 않
으며, 어떤 사람의 말을 들어보지 않고 성급히 정죄하지 않
으며, 다른 사람이 성급히 정죄하는 데에도 참여하지 않기
를 원하십니다. 오히려 하나님의 무서운 진노를 당하지 않
기 위해 본질적으로 마귀의 일인 모든 거짓과 속이는 일을
피해야 합니다. 법정에서나 기타 다른 경우에도 나는 진리
를 사랑하고 정직하게 진실을 말하고 고백해야 하며, 할 수
있는 대로 이웃의 명예와 평판을 보호하고 높여야 합니다.

해설 ➡ 하나님은 참되고 진실하시므로 거짓말을 하실 수 없다(민
23:19; 삼상 15:29; 요 17:17; 18:37; 딛 1:2).[436] 진리에 대한 사
랑을 강조하는 제9계명은 "네 이웃에 대하여 거짓 증거 하지 말지니
라."이다(출 20:16). 사람들 사이의 진리와 정직성 그리고 투명성은
좋은 관계와 평화를 보증한다.[437] 사탄은 거짓말쟁이요 거짓의 아
비이다(요 8:44). 입에 파수꾼을 세우고 진실과 함께 기뻐해야 하는
어린양의 신부는 거짓말을 버리고, 참된 것을 말해야 한다(시
141:3; 고전 13:6; 엡 4:25; 계 22:15; 참고. 시 15:1-3). 특히 사람
의 목숨과 인격과 재산이 달린 법정에서 두 명 이상의 증인들은 진

---

436) De Bruyn, *The Ten Commandments*, 248.
437) Vorster, "'N Etiek van Liefde," 7.

실만 말해야 한다(신 17:6; 왕상 21:13; 잠 14:25; 행 6:13). 말의 중요성은 아무리 강조해도 지나치지 않다(약 3:1-10). 제9계명은 비방과 중상모략도 금한다(약 3:5-10).

하나님은 참된 증인이시며 의로운 재판관이시다(삼상 12:5; 말 3:5). 세례 요한은 빛이신 예수님을 증언했다(요 1:6-7). 예수님은 성부와 총독 빌라도 앞에서 선한 고백을 하셨고(딤전 6:13) 성부를 증언하셨다(요 12:44). 예수님께서 행하신 표적들과 일들은 하나님의 아들로서 생명을 주시는 예수님 자신에 대해 증언한다(요 10:25). 성령님은 예수님과 그분의 말씀을 증언하신다(요 16:13). 그리스도인은 복음의 증인이다(마 28:19-20; 행 1:8). 말과 삶으로 복음을 증언하려면, 이웃을 인식 공격하지 말고, 거짓 증언과 말의 왜곡 그리고 성급한 판단을 하지 말아야 한다. 그리고 진리를 따르고 정직히 행하면서 이웃의 명예를 보호하게 된다.

그리스도인의 원수는 거짓의 아비 사탄이다(요 8:44; HC 123). 그리스도인은 예수 그리스도로 옷을 입고 있으므로 옛 사람의 습성인 거짓말을 버려야 한다(고후 11:31; 골 3:9).[438]

적용 ▶ 죄성에 빠진 사람은 모두 속이는 인간(homo fallax)이다. SNS를 통해 자신의 장점을 타인에게 과대 포장하는 것도 주의해야 한다. 그리고 부모는 자녀에게 한 약속을 잘 지켜야 자신의 증언에 충실할 수 있다. 성도의 간증은 하나님의 하신 일을 증거해야 하며, 자신의 업적을 부풀리지 않도록 주의해야 한다(행 14:27).[439] 성령님은 참된 증인이시므로, 간증하는 사람은 성령의 충만을 유지해야 한다(요 16:8-15).

---

438) Novakovic, "The Decalogue in the New Testament," 385.
439) Clowney, 『예수님은 십계명을 어떻게 해석하셨는가?』, 191.

제44주일(제113-115문)

탐욕과 성령의 소욕에 대한 제10계명과 엄격한 십계명 설교

제113문 제10계명에서 하나님께서 원하시는 것은 무엇입니까?

답 하나님의 계명 어느 하나에라도 어긋나는 지극히 작은 욕
망이나 생각을 조금도 마음에 품지 않는 것이고, 언제든지
우리 마음을 다하여 모든 죄를 미워하고 모든 의를 좋아하
는 것입니다.

해설 ▶ 제10계명은 "네 이웃의 집을 탐내지 말지니라. 네 이웃의
아내나 그의 남종이나 그의 여종이나 그의 소나 그의 나귀나 무릇
네 이웃의 소유를 탐내지 말라"이다(출 20:17). '네 이웃의 집'을 제
일 먼저 언급하는 출애굽기 20장 17절은 광야 생활의 시작에서 주
거 문제를 강조하고, '네 이웃의 아내'로 시작하고 '밭'을 포함하는
신명기 5장 21절은 가나안 정착을 앞둔 광야 여정의 끝에 인격적 요
소를 내세워 결혼이라는 공동체 윤리를 강조한 것으로 보인다.[440]
　하나님의 백성은 탐심을 경계하기 위해 무엇보다 자신의 마음을
잘 지켜야 한다(잠 4:23). 자족하지 못하고 마음에 욕심을 부리면 하
나님을 배반하고 멸시한다(시 10:3). 실제로 가룟 유다는 은 30개에
예수님을 팔았다. 자족하는 성도는 우상숭배인 탐심의 이름도 부르
지 말아야 한다(엡 5:3-5; 딤전 6:6-8). 탐심 때문에 이전의 계명들
을 어겨서 사람을 죽이고, 간음하고, 도둑질하며, 거짓으로 증거한
다.[441] 십계명은 수직적인 개인 윤리에 머물지 않고, 하나님 나라

---

440) Gispen, *Exodus*, 199; 이기업, "십계명 강해," 5.
441) 김홍전, 『십계명 강해』, 234.

백성이라는 수평적 공동체를 염두에 둔다.442) 하지만 하나님을 자신의 영원한 기업으로 삼는 사람은 탐욕을 제어한다. 무언가를 더 획득하려는 거머리와 같은 신앙은 어린아이 수준에 머물 뿐 아니라 해롭다(잠 30:15). 그리스도인은 탐욕이라는 우상숭배가 맺는 죽음의 열매에 이르지 않도록 주의하고, 하나님의 의로운 나라를 삶의 우선으로 두어야 한다(사 11:3-5; 렘 23:5-6; 겔 36:25-26; 마 6:32-33; 엡 5:5; 약 1:15). 그리스도인이 중보자 예수님을 통하여 의(義) 곧 회복된 관계를 선물로 받았다면, 이웃을 향하여 약탈과 부정을 일삼지 않고 적극적으로 사회-윤리적 실천으로 발전시켜야 한다(렘 22:17; 암 5:7-13).443) 그리스도인은 경제-사회-정치적 정의를 구현하기 위해 공적 역할을 수행해야 하므로, 빈익빈 부익부를 조장하거나 정의를 경시하는 정당을 지지하지 않도록 주의해야 한다.444) 누구도 이웃에게 해를 끼치면서 하나님을 사랑한다고 말할 수 없다(요일 4:20).

적용 ▷ 『삶, 나 아닌 남을 위하여』라는 자신의 첫 번째 책을 출간한 마틴 부처는 자신의 교리문답에서 제10계명을 설명할 때, 요셉을 유혹한 보디발의 아내를 목판화에 활용했다.445) 부처는 구약 이스라엘의 주택이 아니라 그 당시 독일 가옥을 삽화에 넣어 독일 아이들이 친숙하게 제10계명을 이해하도록 도왔다. 요셉은 남의 아내를 탐내지 않았기에, 제10계명은 제7계명과 연결된다.
　루터에게 적그리스도는 그 당시 로마 교황과 터키족을 합쳐 놓은 것이다. 적그리스도의 정신과 영혼은 교황이고, 그의 육체는 터키족

---

442) Enns, *Exodus*, 424-25.
443) Vorster, "'N Etiek van Liefde." 9.
444) Vorster, "'N Etiek van Liefde." 9.
445) 참고. 최준혁, "마르틴 부쳐의 요리문답 연구," 169, 291.

이다. 교황(Papa 혹은 Pope: 아버지들의 아버지)은 육신을 입고 온 마귀, 곧 살아있는 마귀다. 'Amor'(사랑)를 뒤집으면 'Roma'가 되는데, 실제로 로마는 탐욕을 사랑한 소굴이요 온갖 악의 뿌리였다.446)

제114문 그런데 하나님께 돌아온 사람이 이 계명들을 완전히 지킬 수 있습니까?

답 아닙니다. 가장 거룩한 사람이라도 이 세상에 살 동안에는 이러한 순종을 겨우 시작했을 뿐입니다. 그러나 그들은 굳은 결심으로 하나님의 일부 계명만이 아니라 모든 계명에 따라 살기 시작합니다.

해설 ▶ 하나님 나라의 사랑 윤리를 감사함으로 실천해야 하는 중생한 성도는 십계명을 준수함으로써 감사의 생활에 첫발을 내디딜 수 있다. 그다음 성도는 하나님의 모든 계명을 성령의 도우심으로써 자발적으로 준행함으로써 순종의 완성을 소망해야 한다. 마틴 부처는 십계명을 모두 해설한 후에, 그리스도인은 성령 충만을 구하여 준수할 것을 권면했다. 그러나 이생에서 그 누구도 완전할 수 없다(롬 7:14; 빌 3:12; 요일 1:8).447) 그럼에도 신약의 새 출애굽 하여 새 가나안 땅에 사는 제사장 나라는 성령의 소욕에 따라 굳은 결심으로써 하나님의 계명을 실천해야 한다(갈 5:17; 빌 3:12; 벧전 2:9; 계 1:6). 그리고 성도는 십계명을 준수하지 못할 때마다 회개하며, 율법을 온전히 준수하여 성취하신 예수님께서 주시는 의의 전가를 소망해야 한다.

우르시누스는 중생한 그리스도인은 율법이 요구하는 순종을 세

---

446) Luther, 『탁상담화』, 283-86, 312.
447) De Bruyn, *The Ten Commandments*, 274.

가지 측면에서는 성취할 수 있다고 본다. 첫째, 외적 절제, 둘째, 이신칭의를 통한 의의 전가, 셋째, 내면 및 외면적 순종의 시작이다. 다시 말해 중생한 성도는 외적으로 절제하고 내적으로 순종의 삶을 시작하며, 율법을 온전히 지키시고 성취하신 그리스도의 의를 전가받았기에 자신이 율법에 순종했다는 평가를 받을 수 있다.448)

적용 ➡ 그리스도인에게 십계명은 부담과 의무감 그리고 딱딱한 규례가 아니다. 오히려 자신의 성화를 위해 감사함으로 준수할 삶의 규정이다. '대량생산 대량소비'라는 욕망 자본주의를 따르는 대한민국은 '욕망 공화국'으로 분류되는데, 땅 투기, 성형 열풍, 아파트 투기, 그리고 사교육 열풍, 가상화폐 투기(혹은 투자) 등에 빠져있다.449) 이런 현상에 편승한 그리스도인의 책임은 얼마나 될까?

제115문 이 세상에서는 아무도 십계명을 완전히 지킬 수 없는데 하나님께서는 왜 그렇게 엄격히 십계명을 설교하게 하십니까?

답 첫째, 평생 동안 우리의 죄악 된 본성을 더욱더 알게 되고, 그리하여 그리스도 안에서 사죄와 의로움을 더욱더 간절히 추구하도록 하기 위함입니다. 둘째, 이 세상의 삶을 마치고 목적지인 완전에 이를 때까지, 하나님의 형상으로 더욱더 변화되기를 끊임없이 노력하고 하나님께 성령의 은혜를 구하기 위함입니다.

해설 ➡ 하나님께서 율법을 주실 때, 자기 백성에게 기대하시는 수준이 있다. 그 수준에 도달하려면 엄격히 십계명을 설교해야 한다.

---

448) Ursinus, 『하이델베르크 요리문답해설』, 946; 이경직. "하이델베르크 요리문답 해설에 나타난 믿음과 선행." 14.
449) 김지찬, 『데칼로그: 십계명 어떻게 이해할 것인가』, 448-50, 463.

예배 중에 십계명을 낭독하고 구체적으로 강설하여 회중이 정기적으로 자신의 죄악을 깨닫고 사죄를 통한 의로움을 간절히 사모하여 실천하도록 만들어야 한다. 그리고 십계명을 즐거이 준수하려는 그리스도인이라면 성화를 이끄시는 성령의 도우심을 구하고 하나님의 형상으로 변화되기를 소망해야 한다. 성도는 일평생 경건의 연습을 하는 사람이다.

적용 ➡ 우리의 성화가 더 빠르고 확실해지도록 간구하자. 현대 교회는 16세기 종교개혁의 십계명 해설을 포함한 풍성한 유산을 계승하고 발전시켜야 한다. 신약성경에서 명사 '개혁'(διόρθωσις, 디오르쏘시스)은 히브리서 9장 10절에만 나타난다. "개혁된 교회는 하나님의 말씀으로써 계속 개혁해야 한다."(Ecclesia reformata semper reformanda est secundum verbum Dei)라는 구호는 제2종교개혁(Nadere Reformatie)이 진행되던 1674년에 화란의 개혁자인 로덴스테인(Jodocus van Lodenstein)이 처음 사용한 것으로 보인다. 교회는 성령으로 항상 개혁되어야(always being reformed) 항상 개혁할 수 있다(always reforming). 존재와 사명을 개혁해가는 선교적 교회에게 소명이란 본질상 삶의 현장에서 예수님께서 보여주신 것처럼 덕스러운 모범이 되려는 책임감을 받아들이는 것이다. 참고로 폴스터(N. Vorster)는 "시민으로서 그리스도인에게 덕이란 폭력성과 조직적인 불의를 간파하고, 불의한 목적을 위해 공동선을 뒤엎는 통치자들에게 도전하는 것을 요청한다."라고 설명한다.450)

---

450) 참고. N. Vorster, "Reformed Identity revisited: Proposals in the Spirit of Ecclesia Semper Reformanda est," *In die Skriflig* 54/1 (2020), 7; L. J. Koffeman, "Ecclesia Reformata Semper Reformanda: Church Renewal from a Reformed Perspective," *HTS Teologiese Studies* 71/3 (2015), 2-5.

제45주일(제116-119문)

감사의 가장 중요한 방법인 기도

제116문 그리스도인에게 왜 기도가 필요합니까?

답 기도는 하나님께서 우리에게 요구하시는 감사의 가장 중
요한 부분이며, 또한 하나님께서는 자신의 은혜와 성령을
오직 탄식하는 마음으로 쉬지 않고 구하고 그것에 대해 감
사하는 사람에게만 주시기 때문입니다.

해설 ➡ HC 제116-129문은 '주기도문 해설'을 통해 감사의 삶을
위한 가장 중요한 방편인 '기도'를 다룬다. 그런데 기도가 무엇인지
정의를 내리지 않는다. 기도는 죄와 비참에서 구원을 얻은 참 성도
의 품질 보증서와 같다.[451]

　HC의 주기도문 해설의 구조와 내용은 루터의 기도론보다 칼빈의
주장과 일치한다.

　주기도문을 7개의 간구로 구분한 루터와 달리, 그것은 부처(M.
Bucer)와 칼빈처럼 6개의 간구로 구분한다. 하이델베르크 신앙교육
서가 죄를 빚으로 간주하고 동의어로 사용하는 것, 이웃의 죄를 용
서하는 것이 하나님께 자신의 죄 용서를 구하는 전제가 아니라 결과
라고 주장하는 것, 그리고 주기도문의 마지막 부분, '나라와 권능과
영광이 영원히 아버지의 것입니다.'의 필요성을 강조하는 것 등은
확실히 개혁주의 신학, 즉 칼빈과 우르시누스의 견해와 일치하는 내
용이고, 루터의 기도 신학과는 전혀 다른 요소들이다.[452]

---

451) Williamson, 『하이델베르크 요리문답 해설』, 272.
452) 황대우, "하이델베르크 신앙교육서에 나타난 주기도문의 신학적 특성," 『선교
　　와 신학』 39 (2016), 387.

우르시누스는 HC의 전체 구조를 통해 성령론을 풍성하게 설명하면서, 기도로 찾고 열망하는 사람에게만 성령의 충만함이 주어진다는 사실을 놓치지 않는다.453)

성도는 평생 기도해야 한다(시 116:2). 그런데 기도는 성도가 어려움과 문제를 해결하는 수단에 그치지 않는다. 쉬지 말고 탄식하며 진심으로 기도해야 하는 성도에게 기도는 하나님께서 성령과 말씀을 주시는 통로이며 일상의 은혜에 대한 감사를 표하는 수단이다(삿 4-5; 시 50:14-15; 100:4; 사 66:2; 살전 5:17-18). 총독 느헤미야가 예루살렘 성벽을 재건한 후, 아삽의 증손인 맛다냐는 기도할 때 감사하는 말씀을 인도했다(느 11:17). 하나님의 사람 다윗 왕 이후로 곡조가 있는 기도인 찬송의 주요 기능도 하나님께 감사를 드리는 것이었다(느 12:24, 36, 46). 우리의 위로자이신 주 예수님은 기도의 본(기도의 대상에 대한 바른 인식, 진심, 겸손, 간절함)을 보이셨다(히 5:7).454) 따라서 기도의 기원은 사람이 아니라 삼위 하나님께 있다.455) 아버지 하나님의 가족은 대화적 관계 속에 놓여 있기에, 그분의 자녀에게 기도는 필수 불가결하다. 마찬가지로 육신의 가족은 함께 모여 하나님의 말씀을 들을 뿐 아니라 그분에게 말씀을 올

---

453) D. R. Hyde, "The Holy Spirit in the Heidelberg Catechism," *Mid-America Journal of Theology* 17 (2006), 226, 236-37. 참고로 HC의 기도에 대한 해설은 '진주'(pearl)처럼 귀하다는 주장은 Verboom, "Vijf Parels in de Heidelbergse Catechismus," 7을 보라.

454) 황대우, "하이델베르크 신앙교육서에 나타난 주기도문의 신학적 특성," 372; E. Mouton, "The Heidelberg Catechism on Prayer: Relevance of a 16th Century Confession for 21st Century Households?" *Acta Theologica Suppl* 20 (2014), 182-84.

455) C. J. Wethmar, "Die Gebed: Enkele Gesigspunte in Verband met die Aard en die Inhoud van die Christelike Gebed met Besondere Verwysing na die Heidelbergse Kategismus," *Skrif en Kerk* 8/1 (1987), 100.

려드림으로써 서로 사랑과 결속력을 키워야 한다.456) 기도는 하나님과 감사함으로 누리는 교제이므로, 그리스도인은 탄식하는 마음으로 은혜와 성령을 구해야 한다(롬 8:23, 26-27; 엡 6:18; 히 7:25). 예수님이야말로 기도로써 아버지 하나님과 교제하기를 기뻐하신 모델이시다(눅 3:21; 5:16; 6:12; 9:18, 28-29; 11:1; 22:41).

적용 ▶ "주기도가 오용되어 자주 순교 당한다."라고 일갈한 루터는 기도를 그리스도인의 삶에 필수 요소로 보았는데, 담대하고 정직하며 겸손한 자세로 자주 기도할 것을 강조했다. 그가 제시한 기도의 몇 가지 지침은 다음과 같다. 미루지 말고 곧장 할 것, 자주 그리고 무시로(일어나자마자 그리고 잠자리에 들 때, 식사 전후, 고통과 절망과 어두움[문자적 밤을 포함] 가운데서) 기도할 것, 기도에 서툴러서 냉담하고 잔인하게 행동하는 것을 방지하도록 기도할 것, 하나님께 받은 은혜에 대한 감사를 먼저 드릴 것, 필요를 솔직하게 아뢸 것, 반복하면 쌓이는 선행이나 공로로 여기지 말고 하나님과 참되고 친밀하게 대화할 것, 하나님의 응답을 믿고 강청하되 의미 없이 반복하지 말 것, 필요시 위를 보면서 손을 들고 앉지 말고 무릎 꿇고 머리를 흔들지 말고 기도할 것. 루터는 서거나 무릎 꿇고 기도할 때, 혼자가 아니라 모든 성도가 옆에서 함께 기도한다고 생각하라고 권면한 바 있다. 그리고 루터에게 있어 기도하는 자세는 마음의 태도를 반영했다.457) 칼빈은 기도를 '경건의 주된 실행'으로 보았는데 (시 50:23), 그의 제네바 교리문답서(1542/1545)의 무려 62개 문답에 걸친 주기도문 해설은 HC의 총 13개에 걸친 주기도문 해설에 지대한 영향을 미쳤다.458)

---

456) Mouton, "The Heidelberg Catechism on Prayer,"185.
457) 루터신학교의 M. J. Haemig, "Practical Advice on Prayer from Martin Luther," *Word & World* 35/1 (2015), 22-30에서 요약.

제117문 하나님께서 기뻐하시고 들으시는 기도는 어떤 것입니까?

답　　첫째, 그의 말씀에서 자신을 계시하신 유일하신 참 하나님
께만 그분이 우리에게 구하라고 명하신 모든 것을 마음을
다하여 기도합니다. 둘째, 우리 자신의 부족과 비참함을
똑바로 철저히 깨달아 그분의 엄위 앞에 겸손히 구합니다.
셋째, 비록 우리는 받을 자격이 없는 자들이지만, 하나님
께서 자신의 말씀에서 약속하신 대로, 우리 주 그리스도
때문에, 우리의 기도를 분명히 들어주신다는 이 확실한 근
거를 우리는 가지고 있습니다.

해설 ▶ 하나님께서 열납하시는 올바른 기도는 하나님의 말씀에 근
거한다. 그리스도인은 하나님께 집중하여 경외심과 진심으로, 자신
의 비참과 부족을 인정하면서 겸손히, 온전한 믿음과 소망으로, 그
리고 감사함으로 예수님의 이름으로 아뢰어야 한다(마 7:7; 빌 4:6;
약 1:6-7).459) 그리스도인은 기도를 통해 아버지 하나님과 중보자
예수님을 더 알고, 자신의 참된 모습도 알게 된다. 우리의 기도를 탄
식하시며 도우시는 성령님을 의지하여, 하나님의 뜻에 합치되는 기
도는 반드시 응답된다(롬 8:26; 요일 5:14-15). 그리스도인은 예수
님의 대속의 공로를 의지하여, 응답하시는 은혜를 믿고 기도해야 한

---

458) C. F. C. Coetzee, "'N Vergelyking van Calvyn se 1545-Kategismus en
die Heidelbergse Kategismus oor die Onse Vadergebed," *Koers* 74/4
(2009), 718-27.

459) 하나님을 경외하며 겸손히 그리고 소망 중에 기도하는 사람은 고난 중에 있는
이웃을 돌보려는 마음으로 기도해야 한다. 이런 기도로 인격이 형성된 사람은
일상도 경외, 겸손, 소망 중에 이웃을 돌봄으로써 선교적으로 살 수 있다. 하나
님은 우리가 급할 때만 부르는 하늘의 비상약이나 외과용 메스가 아니다. A.
Verhey, "Prayer and the Moral Life according to the Heidelberg
Catechism," *Reformed Review* 48/1 (1994), 32-34.

다. 기도하면서 자기가 믿는 신을 조정하려고 노력하거나 중언부언하는 것은 자기의 공로를 의지하는 행태이다(왕상 18:26-29; 마 6:7).[460] 자신의 정욕을 채우려는 기도는 아무런 응답이 없다(약 4:3). 기도는 성부에게는 물론, 성자와 성령에게도 드려야 한다(계 5:8).

적용 ➡ 하나님의 말씀이 우리 안에 거하면 무엇이든지 원하는 바 즉 말씀에 합치하는 모든 것을 두고 기도해야 한다(요 15:7). 이 사실 때문에 수요기도회나 금요기도회 때 말씀 묵상과 선포 후에 기도한다(느 9:3-6, 29). 교부 프로스퍼(Prosper of Aquitaine)는 "기도하는 법이 우리의 믿는 법을 결정한다."(ut lex supplicandi statuat legem credendi)라고 주장했는데, 기도의 내용과 방식은 믿음과 삶의 변화도 결정한다.[461]

제118문 하나님께서는 그에게 무엇을 구하라고 우리에게 명하셨습니까?

답 영혼과 몸에 필요한 모든 것인데, 그리스도 우리 주께서 친히 가르쳐주신 기도에 그것들이 다 담겨있습니다.

해설 ➡ 예수님은 사람의 육체는 도외시하고 영혼만 선하다거나 중요하다는 영지주의나 가현설을 거부하신다. 주기도는 하나님의 이름, 나라, 그리고 뜻을 먼저 기도할 것을 교훈한다. 곧이어 일용할 양식, 용서의 실천과 사탄의 시험으로부터의 구원을 기도하라고 가

---

460) 하나님을 의지하여 기도할 때는 아르미니우스주의자가 없다. 김헌수, 『하이델베르크 요리문답 강해 IV』(서울: 성약, 2010), 91-92.
461) 김인수, "기도 신학: 욕망(desire)의 변화(transformation)를 중심으로," 『신학과 실천』 74 (2021), 307, 309-311, 316. 참고로 김인수는 "기도를 통한 변화는 삼위일체 하나님의 성령 주도적(Spirit-led) 삶을 통해 가능한데, 우리들의 인식과 존재의 변화를 수반한다."라고 주장하면서 동시에 자기 비움을 위한 관상기도를 긍정한다.

르친다. 사람의 영과 육이 모두 중요하기 때문이다(살전 5:23). 주기도는 모델하우스와 같기에, 성도는 이 견본집에 구속되어 살 필요는 없다.462) 오히려 성도는 모든 기도의 표본인 주기도를 확장하여 풍성한 기도 생활을 추구해야 한다.

적용 ▶ AD 100년경 기독교 문서인 디다케 8은 주기도를 하루에 세 번 할 것을 제안한다. 그런데 반복해서 기도할 경우 중언부언하지 말아야 한다.

제119문 주님께서 가르쳐주신 기도는 무엇입니까?

답 하늘에 계신 우리 아버지, 이름이 거룩히 여김을 받으시오며, 나라이 임하옵시며, 뜻이 하늘에서 이룬 것같이 땅에서도 이루어지이다. 오늘날 우리에게 일용할 양식을 주옵시고 우리가 우리에게 죄지은 자를 사하여 준 것같이 우리 죄를 사하여 주옵시고 우리를 시험에 들지 말게 하옵시며 다만 악에서 구하옵소서. 대개(大蓋) 나라와 권세와 영광이 아버지께 영원히 있사옵나이다. 아멘.

해설 ▶ 예수님의 제자들이 기도를 가르쳐 달라고 요청하자, 평소 기도에 힘쓰셨던 주님은 모든 기도의 모델이 되는 기도(model prayer)를 가르치셨다(눅 11:1).463) 다시 말해, 예수님은 주기도로써 기도를 가르치셨고, 그리스도인은 주기도로써 기도를 배운다. '이렇게'(Οὕτως, 후토스, 마 6:9)는 기도의 올바른 방식을 가리키는데, 주기도문은 천국 공동체가 드려야 하는 기도의 모델이다.464) 크

---

462) Williamson, 『하이델베르그 요리문답 해설』, 274.
463) D. L. Turner, *Matthew*, BECNT (Grand Rapids: Baker, 2008), 185.
464) Osborne, *Matthew*, 227,

게 볼 때, 주기도는 호칭, 간구, 송영, 그리고 아멘의 순서로 구성된 다.465) 2인칭 복수 현재 명령형 '기도하라'($\pi\rho o\sigma\epsilon\acute{u}\chi\epsilon\sigma\theta\epsilon$, 프로슈케 스쎄)는 지속적인 기도의 필요성을 강조한다(눅 18:1-8). 한글 개역 개정이 삭제한 주기도문 마지막의 '대개'('O$\tau\iota$, 호티, 大蓋)는 '일의 큰 원칙으로 말하건대'라는 의미의 중요한 접속사이다.

적용 ▶ 스웨덴 출신으로 하버드대에서 박사학위를 받은 철학 및 조직신학 교수 넬스 페레(Nels F. S. Ferré[1908-1971])는 "나는 기도한다. 고로 나는 존재한다."(I pray, therefore I am being)라는 말을 남겼다. 하나님의 뜻을 찾는 참된 기도라면 응답될 때까지 계속해야 한다(PUSH: Pray Until Something Happen!).

제46주일(제120-121문)
삼위의 사역으로 우리의 아버지가 되신 하나님

제120문 그리스도께서는 왜 하나님을 "우리 아버지"로 부르라 명하셨습니까?

답 그리스도께서는 기도의 첫머리에서부터 우리 마음에 하나님에 대하여 어린아이와 같은 공경심과 신뢰를 불러일으키기를 원하셨는데, 이것이 우리 기도의 기초입니다. 하나님께서는 그리스도로 말미암아 우리 아버지가 되셨으며, 우리가 믿음으로 구하는 것에 관해서는 우리 부모가 땅의 좋은 것들을 거절하지 않는 것보다 훨씬 더 거절하지 않으

---

465) Van Bruggen, 『하이델베르크 요리문답 해설』, 475.

실 것입니다.

해설 ▶ 구약성경에 하나님을 '아버지'라 친밀하게 부른 경우는 하나님께서 창조주이심을 강조하고(사 64:8) 하나님과 이스라엘 사이의 언약을 강조하기 위함이다(신 14:1-2).466) 또한 이스라엘 백성에 대한 아바(abba) 하나님의 권위를 갖춘 부성(父性)적 사랑을 강조하려는 목적도 있다(시 103:11; 제네바 교리문답 260).467) 복음서에 '아버지'(πατήρ, 파테르)는 170회 이상 등장한다. 예수님은 개인적으로 하나님을 '아버지'라 부름으로써(마 11:27; 막 14:36), 성도도 하나님을 '아버지'라 친밀하고도 경외하는 방식으로 부르게 하신다(요 20:17; 롬 8:15; 갈 4:6; 참고. 사 63:16).468) 우리가 '아바 아버지'라 부르는 것은 우리의 일상생활에 하나님의 보호의 손길을 신뢰한다는 말이다.469) 공동체는 함께 '우리 아버지'라고 부름으로써, 하늘 아버지께서 주실 좋은 것을 함께 기대해야 한다(마 7:11). 교회는 하나님의 은혜와 구원의 언약 덕분에 맺어진 하나님의 가족이다.470)

적용 ▶ 초기 교회는 성도의 어머니인 '교회의 자궁에 잉태'된 상태에 있던 세례 받기 직전의 교인에게 주기도를 가르치기도 했다.471) 그리고 세례식 중에 혹은 세례를 받은 사람에게만 주기도를 가르치

---

466) 최갑종, 『예수님이 주신 기도』 (서울: 이레서원, 2000), 50.
467) F. D. Bruner, *The Christbook: Matthew 1-12* (Grand Rapids: Eerdmans, 2004), 295.
468) 아람어 '아바'는 아람어 '아비'(내 아버지)보다 용례가 더 일반적이었는데, 친밀감과 존경심을 모두 포함한다. U. Luz, *Matthew 1-7*, Hermeneia (Minneapolis: Fortress, 2007), 314; Osborne, *Matthew*, 228.
469) 송영목, 『신약주석』 (서울: 쿰란출판사, 2008), 35에서 재인용.
470) Turner, *Matthew*, 186.
471) 최승근, "세례받은 자들의 기도, 주기도문: 그리스도인의 정체성과 가치관," 『복음과 실천신학』 56 (2020), 136.

기도 했다. 왜냐하면 그들은 하나님을 '아버지'라고 진심으로 부를 수 있기 때문이다. 고아들의 아버지로 자처하신 야웨는 친밀과 자비와 긍휼로 충만하시다. 그분이 바로 그리스도인의 아버지이시다. 팔츠 옛 예전서에 따르면, 주일예배 시에 고아와 과부, 약자, 병자, 시험당하고 고통당하는 모든 사람에게 주님의 평화와 위로를 베풀어 달라는 기도를 드렸다.

제121문 "하늘에 계신"이라는 말이 왜 덧붙여졌습니까?

답   하나님의 천상의 위엄을 땅의 것으로 생각지 않고, 그분의 전능하신 능력으로부터 우리의 몸과 영혼에 필요한 모든 것을 기대하도록 하기 위함입니다.

해설 ▶ 마태복음 6장 9절을 비롯하여 여러 구절에서 사용하는 복수형 명사 '하늘'(οὐρανόι, 우라노이)은 만유에 대한 하나님의 비가시적 통치를 강조한다(참고. 시 33:13-15; 사도신경의 첫 고백).[472] 이를 상술하면, 마태복음에서 단수형 '하늘'(οὐρανός, 우라노스)은 (가끔 '땅'과 함께 사용되는데) 가시적인 지상의 세계를 가리키지만 (마 6:10; 16:19; 18:18; 28:18), 복수형 '하늘들'(οὐρανόι, 우라노이)은 비가견적인 하나님의 영역을 의미한다. 이 원칙에 맞추어 마태는 13회에 걸쳐 '하늘에 계신 아버지'(Πάτερ ἐν τοῖς οὐρανοῖς, 파테르 엔 토이스 우라노이스) 역시 복수형 '하늘들'(οὐρανόι, 우라노이)로 표기한다(마 6:9 등; 참고. 막 11:25).[473]

하나님의 자녀는 하나님을 '아버지'라고 부름으로써 친근함과 의

---

472) Bruner, *The Christbook: Matthew 1-12*, 296.
473) J. T. Pennington, "The Kingdom of Heaven in the Gospel of Matthew," *SBJT* 12/1 (2008), 45-50.

존성을 누린다. 그럼에도 불구하고, 주님은 '하늘에 계신'(ἐν τοῖς ο ὑρανοῖς, 엔 토이스 우라노이스) 하나님이기에 우리보다 초월해 계시는 주권적인 통치자이시다(시 25:1; 121:1).474) 즉 성부께서는 우리의 영광을 받으시기에 합당하신 분이시다. 하늘 아버지는 기도하는 자녀의 필요를 애정과 능력으로 채우신다. 하늘 아버지는 '우리 안에 계신 아버지'로 축소되지 않는다.475)

적용 ▶ '우리' 아버지에서 주기도는 공동체가 함께 드리는 기도임을 알 수 있다.

제47주일(제122문)
주님의 이름을 주님께서 거룩하게 하심(첫째 간구)

제122문 첫째 간구는 무엇입니까?

답   "이름이 거룩히 여김을 받으시옵소서."로, 이러한 간구입니다. "무엇보다도 먼저 우리로 하여금 주님을 바르게 알게 하여 주옵시며, 주님께서 행하시는 모든 일에서 주님을 거룩히 여기고 경배하며 찬송하게 하옵소서. 주님께서 행하시는 일에는 주님의 전능과 지혜와 선하심과 의와 자비와 진리가 환히 빛나옵나이다. 또한 우리의 모든 삶을 지도하시고 우리의 생각과 말과 행동을 주장하셔서, 주님의 이름이 우리 때문에 더럽혀지지 않고 오히려 영예롭게 되

---

474) Osborne, *Matthew*, 228.
475) Bruner, *The Christbook: Matthew 1-12*, 297.

고 찬양을 받게 하옵소서."

해설 ▶ 성경에서 '이름'($\check{o}\nu o\mu\alpha$, 오노마)은 그 이름을 가지고 있는 사람의 실제적인 특성이나 존재의 핵심을 가리킨다. 그래서 사람이 새로운 이름을 가진다는 것은 그 사람의 정체성이 바뀌는 것을 의미한다(창 17:5; 32:28). 제3계명은 "하나님의 이름을 망령되이 일컫지 말라"고 주의를 준다(출 20:7). 왜냐하면 하나님의 이름은 하나님의 영광스러운 존재와 임재와 사역 전체를 대변하기 때문이다. 하나님의 이름 곧 그분은 온 땅에 매우 아름답다(시 8:1).

마태복음 6장 9절b의 '이름이 거룩히 여김을 받으시오며'에서 '거룩히 되다'($\dot{\alpha}\gamma\iota\alpha\sigma\theta\dot{\eta}\tau\omega$, 하기아스쎄토)는 아오리스트 신적수동태 명령형이다. 그러므로 사람이 하나님의 이름을 거룩히 하는 것이 아니라 하나님께서 자신의 이름을 친히 거룩하게 하신다. 메시아 예언인 에스겔 39장 7절의 빛에서 볼 때, 구약 이스라엘 백성에 의해 실추된 하나님 이름을 거룩히 만드는 주체는 성부 하나님이 아니라 예수님이시다(겔 36:21, 23).[476] 동사 '거룩히 되다'가 아오리스트 시제이기에 어떤 결정적인 한순간에 하나님의 이름이 거룩히 여김을 받으신다. 예수님의 십자가와 부활 그리고 승천으로 아버지 하나님의 이름이 거룩히 되셨다(요 17:4).[477] 예수님은 아버지의 이름을 사람들에게 알리러 오셨다(요 17:26). 그렇다면 예수님께서 단번의 대속의 죽으심과 부활 및 승천으로써 하나님 아버지의 이름을 거룩하게 하셨다면, 신약 교회에게 이 첫 번째 기도를 가르치신 의도는 무엇인가? 예수님의 재림 때까지 계속하여 예수님의 십자가와 부활

---

476) Van Bruggen, 『하이델베르크 요리문답 해설』, 481.
477) 김헌수, 『하이델베르크 요리문답 강해 IV』, 114-15; 최갑종, 『예수님이 주신 기도』, 98. Contra Luz, *Matthew 1-7*, 316.

로 거룩하게 되신 하나님의 이름은 더욱 선포되고 완성되어 가야 하기 때문이다. "이름이 거룩히 여김을 받으시오며"라는 기도를 드릴 때, 예수님의 십자가와 부활로 이미 거룩하게 되신 하나님의 이름이 우리의 복음 증거와 삶으로써 더욱더 온 세상에서 거룩히 되고 합당한 방식으로 영화롭게 되도록 해야 한다는 선교적이면서도 윤리적인 책임감을 가져야 한다.478) 이를 위해 그리스도인은 성부 하나님의 이름 즉 거룩하신 하나님의 아버지 되심을 정확하게 더 알아가기 위해 기도해야 한다(계 4:8).479) 물론 그리스도인은 이 기도를 드린 후 자기의 명성을 알리기를 포기하고, 더 거룩하게 변화되어야 한다.

십계명 중에서 우상숭배 금지와 하나님의 이름을 망령되게 일컫지 않음, 그리고 안식일 준수라는 첫 네 계명은 하나님과 직접 관계 있다. 마찬가지로 주기도문의 첫 세 기도도 하나님의 이름과 나라와 뜻과 직결된다. 그런데 이름, 나라, 뜻은 분리되지 않는다. 왜냐하면 사랑과 정의에 걸맞은 하나님의 '이름'은 그분의 '나라'를 건설하시려는 '뜻'으로써 실현되기 때문이다.480)

적용 ▶ 하나님의 이름은 우리가 성부를 향하여 가진 '믿음'을 위한 기도이고, 하나님 나라는 예수 그리스도의 나라가 도래할 것이라는 우리의 '소망'을 위한 기도이며, 하나님의 뜻은 우리가 성령의 능력으로 '사랑' 가운데 뜻을 실천하려는 기도이다(참고. 엡 5:5).481)

---

478) 이 단락은 송영목, 『신약주석』, 36에서 재인용. 참고. 홍창표, 『하나님의 나라와 의: 산상보훈해설』 (서울: 크리스챤북, 1997), 262-63.
479) 김헌수, 『하이델베르크 요리문답 강해 IV』, 106.
480) 최승근, "세례받은 자들의 기도, 주기도문: 그리스도인의 정체성과 가치관," 140, 157.
481) Bruner, *The Christbook: Matthew 1-12*, 305.

제48주일(제123문)

말씀과 성령으로 다스리는 주님의 나라(둘째 간구)

제123문 둘째 간구는 무엇입니까?

답　"나라이 임하옵소서."로, 이러한 간구입니다. "주님의 말씀과 성령으로 우리를 통치하시사 우리가 점점 더 주님께 순종하게 하옵소서. 주님의 교회를 보존하시고 흥왕케 하옵시며, 마귀의 일들과 주님께 대항하여 스스로를 높이는 모든 세력, 그리고 주님의 거룩한 말씀에 반대하는 모든 악한 의논들을 멸하여 주옵소서. 주님의 나라가 온전히 이루어져 주님께서 만유의 주가 되실 때까지 그리하옵소서."

해설 ▶ HC는 하나님 나라를 미래 사후에 들어갈 천당으로 통속적인 방식으로 이해하지 않는다. 예수님은 약 70회 정도 '하나님 나라'를 직접 언급하셨다. '이미 그러나 아직 아니'라는 종말론적 특성을 가지는 하나님 나라는 하나님 중심이기에 인간의 도움으로 이루어지는 것이 아니다. 하나님 나라는 하나님의 이름이 거룩하게 되는 나라이다(슥 14:8-9).[482] 하나님은 그리스도의 복음과 성령으로써 자기 백성을 다스리신다(행 2:42). 그래서 칼빈에게 강대상은 하나님의 보좌와 같다. 성도가 기도하며 말씀을 받았다면 점점 더 하나님께 순종해야 한다.

　하나님의 나라는 우선적으로 사탄과 죄를 물리친 수직적인 것이며 영적이다(마 12:28; 골 1:23). 하나님은 그 악한 자인 사탄과 그의 졸자들로부터 자신의 교회를 보존하신다(마 16:18; 계 12:6,

---

482) 김헌수, 『하이델베르크 요리문답 강해 IV』, 126-27.

14). 그렇다면 하나님의 나라는 오직 영적이고 수직적인 것이기에, 이 세상의 문제들인 인간의 존엄성, 평등, 자유, 정의, 환경, 인권과 같은 문제와는 무관한 것인가? 아니다. 부활하시고 승천하신 만유의 주이신 예수님의 왕권은 우주적이므로 어느 영역 하나라도 주님의 통치에서 벗어날 수 없다(엡 1:10, 20-23; 빌 2:9-11; 골 1:16-20).483) 하나님 나라가 임하고 확장되면 이미 패배한 마귀의 세력은 덩달아 저항하게 된다(마 11:12; 계 12:9-11). 그럼에도 교회는 하나님 나라를 위한 영적 전투에 용감히 참여해야 하는데, 성령 안에서 기도하면서 하나님의 전신갑주를 입어야 한다(엡 6:14-18).

여기서 주의할 것은 마태복음 6장 10절에서 "하나님의 나라가 임하옵소서!"라고 기도한다고 해서 하나님의 나라가 아직 임하지 않은 것으로 볼 수 없다는 점이다.484) 더욱이 우리가 하나님을 왕으로 만들어야 된다는 것은 더 이치에 맞지 않다. 죄인들이 하나님을 왕으로 인정하지 않을 뿐이므로, 이제 만유가 하나님을 왕으로 인정하도록 소망하며 뒤틀린 것이 바로잡혀 정상적인 것이 되도록 기도하는 것이다. 계시록 11장 15절의 "세상 나라가 우리 주와 그분의 그리스도의 나라가 되어 그분이 세세토록 왕 노릇하시는 것"이 "나라가 임하옵시며"의 뜻이다. '임하옵시며'(ἐλθέτω, 엘쎄토, 아오리스트 능동태 명령형 3인칭 단수)는 하나님 나라의 임함은 바로 예수님의 '십자가와 부활-승천-성령강림'에서 결정적으로 가능했음을 의미한다. 따라서 이 간구는 주님의 십자가와 부활 그리고 승천으로 죄와 사탄의 권세에서 회복된 우리의 삶의 모든 현장에서 하나님의 다스리심이 더욱 강력히 임하며, 주님의 재림으로 하나님의 나라가 완성될

---

483) 최갑종, 『예수님이 주신 기도』, 177.
484) Osborne, *Matthew*, 228.

것을 소망하는 기도이다. 이미 임한 하나님 나라가 확장되며, 아직 임하지 않은 하나님 나라가 조속히 실현되기를 간구하는 것이다(참고. WLC 191).[485]

HC 123문의 마지막 증거 구절은 고린도전서 15장 28절이다. 승천하신 예수님은 만유와 원수들을 자신에게 복종시키는 사역을 계속 진행 중이시다. 그러므로 HC는 승리의 종말론과 천년설(eschatology of victory and chiliasm)을 가르친다.[486]

칼빈에 따르면, 성도가 하나님 나라가 임하도록 기도하는 것은 성도의 수가 나날이 증가하고, 그들에게 은혜를 나날이 더해주셔서 모든 은혜로 충만하게 채워주시라는 간구이다. 그리고 하나님의 진리와 공의를 밝히셔서 사탄의 나라와 모든 불의의 영향력을 파멸시켜 달라는 간구이다(제네바 교리문답 269).

적용 ▶ 서방 라틴전통이 미래적인 하나님 나라의 도래에 초점을 두었다면, 동방 헬라전통은 예배와 일상에 임하는 천국에 방점을 찍었다.[487] 개혁가들과 오늘날 주석가들은 이 둘을 종합한다. 만유의 주님을 섬기는 교회는 영역선교(sphere mission)를 수행해야 한다. 성도는 각 분야에서 천국 복음을 증언하도록 자신이 받은 은사를 활용해야 한다.[488]

퓨(Pew) 리서치 센터가 OECD 16개국, 성인 16,254명에게 전화로 다음 질문으로 설문 조사했다(2021년 3월 12일-5월 26일 조사). "당신의 삶을 의미 있게 만드는 것이 무엇인가?"이다. 우리나라만

---

485) 이 단락은 송영목, 『신약주석』, 37-38에서 수정 인용. 참고. 최갑종, 『예수님이 주신 기도』, 185.
486) Williamson, 『하이델베르그 요리문답 해설』, 284.
487) Luz, *Matthew 1-7*, 318.
488) 송영목, "영역선교에 대한 성경적 고찰," 『KPM R&D』 5 (2021), 30-54.

첫째로 '돈'을 꼽았고, 그다음 건강, 가족 ,,,, 종교이었다. 다른 나라들(호주, 뉴질랜드, 미국, 그리스)은 관계 즉 가족(38%)과 직업(25%)을 가장 중요하게 꼽았다. 미국인(15%)은 신앙을 매우 중요하게 꼽았다. 우리나라 국민 중 신앙이 중요하다고 답한 비율은 일본과 더불어 꼴찌 수준이었다. 그렇다면 돈과 건강을 좇는 인생이 행복한가? 성경은 먼저, 우선 하나님의 의로운 나라를 구하면 돈과 건강은 덤으로 주신다고 말씀한다. 이에 맞춰, SFC강령은 하나님 중심. 교회 중심, 성경 중심이라고 천명한다.

제49주일(제124문)
하늘과 땅에서 이루어지는 주님의 뜻(셋째 간구)

제124문 셋째 간구는 무엇입니까?

답   "뜻이 하늘에서 이룬 것같이 땅에서도 이루어지이다"로, 이러한 간구입니다. "우리와 모든 사람이 자기 자신의 뜻을 버리고, 유일하게 선하신 주님의 뜻에 불평 없이 순종하게 하옵소서. 그리하여 각 사람이 자신의 직분과 소명을 하늘의 천사들처럼 즐거이 그리고 충성스럽게 수행하게 하옵소서."

해설 ▶ 구약과 유대교 전통에 따르면, 하나님의 뜻이 이루어질 때 능동적인 사람 편의 동반자를 필요로 했다.[489] 그런데 마태복음 6장 10절의 '이루어지이다'($\gamma\varepsilon\nu\eta\theta\acute{\eta}\tau\omega$, 게네쎄토)는 아오리스트 신적

---

489) Luz, *Matthew 1-7*, 319.

수동태 명령법이므로, 성부 하나님의 뜻을 이 땅에 결정적으로 이루시는 주체는 사람이 아니라 예수님이다. 예수님의 지상 사역은 아버지 하나님의 뜻을 이루신 것이며, 지금 천상의 사역 역시 하나님의 뜻을 성령으로 성취하고 계신다(마 26:39; 요 4:34; 6:38; 히 10:7, 9). 아버지 하나님의 뜻은 자기 백성에게 정당하게 요구하시는 사항 그리고 구속사를 위해 성취하시려고 의도하신 바이다.490) 따라서 성부 하나님의 가장 중요한 뜻은 성자를 통해 잃은 자를 찾아 구원하시는 일이다(마 18:12-14; 눅 15:3-6). 이 땅은 하나님과 사탄의 격전지인데, 교회의 승리의 원천은 성령의 권능을 입는 것인 동시에, 예수님의 십자가와 부활 그리고 승천으로 하나님의 뜻이 이미 이루어진 것을 믿고 담대히 행하는 것이다. 교회가 하나님의 뜻을 이 땅 위에 이루는 것은 단순히 낭만적인 놀이가 아니라 피 흘리기까지 싸워야만 하는 전투이다(히 12:4; 계 12:11).491)

하나님 나라는 아버지 하나님의 이름이 거룩히 여김을 받고 그분의 뜻이 이루어지는 영역이다. 예수님께 일용할 양식은 성부의 뜻을 행하는 것이다(요 4:34). 마찬가지로 그리스도인은 기도할 때마다, 초점이 선하신 하나님의 선한 뜻인지, 아니면 우리의 뜻인지 점검해야 한다(빌 1:10). 하나님의 이름의 영광을 위하고 주님의 뜻을 이루기를 원하는 사람이라면, 하나님의 부르심 즉 소명을 불평 없이 즐거이 그리고 충실하게 수행해야 한다(시 110:3).

그런데 천사들은 하나님의 뜻을 즐거이 수행했는가? 그렇다. 하나님의 심부름꾼인 천사들이 즐거이 수행한 일들 가운데 예수님과 관련된 몇 가지는 수태고지(마 1:20), 시험을 이기신 예수님을 수종

---

490) 홍창표, 『하나님의 나라와 의: 산상보훈해설』, 270.
491) 이 단락은 송영목, 『신약주석』, 39-40에서 수정 인용.

듦(마 4:11), 겟세마네 동산에서 기도하시는 예수님을 수종듦(눅 22:43), 예수님이 묻히신 무덤의 돌을 옮김(마 28:2), 예수님께서 승천하실 때 재림을 알림(행 1:10-11), 그리고 하나님의 계시를 전달함(히 2:2; 계 1:1) 등이다.[492]

적용 ▶ 그리스도인은 하루를 시작할 때, 자신의 생명을 연장하신 하나님의 선하고 완벽한 뜻을 분별하고 그것을 삶에서 성취하도록 기도해야 한다(롬 12:2; 골 1:9).[493] 그런데 죄인은 하나님의 뜻을 모르고, 안다고 해도 순종하기를 싫어한다. 우리는 성령께서 우리의 무분별함과 완고함과 연약함을 제거하시고, 겸손과 즐거움과 신실함과 열심과 진정으로 하나님의 뜻에 즐겨 순종하도록 간구해야 한다(WLC 192). 그리고 하나님께서 알려주시는 뜻은 성경에 기록되어 있기에, 성경을 묵상함으로써 삶의 원칙과 적용점을 찾는데 부지런해야 한다.

제50주일(제125문)
주님의 복 주심이 필요한 선물들(넷째 간구)

제125문 넷째 간구는 무엇입니까?

답 "오늘날 우리에게 일용할 양식을 주옵소서."로, 이러한 간구입니다. "우리의 몸에 필요한 모든 것들을 내려 주시며, 그리하여 오직 주님이 모든 좋은 것의 근원임을 깨닫게 하시고, 주님의 복 주심이 없이는 우리의 염려나 노력, 심지

---

492) 김헌수, 『하이델베르크 요리문답 강해 IV』, 178-79.
493) Osborne, *Matthew*, 228.

어 주님의 선물들조차도 우리에게 아무 유익이 되지 못함을 알게 하옵소서. 그러므로 우리로 하여금 어떤 피조물도 의지하지 않고 오직 주님만 신뢰하게 하옵소서."

해설 ▶ 기도문의 전반부인 하나님에 대한 청원(Thou petitions)을 마치고 '우리' 자신에 대한 청원을 다루게 된다(We petitions). 전반부의 하나님에 대한 청원은 '하나님의 이름', '하나님의 나라', 그리고 '하나님의 뜻'과 관련된 것이다. 후반부에도 세 개의 간구가 등장하는데 '우리를 위한 양식', '우리의 죄', 그리고 '우리를 시험에 빠지지 않게 하는 것'이다. 이런 구조는 마치 마태복음 6장 33절에서 "너희는 먼저 그의 나라와 그의 의를 구하라. 그리하면 이 모든 것을 너희에게 더하시리라"라는 순서를 연상케 한다. 그리고 십계명의 제1-4계명이 하나님 중심과 관련된 계명이라면, 제5-10계명은 수평적인 이웃과의 계명을 다루는 것과도 유사하다. 주기도문의 넷째-여섯째 간구들은 인간의 삶에 가장 깊이 필요한 세 가지를 언급하는데, 바로 양식(마 6:11), 용서(6:12), 그리고 죄를 피함이다 (6:13).[494]

마태복음 6장 11절의 '양식'(ἄρτος, 아르토스)은 무슨 의미인가? 좁게 그리고 일차적으로는 '빵'을 의미하고 넓게 그리고 2차적으로는 '삶을 영위하게 하며 생명을 보장하는 제반 양식과 음식'을 의미한다. 모든 좋은 선물과 온전한 은사 그리고 생명과 경건에 속한 모든 것을 주신 분은 하나님이시다(잠 30:8-9; 약 1:17; 벧후 1:3). 예수님은 육신적으로는 목수의 아들로 가난을 경험하셨으며, 제자들

---

494) Turner, *Matthew*, 188. 참고로 칼빈은 일용할 양식을 간구하는 것은 필요 이상의 것을 탐내지 말고 자족의 마음을 가질 것을 강조한다고 본다(제네바 교리문답 278).

과의 공동체적 삶에서도 경제적으로 풍요로운 삶을 영위하신 것은 아니었다(마 12:1-8; 막 6:32-44; 눅 11:5). 사실 예수님 당시의 대다수 유대인은 가난과 싸우고 있었다. 따라서 이렇게 예수님께서 빵을 구하는 간구를 가르치신 것은 아주 자연스러운 것이다. 하지만 우리는 여기서 멈출 수 없다(참고. 마 6:4). 예수님은 영적인 양식도 공급하고 계신다. 이 이유로 마태복음 6장 11절의 '양식'은 육신의 양식뿐 아니라 은혜의 양식도 포함하는 것이라고 넓게 보아도 무방하다. 그렇다면 '일용할'(ἐπιούσιος, 에피우스오스)은 무슨 뜻인가? 시리아의 교부들과 오리겐이 주장하듯이 '존재(οὐσία, 우시아)를 위해 필수적인'이라는 의미인가?[495] 아니면 출애굽 후 40년 동안 광야에 매일 내린 만나처럼 '오늘을 위한'이란 뜻인가?(참고. 마 20:8). 혹은 어원을 ἐπιέναι (에피에나이, to come to)로 볼 때, '내일'을 가리키는가?[496] 주기도문에서 양식은 '오늘날 우리에게'라는 말과 결부하여 보면, 오늘과 내일 즉 매일의 삶에 필수적임을 의미한다.[497] 따라서 빵은 하나님께서 광야에서 매일 공급해 주셨던 만나와 메추라기와 같은 것이다(출 16). 하지만 이 양식이 은혜로운 것임에도 불구하고 그 자체가 목적이 아니라 하나님 나라와 의, 그리고 이름을 위한 것이다. 미래적으로는 이 양식은 교회로 하여금 미래적 천국에서 영원히 먹을 만나를 내다보게 한다. 그리스도인의 생업과 사업이 하나님의 나라를 위한 도구가 되어야지 목적이 되어서는 안 된다는 사실을 기억해야 한다. 이런 순서가 올바로 지켜질 때 하나님은 자기 백성에게 물질의 은혜를 주신다(마 6:33-34).[498]

---

495) 참고. Luz, *Matthew 1-7*, 320.
496) 참고. Luz, *Matthew 1-7*, 321.
497) 참고. Turner, *Matthew*, 188; Osborne, *Matthew*, 229.
498) 이 단락은 송영목, 『신약주석』, 40-41에서 수정 인용. 참고로 마 5:24는 사람

적용 ➡ 빵을 위해 토지, 건강, 노동, 시장, 그리고 적절한 햇볕과 강우와 같은 환경이 필요하다.499) 따라서 일용할 양식을 위한 기도는 매우 폭넓은 기도일 수밖에 없다. 그리고 주님께서 언급하신 '우리의 양식'에서 한편에서는 너무 부유하고 다른 한편에서는 굶주리는 양극화 현상을 타개하려는 노력이 중요함을 교훈 받는다.500) 하나님의 선물인 양식이 '우리의 양식'이 되려면, 부유한 성도가 가난한 성도를 돌보기 위해 자신의 것을 나눔으로써 가능하다(행 4:32-35). 그러나 어느 시대이건 나 자신의 배를 채우기 위해 남이 굶는 것은 불행한 현실이다.

팔츠 옛 예전서에 따르면, 성탄절 예배의 설교 후에 정부의 통치자들이 하나님을 경외하고 하나님의 승인을 따라 통치함으로써 교회가 평안히 살 수 있도록 기도했다. 하나님은 모든 선한 것과 만복의 근원이시므로, 기도하는 자녀에게 양식을 적절하게 주신다. 일용할 양식을 위한 기도는 개인주의가 아니라 '우리'라는 공동체의 기도이므로, 하나님께서 부자의 손에 가난한 자의 양식을 두고 계심을 믿어야 한다.501) 참고로 사회복지제도의 혜택을 누리더라도 하나님께서 유일한 공급자이시며 복의 근원이심을 잊지 말아야 한다.502)

과의 화해 후에 하나님께 제사드릴 것을 가르친다. 그리고 예수님은 병자를 치유하신 후 구원도 주셨다(마 9:2). 따라서 '우리 간구'(We-petitions)에서 일용할 양식이 먼저 언급된 것은 의아하지 않다. Bruner, *The Christbook: Matthew 1-12*, 309.

499) Bruner, *The Christbook: Matthew 1-12*, 306.

500) 최승근, "세례받은 자들의 기도, 주기도문: 그리스도인의 정체성과 가치관," 146-47, 157. 참고로 최승근은 양식은 구제하는 그리스도인의 왕직, 용서는 그리스도인의 제사장직, 그리고 악과 시험에서 구원받는 것은 그리스도인의 선지자직과 연결된다고 본다.

501) Van Bruggen, 『하이델베르크 요리문답 해설』, 493.

502) 김헌수, 『하이델베르크 요리문답 강해 IV』, 210.

제51주일(제126문)

죄 사함의 은혜(다섯째 간구)

제126문 다섯째 간구는 무엇입니까?

답 "우리가 우리에게 죄지은 자를 사하여 준 것같이 우리 죄
를 사하여 주옵소서."로, 이러한 간구입니다. "주의 은혜의
증거가 우리 안에 있어서 우리가 이웃을 용서하기로 굳게
결심하는 것처럼, 그리스도의 보혈을 보시사 우리의 모든
죄과(罪過)와 아직도 우리 안에 있는 부패를 불쌍한 죄인인
우리에게 돌리지 마옵소서."

해설 ▶ 그리스도인은 일용할 양식을 매일 구하듯이, 사죄의 은혜도
매일 구해야 한다. 간과하기 쉬운 마태복음 6장 12절의 '우리의 죄
들(빚들)'(ὀφειλήματα ἡμῶν, 오페일레마타 헤몬)은 한 개인을 넘어
공동체의 죄이다(참고. 단 9:3-19). 믿음의 공동체 안에 벌어진 죄
들과 교회가 하나님 앞에 그리고 대 사회적으로 행한 죄들이 이에
해당한다. 사죄의 은혜와 증거를 받은 사람이라면 형제자매를 긍휼
히 여기고 그들의 허물을 용서하기로 굳게 결심해야 한다(엡 4:32).
그리고 용서받았으나 죄성의 유혹을 받는 죄인들인 성도는 매일 예
수님의 대속의 은혜를 의지하여, 하나님의 사죄의 긍휼을 계속 사모
해야 한다. 매일 회개하는 그리스도인은 예수님께서 사탄의 정죄를
격파하셨다는 사실을 믿고, 죄를 합리화하지도 말아야 하며, 사탄의
정죄와 죄의 늪에 빠지지도 말아야 한다(계 12:10).[503]

　　다섯째 간구를 해석하는 열쇠는 하나님께서 우리를 용서하시는

---

503) 김헌수, 『하이델베르크 요리문답 강해 IV』, 230.

것과 우리가 타인을 용서하는 것 사이의 관계를 밝히는 것이다. 그런데 하나님께 우리가 용서를 받기 위해서 우리가 그 조건으로 먼저 타인을 용서해 주어야만 하는가? 아니면 하나님의 용서를 받은 사람은 타인을 자연스럽게 용서하는 삶을 살아야 하는가? 예수님 당시의 불신 유대인들은 만일 어떤 사람이 하나님께 용서를 받으려면 타인을 용서하는 일이 조건으로 그리고 공로로 선행해야 한다고 보았다 (시락 28:2).504) 하지만 예수님께서 지금 가르치시는 기도에는 사람이 하나님의 용서를 받기 위해서는 인간의 조건이나 공로를 필요로 한다고 말씀하시지 않는다.

천국 백성은 죄로부터 하나님께로 돌이킨 사람임을 전제하는 다섯째 간구에서 하나님의 구원을 받은 백성은 매일 하나님의 용서를 받아야 함을 알 수 있다(참고. 마 3:2; 4:17).505) 매일 죄를 범하기에 사죄의 은총도 항상 필요하다. 그러나 우리가 남을 용서했기에 그 조건을 기억하셔서 하나님께서 우리의 죄를 용서하시는 것은 아니다. 오히려 우리가 은혜로 구원을 받았기에 우리의 죄 용서도 하나님의 은혜로 가능하다. 이 사실을 가장 잘 보여주는 비유는 마태복음 18장 21-35절이다.506) 왕이 10,000달란트를 탕감해 주었다면, 용서받은 사람은 자신에게 빚진 사람을 용서하는 삶으로써 은혜에 보답하며 살아야 한다(마 6:16; 18:35). 하나님의 용서와 사람의 용서는 불가분의 것이다. 하지만 희년의 백성인 그리스도인은 남을 용서해 준 만큼 하나님께서 용서해 주신다는 공로주의 관점에서 생각하지 말아야 한다.507) 구약의 제사장이 제사를 통해 죄인에게 하

---

504) 참고. 최갑종, 『예수님이 주신 기도』, 227.
505) Turner, *Matthew*, 188.
506) Osborne, *Matthew*, 230.
507) 이 단락은 송영목, 『신약주석』, 42에서 재인용. 참고. 홍창표, 『하나님의 나라

나님의 사죄를 확신시키듯이, 신약의 제사장 나라는 사죄의 은총을 입고 남을 용서할 수 있어야 한다.

적용 ▶ 루터는 교리문답 중 주기도문의 "우리 죄를 사하여 주옵소서."를 설명하면서, 자신이 설교자로서 직임을 충분히 다하지 못한 죄를 언급했다(루터선집 51:178).508)

제52주일(제127-129문)
기도로 영적 전투를 수행함 (여섯째 간구)과
송영과 아멘이 주는 위로

제127문 여섯째 간구는 무엇입니까?

답   "우리를 시험에 들지 말게 하옵시며 다만 악에서 구하옵소서"로, 이러한 간구입니다. "우리 자신만으로는 너무나 연약하여 우리는 한순간도 스스로 설 수 없사오며, 우리의 불구대천의 원수인 마귀와 세상과 우리의 육신은 끊임없이 우리를 공격하나이다. 그러하므로 주님의 성령의 힘으로 우리를 친히 붙드시고 강하게 하셔서, 우리가 이 영적 전투에서 패하여 거꾸러지지 않고, 마침내 완전한 승리를

와 의: 산상보훈해설』, 283; Walton et als (ed), 『IVP 성경배경주석』, 1275.
508) 루터는 『탁상담화』에서 복음적 설교라면 선포되어야 할 세 가지 사항을 다음과 같이 제시한다. (1) 율법을 통해 인간 존재의 본질인 양심이 무너져야 하고, (2) 복음으로써 양심이 바로 세워져야 하고, (3) 말씀으로써 의심스러운 것들에게서 벗어나는 경험과 접목되어야 한다. 참고. C. Albrecht and M. Weeber, 『개신교 설교론: 루터에서 랑에까지』, *Klassiker der Protestantischen Predigtlehre: Einführungen in Homiletische Theorieentwürfe von Luther bis Lange*, 임걸 역 (서울: 대한기독교서회, 2009). 25.

얻을 때까지 우리의 원수에 대해 항상 굳세게 대항하게 하
시옵소서."

해설 ▶ 주기도문에서 처음으로 '부정적인 간구'를 접한다. 이 간구
와 관련하여 자연스러운 질문은 하나님은 우리를 시험(temptation)
으로 인도하는 분이신가? 야고보서 1장 13절은 아니라고 한다. "사
람이 시험을 받을 때에 내가 하나님께 시험을 받는다 하지 말지니
하나님은 악에게 시험을 받지도 아니하시고 친히 아무도 시험하지
아니하시느니라." 그렇다면 마태복음 6장 13절의 '시험'(πειρασμός,
페이라스모스)은 무엇을 가리키는가? 그리고 우리를 시험에 들게 하
는 것은 무슨 뜻인가? 복음서에서 '시험'(temptation)은 주로 마귀
가 예수님을 시험하거나 바리새인과 같은 예수님의 대적들이 예수
님을 대적하는 행위와 관련된다(마 4:1; 막 1:13; 눅 4:2). 사탄은 시
험하는 자이다(창 3:1; 마 4:3; 살전 3:5). 예수님으로 하여금 메시
아의 사역을 감당하지 못하도록 하기 위해 활동하는 사탄의 시험과
유혹과 방해 공작은 나중에는 교회를 향해서도 계속된다(눅 22:32).
믿음의 공동체는 합심해서 기도하면서, 각개전투가 아니라 함께 영
적 전투를 수행해야 한다.

　뒤따르는 마태복음 6장 13절의 "다만 그 악에서 구하옵소서."는
앞부분과 무슨 연관을 가지며 의미는 무엇인가? 그리고 '그 악'(τοῦ
πονηροῦ, 투 포네루)은 무엇인가? 단수 속격 정관사 τοῦ는 남성으
로 볼 수도 있고 중성으로도 볼 수 있다. 남성으로 본다면 사탄을 가
리키며, 중성으로 본다면 '그 악' 혹은 '그 악한 행동'을 의미한다.
그러나 '그 악한 자'는 종종 사탄을 가리킨다(마 13:19; 막 4:15; 눅
8:12; 요 17:15; 요일 2:13-14; 5:18; 엡 6:16; 살후 3:3).[509] "우
리를 시험에 들게 하지 마옵소서."라는 부정적인 간구는 "다만 악에

서 구하옵소서."라는 긍정형으로 다시 반복해서 등장하고 있다. 즉 주제의 반복을 의미하기에 같은 내용의 다른 양상일 뿐이다. 무엇보다 기억해야 할 것은 예수님은 부활로 그 악한 자인 사탄을 이기셨고, 주님의 승리는 우리의 것이라는 사실이다(고전 15:57).[510] 따라서 교회는 바로 지금 여기에서 지속적인 승리를 통해 하나님을 영화롭게 하며, 하나님의 이름을 높이고 그분의 나라를 확고히 해야 한다. 성도는 성령의 능력으로써 사탄과 죄와 육체의 소욕을 이긴다(제네바 교리문답 290). 이것이 이 간구에 나타난 예수님의 소원이다.[511]

적용 ➡ 악한 사탄의 역사는 도덕적인 생활을 부패하게 만들고, 사랑을 식어지게 만들며, 성도를 정죄하는 것 등 다양하다(계 12:11).[512] 성도가 악에 대항하여 싸울 때, 의롭고 거룩한 하나님 나라가 임한다.

제128문 당신은 이 기도를 어떻게 마칩니까?

답   "대개(大蓋) 나라와 권세와 영광이 아버지께 영원히 있사옵나이다"로, 이러한 간구입니다. "주님은 우리의 왕이시고 만물에 대한 권세를 가진 분으로서 우리에게 모든 좋은 것을 주기 원하시며, 또한 주실 수 있는 분이기 때문에 우리는 이 모든 것을 주님께 구하옵니다. 이로써 우리가 아니라 주님의 거룩한 이름이 영원히 영광을 받으시옵소서."

---

509) 최갑종, 『예수님이 주신 기도』, 260; Osborne, *Matthew*, 231. Contra Luz, *Matthew 1-7*, 323.
510) Van Bruggen, 『하이델베르크 요리문답 해설』, 500.
511) 이 단락은 송영목, 『신약주석』, 43에서 수정 인용.
512) Bruner, *The Christbook: Matthew 1-12*, 314.

해설 ▶ 마태복음 6장 13절b의 송영(頌榮)은 사본 상의 증거를 두고 볼 때, 마태복음의 원본으로 보기 어렵다. 송영은 성도의 기도가 하나님과 그분의 능력과 선하심에 근거해야 함을 다시 한번 상기시킨다(제네바 교리문답 294). 후대에 추가된 이 송영은 하나님의 나라와 권세와 영광을 영원히 아버지 하나님께 돌린다. 구약에서도 이와 동일 주제를 볼 수 있다(단 7:13-14, 27). 그리고 요한계시록에도 이 주제가 종종 등장한다(계 1:6; 4:11; 5:12-13; 7:10-12; 11:15). 중요한 것은 이 나라와 권세와 영광을 성부 하나님만 독점하시는 것이 아니라는 사실이다. 성자 예수님도 공유하시며 더 나아가 하나님의 백성도 공유한다(눅 12:32; 22:28-29; 요 17:1-2; 고후 3:18; 계 1:5-6; 5:9-10, 13-14).

개역개정이 번역에서 삭제한 마태복음 6장 13절b의 접속사 '대개'(大蓋, ὅτι, 호티)는 '왜냐하면'이라는 의미를 넘어, '일의 큰 원칙으로 말하자면'이라는 중요한 의미이다. 이 접속사는 주기도문의 여섯 가지 기도에 나타난 큰 원칙에서 볼 때, 하나님의 나라와 권세와 영광이 무엇보다 중요하다고 강조한다. 실제로 송영은 하나님의 '나라와 권세와 영광'을 하나님께 돌림으로써 앞에서 언급한 하나님을 향한 세 간구(Thou-petitions)로 다시 돌아간다. 주기도문의 결론 부분에 송영이 위치함으로 이 송영은 주기도문 전체와 관련을 맺고 있다. 즉 자신의 이름이 거룩히 여김을 받으시며, 나라가 임하옵시고, 뜻이 하늘과 땅에서 이루어지며, 일용할 양식을 주시며, 우리 죄를 사하시며, 우리를 시험에 들게 하지 않으시며, 악에서 구하시는 바로 그 하나님께서 송영을 받으셔야 한다. 창조와 섭리의 성부는 간구하는 자기 백성에게 일용할 양식을 주시고, 대속의 주 예수님은 자기 양 떼에게 용서의 삶을 허락하시고, 성도 안에 거하시는 성령

님은 악한 사탄의 공격으로부터 안전과 승리를 보증하신다.513)

우리가 각 간구를 송영하는 마음으로 해야 하는 이유는 예수님 안에서 성령을 통하여 종말론적으로 다 이루시는 분이 하나님이시기 때문이다. 무엇보다도 하나님은 현재적 나라와 권세와 영광을 우리에게 주셨음을 믿고 감사해야 한다. 그리고 '아멘' 역시 주기도문의 모든 간구에 적용되어야 한다.514)

적용 ▶ 기도의 소원과 응답은 하나님께로부터 나온다. 따라서 우리가 기도할 때마다, 우리 자신이 아니라 하나님을 영원히 영화롭게 해야 한다.515) 송영의 신학에서 송영의 삶이 나온다.

제129문 "아멘"이라는 이 짧은 말은 무엇을 뜻합니까?

답 "아멘"은 참되고 확실하다는 뜻입니다. 내가 하나님께 이런 것들을 소원하는 심정보다도 더 확실하게 하나님께서는 내 기도를 들으십니다.

해설 ▶ 히브리어 아멘(אָמֵן)의 헬라어 음역 단어인 '아멘'(Ἀμήν)은 '참되다' 혹은 '확실하다'는 뜻이다(참고. 창 15:6; 신 27:15-26; 느 8:6; 시 41:13; 사 65:16; 롬 11:36; 고후 1:20; 계 7:12; 19:4). '아멘'은 기도를 마친다는 신호탄이라기보다, 하나님께 진심으로 아뢴 기도가 어떻게 응답되는지 의심을 걷어치우고 인내하며 기대하겠다는 의지의 표현이다(시 25:3). 다시 말해, 그리스도인은 '아멘'이신 예수님의 공로를 의지하여 기도의 응답을 기다린다(요 16:24). 우리가 기도하고 기대하는 그 이상으로 하나님은 응답하신다(마

---

513) 홍창표, 『하나님의 나라와 의: 산상보훈해설』, 294.
514) 최갑종, 『예수님이 주신 기도』, 275.
515) Van Bruggen, 『하이델베르크 요리문답 해설』, 502.

21:22; 엡 3:20; 요일 5:14). '우리'의 사적인 기도 그리고 공적인 기도 한 마디 한 마디 역시 하나님을 찬송하는 마음으로 '아멘'해야 한다.516)

적용 ▶ 의미 없는 '아멘'의 남발은 '아멘'이신 예수님의 이름을 망령되이 일컬을 수 있다(계 3:14). 설교자는 회중의 '아멘'을 불필요하게 유도하지 않도록 주의해야 한다. 주기도를 "예수님의 이름으로 기도드리옵나이다. 아멘"으로 마치는 것은 정당하다. 왜냐하면 구약에서는 '예수님의 이름'으로 기도할 수 없었으나, 구약의 제사를 십자가에서 성취하신 중보자요 구주이신 예수님을 믿는 신약 교회에게는 그것이 특권이기 때문이다(요 16:24).517)

516) 이 단락은 송영목, 『신약주석』, 44에서 수정 인용.
517) 참고. 김헌수, 『하이델베르크 요리문답 강해 IV』, 30.

참고문헌

강미랑. "하이델베르크요리문답교육을 통한 개혁주의 종말신앙 형성." 『개혁논총』 30 (2014): 263-95.

강병훈. "귀도 드 브레(Guido de Brès, 1522-1567)의 재세례파 반대의 이유: 『재세례파의 뿌리와 기원 및 기초』(La Racine)를 중심으로." 『한국개혁신학』 75 (2022): 64-99.

권기현. 『목사님, 정말 유아세례를 받아야 하나요?』. 경산: RNF, 2021.

권진호. "루터의 로마서 서문에 나타난 그리스도인의 삶." 『장신논단』 50/3 (2018): 121-47.

권 호. "하이델베르크요리문답 설교를 통한 개혁주의 신앙교육." 『개혁논총』 28 (2013): 215-46.

고병찬·김주한. "니케아 신경: 헬라어 원문 재구성과 번역." 『성경과 신학』 60 (2011): 161 - 88.

고재수. 『십계명 강해』. 서울: 여수룬, 1991.

김병훈. "유신진화론에 대한 비평적 소고: 성경적 창조론에 대한 합신 선언문 전문 소개." 『개혁정론』 37/ (2019): 271-98.

김성애. "하이델베르크요리문답의 선행 이해: 사회적 약자를 중심으로." 『신앙과 학문』 22/3 (2017): 31-55.

김성욱. "고난에 처한 성도에게 주는 신앙적 유산들." 『한국개혁신학』 44 (2014): 8-33.

김영재. "종교다원주의와 만인구원론 비판." 『신학정론』 12/2 (1994): 416-40.

김의환 편역. 『개혁주의 신앙고백』. 서울: 대한예수교장로회 총회(합동), 2003.

김인수. "기도 신학: 욕망(desire)의 변화(transformation)를 중심으로." 『신학과 실천』 74 (2021): 305-330.

김재성. 『그리스도의 능동적 순종』. 서울: 언약, 2021.

_____. "하이델베르크 요리문답과 웨스트민스터 고백서의 언약사상." 『한국개혁신학』 40 (2013): 40-82.

김재윤. "헤르만 바빙크 삼위일체론의 특징과 의의: 경륜적 삼위일체와 존재론적 삼위일체의 관계를 중심으로." 『국제 신학』 13 (2011): 97-119.

김재진. "예수 승천의 구속사적 의미." 『한국기독교신학논총』 27/1 (2003): 257-82.

김주한. "마르틴 루터의 설교신학 이해: 그의 초기 설교들(1513-1522)을 중심으로." 『대학과 선교』 17 (2009): 39-67.

김지찬. 『데칼로그: 십계명 어떻게 이해할 것인가』. 서울: 생명의 말씀사, 2016.

김지훈. "구원자 하나님의 영광과 성도의 겸손: 츠빙글리의 섭 리론과 예정론." 『한국개혁신학』 63 (2019): 67-103.

김진명. "구약과 신약에서 말하는 '성'과 '결혼'의 주제에 대한 종합적 이해에 대한 연구: 창세기 1장 27절과 2장 18-25절 본문의 정경적 전개에 관한 주석적 연구." 『장신논단』 51/5 (2019): 9-36.

김헌수. 『하이델베르크 요리문답 강해 I-IV』. 서울: 성약, 2004, 2010.

김홍만. "하이델베르크 요리문답서와 웨스트민스터 소요리문답서 의 비교: 회심과 성화 용어를 중심으로." 『한국개혁신학』 40 (2013): 8-39.

김홍전. 『십계명 강해』. 서울: 성약, 1996.

김희석. "개혁주의 관점에서 본 안식 개념과 주일성수." 『신학지남』 82/2 (2015): 9-30.

라은성. "벨지카 고백서의 저자 귀도 드 브레." 『신학지남』 82/1 (2015): 151-81.

박성환. "새로운 하이델베르크 요리문답 설교."『복음과 실천신학』30 (2014): 114-70.

박수현. "유신론적 진화론의 신학적 고찰."『창조론오픈포럼』12/2 (2018): 32-41.

박영실. "개혁주의적 유아세례의 정당성과 바른 시행에 관한 연구."『복음과 실천신학』44 (2017): 108-142.

박해경. "칼빈의 섭리론."『창조론오픈포럼』6/2 (2012): 32-50.

백운철. "무로부터의 창조와 성경: 성서적 창조 신학을 위한 성찰."『신학전망』211 (2020): 156-210.

성기문. "주5일근무제와 구약의 '안식' 준수."『한국개혁신학』16 (2004): 31-63.

성희찬. "고신 교회 70년과 고신 전통(혹은 고신 정신)의 계승." http://reformedjr.com/board05_03/97041. 2021년 9월 3일 접속.

손재익.『설교, 어떻게 들을 것인가?』. 서울: 좋은씨앗, 2018.

송영목.『목회를 위한 교회론』. 부산: 도서출판 향기, 2021.

_____. "벨직신앙고백서, 하이델베르크 교리문답서, 그리고 웨스트민스터 신앙고백서의 성경증거구절 사용 분석: 종말론을 중심으로." 한국개혁신학회(국제학술대회). 2022년 5월 28일: 1-18.

_____.『신약주석』. 서울: 쿰란출판사, 2008.

_____. "아크라신앙고백서에 대한 성경신학적 비평."『교회와 문화』45 (2021): 118-45.

_____. "엡 1-2장의 3위 완결적 해석과 교회 완결적 적용."『교회와 문화』16 (2006): 31-58.

_____. "영역선교에 대한 성경적 고찰."『KPM R&D』5 (2021): 30-54.

신득일 (ed). 『종교개혁과 하나님』. 부산: 고신대학교출판부, 2018.

신형섭. "가정구비모델을 적용한 한국장로교회(예장통합) 유아 세례 부모 교육 교육과정 연구." 『장신논단』 51/3 (2019): 255-82.

양용의. 『예수와 안식일 그리고 주일: 마태복음을 중심으로』. 서울: 이레서 원, 2000.

우병훈. "공공신학 교육을 위한 교본으로서 웨스트민스터 대교리문답." 『개혁논총』 39 (2016): 57-96.

유영준·이재윤. "하이델베르크 요리문답 판본들에 대한 계량서 지학적 연 구." 『신앙과 학문』 20/4 (2015): 135-59.

유창형. "그리스도의 능동적 순종의 전가에 대한 논쟁." https://blog.naver.com/ktyhbgj/222254122501. 2021년 3 월 27일 접속.

유태화. "하이델베르크 신앙교육서(Der Heidelberger Katechismus)의 성령론: 구원론을 중심으로." 『한국개혁신학』 40 (2013): 214-50.

유해무·김헌수. 『하이델베르크 요리문답의 역사와 신학』. 서울: 성약, 2006.

윤철원. "하나님의 우편에 '앉아 계신' 예수가 '일어선'(행7:55-56) 이유에 관한 탐구." 『신학논단』 99 (2020): 71-100.

윤형철. "칼빈 구원론의 세 가지 핵심개념: 그리스도와의 연합 unio cum Christo, 이중은혜 duplex gratia, 그리고 유사 신품화quasi Deificari." 『개신논집』 16 (2016): 110-40.

이경직. "하이델베르크 요리문답 해설에 나타난 믿음과 선행." 『한국개혁신 학』 40 (2013): 1-18.

_____. "『하이델베르크요리문답해설』에 나타난 십계명 이해." 『한국개혁 신학』 40 (2013): 311-36.

이기업. "십계명 강해." 고신 대학교회 설교문. ND: 1-58.

이남규. "그리스도의 능동적 순종에 대한 개혁교회의 결정." 『합신은 말한다』 37/1 (2022): 10-13.

_____. 『우르시누스·올레비아누스: 하이델베르크 요리문답서의 두 거장』. 서울: 익투스, 2017.

_____. "칼빈의 이중은혜론: 칼빈의 선행에 대한 이해를 중심으로." 『신학정론』 34/1 (2016): 81-106.

_____. "하이델베르크요리문답서 구조에 나타난 개혁신학의 특징." 『신학정론』 33/1 (2015): 233-57.

이상은. "하이델베르크요리문답의 성령론, 그 윤리적 함의." 『한국개혁신학』 40 (2013): 280-310.

이성민. "설교와 성례전의 해석학적 연대성." 『기독교언어문화논집』 10 (2007): 108-126.

이승진. "성령 하나님과 설교자와의 상호관계에 대한 설교학적 연구." 『개혁정론』 32/1 (2014): 239-66.

이신열 (ed). 『종교개혁과 인간』. 부산: 고신대학교출판부, 2021.

이정구. "세례반에 관한 신학." 『신학과 실천』 27 (2011): 7-27.

이종원. "A Survey on the Death Penalty from the Perspectives of the Christian Ethics." 『한국기독교신학논총』 75/1 (2011): 235-53.

이현철. "한국교회 내 교리교육의 부재와 딜레마에 대한 내러티브 (Narrative) 탐구." 『갱신과 부흥』 22 (2018): 178-200.

임도균. "본문이 살아나는 성경 봉독법." 『복음과 실천신학』 56 (2020): 83-107.

장성진. "한국교회의 성찬 갱신을 위한 방향 연구: Heidelberg 요리문답을 중심으로." 『복음과 실천신학』 29 (2013): 147-78.

정성원. "지적 장애인 세례의 신학적 정당성."『신학지남』 82/3 (2015): 63-83.

정일웅. "사형제도와 인간의 생명."『신학지남』 73/2 (2006): 16-32.

정찬도·문지환 편역.『코르트 버흐립』. *Kort Begrip*. 서울: 세움북스, 2021.

주도홍. "『하이델베르크요리문답』의 역사와 정신: 개혁교회 그 분명한 정신을 추구하며."『한국개혁신학』 40 (2013): 182-213.

최갑종.『예수님이 주신 기도』. 서울: 이레서원, 2000.

_____. "[특별기고] 그리스도의 순종, '능동적'인가, '수동적'인가?" http://www.kscoramdeo.com/news/articleView.html?id xno=23713. 2022년 10월 18일 접속.

최승근. "성찬의 성례전성 회복을 위한 제언."『복음과 실천 신학』 53 (2019): 193-220.

_____. "세례받은 자들의 기도, 주기도문: 그리스도인의 정체성과 가치관."『복음과 실천신학』 56 (2020): 133-61.

최준혁. "마르틴 부쳐의 요리문답 연구." Ph.D. 논문. 안양대학교, 2017.

최태영. "사도신경이 오늘의 한국 그리스도인들에게 주는 의미."『신학과 목회』 16 (2001): 111-37.

한국천주교주교회의.『교회법전』. https://cbck.or.kr/Documents/Canon. 2021년 9월 6일 접속.

한명수. "[천주가사 산책 13] 천주교의 일곱 가지 성사聖事를 노래한 가사들."『오늘의 가사문학』 25 (2020): 87-96.

한상진. "하이델베르크 신앙교육서에 나타난 칼빈주의 교육."『복음과 교육』 6 (2010): 11-37.

한정애. "마르틴 루터의 공공신학 사상."『신학과 사상』 6 (2016): 171-99.

허순길. 『교리문답 해설 설교 I: 하이델베르그 교리문답 주의 날 1-22』. 부산: 사랑과 언약. 2010.

_____. 『교리문답 해설 설교 II: 하이델베르그 교리문답 주의 날 22-52』. 부산: 사랑과 언약, 2010.

황대우. "하이델베르크 신앙교육서에 나타난 성찬론: 75-82문답을 중심으로." 『한국개혁신학』 40 (2013): 251-79.

_____. "하이델베르크 신앙교육서에 나타난 주기도문의 신학적 특성." 『선교와 신학』 39 (2016): 364-93.

황경훈. "예수의 아바[ABBA] 체험과 모심 그리스도론." 『우리신학』 2 (2003): 86-116.

홍창표. "중간 상태: 에녹, 엘리야, 모세의 승천." 『신학정론』 10/1 (1992): 88-114.

_____. 『하나님의 나라와 의: 산상보훈해설』. 서울: 크리스챤북, 1997.

Albrecht, C. and Weeber, M. 『개신교 설교론: 루터에서 랑에 까지』. *Klassiker der Protestantischen Predigtlehre: Einführungen in Homiletische Theorieentwürfe von Luther bis Lange*. 임걸 역. 서울: 대한기독교서회, 2009.

Baard, S. "The Heidelberg Catechism on Human Sin and Misery." *Acta Theologica Suppl* 20 (2014): 86-98.

Ballor, J. J. "Abraham Kuyper and the Economic Teachings of the Heidelberg Catechism." *Journal of Markets and Morality* 23/2 (2020): 363-90.

Beeke, J. R. and Bristley, E. D. "Teach All Nations: The Use of the Heidelberg Catechism in North America and throughout the Non-European World." *WTJ* 78 (2016): 287-97.

Bierma, L. D. 『하이델베르크 요리문답 입문』. *An Introduction to the*

Heidelberg Catechism: Sources, History, and Theology. 신지철 역. 서울: 부흥과 개혁사, 2012.

_____. *The Covenant Theology of Caspar Olevianus*. Grand Rapids: RHB, 2005.

_____. "The Theological Distinctiveness of the Heidelberg Catechism." *Theologia Reformata* 49 (2006): 331-41.

Blomberg, C. L. *1 Corinthians*. Grand Rapids: Zondervan, 1994.

Braaten, C. E. and Seitz, C. R. (ed). *I am the Lord Your God: Christian Reflections on the Ten Commandments*. Grand Rapids: Eerdmans, 2005.

Britz, D. "Die Eerste Vertalings van die Heidelbergse Kategismus in Afrikaans." *In die Skriflig* 47/2 (2013): 1-12.

Britz, R. M. "Calvin's Exposition of the Sixth Commandment as a Trajectory in His Catechetical Works." *In die Skriflig* 55/1 (2021): 1-9.

Brown, M. G. "The Covenantal Foundation of the Heidelberg Catechism." *Puritan Reformed Journal* 7/1 (2015): 88-102.

Bruner. F. D. *The Christbook: Matthew* 1-12. Grand Rapids: Eerdmans, 2004.

Burchill, C. J. "On the Consolation of a Christian Scholar: Zacharias Ursinus (1534-83) and the Reformation in Heidelberg." *Journal of Ecclesiastical History* 37/4 (1986): 565-83.

Burger, J. M. "The Story of God's Covenants: ABiblical-Theological Investigation with Systematic Consequences." *Calvin Theological Journal* 54/2 (2019): 267-99.

Busch, E. "Freedom in the Sense of the Heidelberg Catechism: An Orientation in the Problems of Modern Liberty." *Acta Theologica Suppl* 20 (2014): 129-38.

_____. "The Joy at the Last Judgement according to the Heidelberg Catechism Question 52." *HTS Teologiese Studies* 70/1 (2014): 1-5.

Calvin, J. 『1559년 라틴어 최종판 직역 기독교강요』. *Institutio Christianae Religionis*. 문병호 역. 서울: 생명의 말씀사, 2020.

_____. 『고린도후서, 에베소서, 디모데전후서』. 서울: 성서 교재간행사, 1993.

_____. 『깔뱅의 요리문답』. *Les Catéchismes de L'Église de Geneve*. 한인수 역. 서울: 도서출판 경건, 1995.

Carson, D. A. (ed). 『성경신학 스터디 바이블』. *NIV Biblical Theology Study Bible*. 박세혁 외 역. 서울: 복있는 사람, 2021.

Campi, E. "피터 베르밀리의 교회론: 교회성, 분리 그리고 이단." 『신학정론』 33/2 (2015): 37-58(김병훈 역).

Clines, D. J. A. 『포스트모더니즘과 이데올로기 성서비평: 히브리 성서 저자들과 독자들의 이데올로기』. *Interested Parties: The Theology of Writers and Readers of the Hebrew Bible*. 김병하 외 역. 서울:한들출판사. 2000.

Clowney, E. P. 『예수님은 십계명을 어떻게 해석하셨는가?』. *How Jesus transforms the Ten Commandment*. 신호섭 역. 서울: 크리스챤출판사, 2008.

Coetzee, C. F. C. "Die Plek en Funksie van die Heidelbergse Kategismus in 'n Omkeerstrategie in die Gereformeerde Kerke in Suid-Afrika." *In die Skriflig* 48/1 (2014): 1-8.

_____. "*Ho Eschatos*: The Eschatological Christ and the Future of

Reformed Theology." *In die Skriflig* 47/1 (2013): 1-8.

_____. "'N Vergelyking van Calvyn se 1545-Kategismusen die Heidelbergse Kategismus oor die Onse Vadergebed." *Koers* 74/4 (2009): 713-29.

_____. "The Doctrine on God, as demonstrated and confessed in the Heidelberg Catechism." *In die Skriflig* 47/2 (2013): 1-10.

Croghan, C. M. "Grist for the Mill: Luther on the Apocrypha." *Word & World* 29/4 (2009): 389-96.

Daniels, R. W. "To fulfill All Righteousness: The Saving Merit of Christ's Obedience." *Puritan Reformed Journal* 5/2 (2013): 49-64.

D'Assonville, V. E. "And Thou shalt teach These Words Diligently ···: Remarks on the Purpose of the Heidelberg Catechism regarding Its TeachingNature." *In die Skriflig* 47/2 (2013): 1-7.

Douma, J. The Ten Commandments: *Manual for the Christian Life*. Phillipsburg: P&R, 1996.

De Boer, E. "Christology and Christianity: The TheologicalPower of the Threefold Office in Lord's Day 12." *In die Skriflig* 47/2 (2013): 1-7.

_____. "Liturgical Reform in the 'Breaking of the Bread'in the Lord's Supper in the Palatinate and Its Resonance in the Heidelberg Catechism." *Acta Theologica Suppl* 20 (2014): 194-210.

De Bruyn, P. J. "Die Verklaring van die Tien Gebooie volgens die Heidelbergse Kategismus." *In die Skriflig* 25/2 (1991):

199-216.

_____. *The Ten Commandments.* Pretoria: Varia Publishers, 1993.

_____. Your *Only Comfort: The Heidelberg Catechism for Mankind Today.* Potchefstroom: PUCHE, 1997.

De Klerk, B. J. "Liturgical Guidelines for Congregations to have a Voice in the Serious Problem of Economical Inequality in South Africa." *In die Skriflig* 47/1 (2013): 1-9.

De Lange, F. "The Heidelberg Catechism: Elements for a Theology of Care." *Acta Theologica Suppl* 20 (2014): 156-73.

Dijkstra, H. and Van der Walt, J. J. "Die Religieuse Betekenis van die Doop in die Gereformeerde Belydenisskrifte, veral in die Heidelbergse Kategismus." *In die Skriflig* 23/2 (1989): 22-34.

Douma, J. *The Ten Commandments: Manual for the Christian Life.* Phillipsburg: P&R, 1996.

Dreyer, W. A. "'N Heilige, Algemene Kerk." *HTS Teologiese Studies* 71/3 (2015): 1-8.

_____. "The Heidelberg Catechism: A 16th Century Questfor Unity." *HTS Teologiese Studies* 70/1 (2014):1-5.

_____. "The Priesthood of Believers: The Forgotten Legacy of the Reformation." *HTS Teologiese Studies* 76/4 (2020): 1-7.

Dreyer, W. and Van Rensburg, A. "Oorsprong van dieDrievoudige Struktuur van die Heidelbergse Kategismus." *HTS Teologiese Studies* 72/3 (2016): 1-6.

Du Rand, J. A. "Die Doodstraf: 'N Teologiese Standpunt." *Verbum et Ecclesia* 26/2 (2005): 341-56.

Edgar, T. R. "The Meaning of 'Sleep' in 1 Thessalonians 5:10." *Journal of the Evangelical Theological Society* 22/4 (1979): 345-49.

Enns, P. *Exodus*. Grand Rapids: Zondervan, 2000.

Finch, K. P. "The Value of Polemic Language regarding a Roman Catholic Reception of the Heidelberg Catechism." *Theoforum* 48 (2018): 127-36.

Füsti-Molnár, S. "Can the Heidelberg Catechism be neglected in the Life of the Reformed Church of Hungary?" *Sárospataki Füzetek* 17 (2013): 46-55.

Garland, D. E. 1 *Corinthians*. BECNT. Grand Rapids: Bakers, 2003.

Garner, D. B. *Sons in the Son: The Riches and Reach of Adoption in Christ*. Phillipsburg: P&R, 2016.

Gieschen, C. A. "Original Sin in the New Testament." *Concordia Journal* 31/4 (2005): 359-75.

Gispen, W. H. *Exodus*. Grand Rapids: Regency Reference Library, 1982.

Gootjes, N. H. "The Earliest Report on the Author of the Belgic Confession (1561)." *Nederlands Archief voor Kerkgeschiedenis* 82/1 (2002): 86-94.

Green, L C. "Justification in Luther's Preaching on Luke18:9-14." *Concordia Theological Monthly* 43/11 (1972): 732-47.

Grudem, W. A. "He did not descend into Hell: A Plea for Following Scripture instead of the Apostles' Creed." *JETS* 34/1 (1991): 103-113.

Gunton, C. E. "One Mediator ... the Man Jesus Christ: Reconciliation, Mediation and Life in Community." *Pro Ecclesia* 11/2 (2002): 146-58.

Haemig, M. J. "Martin Luther on Hosea." *Word & World* 28/2 (2008): 169-76.

_____. "Practical Advice on Prayer from Martin Luther." *Word & World* 35/1 (2015): 22-30.

Heron, A. I. C. "Calvin and the Confessions of the Reformation." *HTS Teologiese Studies* 70/1 (2014): 1-5.

Herrin, J. "What caused Iconoclasm?" *Journal of Ecclesiastical History* 65/4 (2014): 857-66.

Horton, M. 『십계명의 랜즈를 통해서 본 삶의 목적과 의미』. *The Law of Perfect Freedom*. 윤석인 역. 서울: 부흥과 개혁사, 2005.

Hugen, M. D. "The Shaping Influence of the Heidelberg Catechism on the Pastoral Care of the Church." *Reformed Review* 55/2 (2001): 133-38.

Hyde, D. R. "The Holy Spirit in the Heidelberg Catechism." *Mid-America Journal of Theology* 17 (2006): 211-37.

Jooste, S. N. and Potgieter, J. C. "The Legacy of Singing Scripture only in the Reformed Churches in South Africa: The Regulating Role of the Word from Heidelberg to Dordrecht." *In die Skriflig* 54/2 (2020): 1-8.

Joubert, J. "Salvation according to the Heidelberg Catechism." *Acta Theologica Suppl* 20 (2014): 99-114.

Klink III, E. W. "Genesis Revealed: Second Adam Christology in the Fourth Gospel." *Bulletin of Ecclesial Theology* 5/1 (2018): 27-41.

Klooster, F. H. "Missions: The Heidelberg Catechism and Calvin." *Calvin Theological Journal* 7/2 (1972): 181-208.

Koffeman, L. J. "Ecclesia Reformata Semper Reformanda: Church Renewal from a Reformed Perspective." *HTS Teologiese Studies* 71/3 (2015): 1-5.

Krause, D. "Keeping It Real: The Image of God in the New Testament." *Interpretation* 59/4 (2005): 358-68.

Krüger, J. J. F. "The Reformed Confessions: Embarrassment or Blessing to a Missionary Church?" *In die Skriflig* 41/4 (2007): 549-70.

Kuyper, A. "Commentary on the Heidelberg Catechism Lord's Day 42(1895)." Trans. by A. Gootjes. *Journal of Markets & Morality* 16/2 (2013): 713-57.

_____. *The Revelation of St. John*. Eugene: Wipf &Stock, 1999.

Labuschagne, K. "A Hermeneutical Reflection on the Resurrection of Jesus Christ in Question and Answer45 of the Heidelberg Catechism." *In die Skriflig* 47/2 (2013): 1-10.

Lampe, P. "Are Humans by Birth as Wicked as the Heidelberg Catechism (3-11) holds?: A Dialogue between Theology and Modern Sciences." *Acta Theologica Suppl* 20 (2014): 74-85.

Leithart, P. J. "At the Table." *First Things* (2021년 6월 30일),

Luther, M. 『대교리 문답』. *Der Große Katechismus*. 최주훈 역. 서울: 복있는 사람, 2017.

_____. 『탁상담화』. *Table Talk*. 이길상 역. 서울: 크리스챤다이제스트, 2005.

Luz, U. *Matthew* 1-7. Hermeneia. Minneapolis: Fortress, 2007.

Mălureanu, A. "The Importance and Significance of Communication and Communion: Conceptual Framework and Theological Perspective." *ApTh* 5 (2019): 199-213.

McCain, P. T. "Luther on the Resurrection: Genesis Lectures, 1535-1546." *Logia* 13/4 (2004): 35-40.

Milton, A. "A Missing Dimension of European Influence on English Protestantism: The Heidelberg Catechism and the Church of England, 1563-1663." *Reformation & Renaissance Review* 20/3 (2018): 235-48.

Minkema, K. P. "Jonathan Edwards and the Heidelberg Catechism." *NGTT* 54/3-4 (2013): 1-11.

Moltmann, J. "The Unity of the Triune God: Comprehensibility of the Trinity and Its Foundation in the History of Salvation." *St Vladimir's Theological Quarterly* 28/3 (1984): 157-71.

Montanari, F. *The Brill Dictionary of Ancient Greek*. Leiden: Brill, 2015.

Mouton, E. "The Heidelberg Catechism on Prayer: Relevance of a 16th Century Confession for 21s Century Households?" *Acta Theologica Suppl* 20 (2014): 174-93.

Mulder Jr., J. "Why More Christians should believe inMary's Immaculate Conception." *Christian Scholar's Review* 41/2 (2012): 117-34.

Novakovic, L. "The Decalogue in the New Testament." *Perspectives in Religious Studies* 35/4 (2008): 373-86.

Oberholzer, J. P. "Die Heidelbergse Kategismus in Sy Eerste Jare." *HTS Teologiese Studies* 45/3 (1989): 598-610.

Olevianus, C. A *Firm Foundation: An Aid to Interpreting the Heidelberg Catechism.* Trans. by L. D. Bierma. Grand Rapids: Bakers, 1995.

Osborne, G. R. *Matthew.* ZECNT. Grand Rapdis: Zondervan, 2010.

Ottati, D. F. "Learning Theological Ethics through the Heidelberg Catechism." *Acta Theologica Suppl* 20 (2014): 139-55.

Paget, M. "Christology and Original Sin: Charles Hodge and Edward Irving compared." *Churchman* 121/3 (2007): 229-48.

Pennington, J. T. "The Kingdom of Heaven in the Gospel of Matthew." *SBJT* 12/1 (2008): 44-51.

Potgieter, P. "A Confident Call to Faith: Rediscovering the Relevance of Christian Catechisms." *In die Skriflig* 47/2 (2013): 1-10.

_____. "Towards a Better Understanding of Forgiveness of Sins in the First Commentaries on the Heidelberg Catechism." *In die Skriflig* 47/2 (2013): 1-6.

Sammons, P. "In My Place Obedient He lived: Imputed Righteousness in Romans 5:18-19." *Master's Seminary Journal* 32/1 (2021): 39-60.

Schulze, L. F. "Calvyn en die Heidelbergse Kategismus." *In die Skriflig* 27/4 (1993): 487-500.

Selderhuis, H. "청교도 설교자 교육을 위한 모델로서 하이델 베르크 신학: 하이델베르크 신학부(1583-1622)." 『신학정론』 38/2

(2020): 115-42.

Sherman, R. "The Catechetical Function of Reformed Hymnody." *Scottish Journal of Theology* 55/1 (2002): 79-99.

Simpson, G. M. "Thinking with Luther about Jesus (aka SweetLips)." *Word & World* 32/4 (2012): 364-72.

Smit, D. J. "Oor die Inhoud en Boodskap van die Heidelbergse Kategismus." *Acta Theologica Suppl* 20 (2014): 50-73.

_____. "Vervreemding en Gawe: Sleutelmotiewe in die Heidelbergse Kategismus?" *NGTT* 54/1-2 (2013): 1-16.

Stiff, A. J. "The Abiding Value of John Calvin's Eucharistic Theology for Disability Theology." *Calvin Theological Journal* 54/1 (2019): 129-45.

Stob, H. "The Heidelberg Catechism in Moral Perspective." *Reformed Journal* 13/8 (1963): 6-9.

Strohm, C. "On the Historical Origins of the Heidelberg Catechism." *Acta Theologica Suppl* 20 (2014): 16-34.

Thompson, B. "The Palatinate Church Order of 1563." *Church History* 23/4 (1954): 339-54.

Toso, P. "Luther's Theology of the Cross in Preaching and as Spiritual Warfare." *Logia* 9/3 (2000): 17-27.

Turner, D. L. *Matthew*. BECNT. Grand Rapids: Baker, 2008.

Ursinus, Z. 『하이델베르크 요리문답해설』. *The Commentary of Dr. Zacharias Ursinus on the Heidelberg Catechism*. 원광연 역. 서울: 크리스챤 다이제스트, 2006(1562).

Ursinus, Z. et als. "Palatinate Church Order 1563." In *Reformation Worship: Liturgies from the Past to the Present*. Edited by J. Gibson. Greensboro: New Growth Press, 2018:

602-642.

Van Alten, E. "From Reformation to Counter-Reformation to Further Reformation: A Picture of the Anti-Roman Background of the Heidelberg Catechism." *In die Skriflig* 47/2 (2013): 1-7.

Van Bruggen, J. 『네덜란드 신앙고백 해설』. *Het Amen der Kerk: De Nederlandse Geloofsbelijdenis Toegelicht*. 김진흥 역. 서울: 성약, 2021.

_____. 『하이델베르크 요리문답 해설』. *Aantekeningen bij de Heidelbergse Catechismus*. 김헌수·성희찬 역. 서울: 성약, 2020.

Van de Beek, A. "... But also Just: Reflections on the Severe God of the Catechism." *Acta Theologica Suppl* 20 (2014): 115-28.

_____. "Mortificatie en Vivificatie in de Heidelbergse Catechismus." *In die Skriflig* 49/1 (2015): 1-8.

_____. "Suffering in the Perspective of God's Governance, Eschatology and God's Council." *In die Skriflig* 48/1 (2014): 1-8.

Van den Belt, H. "Anabaptist Spirituality and the Heidelberg Catechism." In *The Spirituality of the Heidelberg Catechism: Papers of the International Conference on the Heidelberg Catechism Held in Apeldoorn 2013*. Edited by A. Huijgen. Göttinegn: Vandenhoeck & Ruprecht, 2015: 50-61.

Van der Borght, E. A. J. G. "Die Heidelbergse Kategismusen die Kategesemateriaal van die Ned Geref.Kerk: 'N Kerk Historiese Oorsig." *ActaTheologica Suppl* 20 (2014): 261-79.

_____. "The Heidelberg Catechism and the Church." *Acta Theologica Suppl* 20 (2014): 261-79.

Vanderkemp, J. *Heidelberg Catechism*. Volume 2. Trans. by J. M. Harlingen. Grand Rapids: RHB, 1997.

Van der Merwe, J. M. "The Heidelberg Catechism and the Catechesis Material of the Dutch Reformed Church: A Church History Overview." *Acta Theologica Suppl* 20 (2014): 231-49.

Van der Pol, F. "개혁주의 신앙고백, 충분한 활력이 있는가?: 신앙고백서에 관한 질문들." 1994-1995년 "개혁신학의 활력"(De Vitaliteit van de Gereformeerde Theologie)이라는 주제로 개최되었던 개혁주의학회(Gereformeerd Wetenschappelijk Genootschap) 에서 발제한 글.

Van der Walt, S. P. "Geloof en Kennis in die Heidelbergse Kategismus." *In die Skriflig* 47/2 (2013): 1-9.

Van 't Spijker, W. *The Church's Book of Comfort*. Grand Rapids: Reformation Heritage Books, 2009.

Van Vlastuin, W. "The Joy of the Law: A Revisitation ofthe Usus Normativus in the Heidelberg Catechism." *Journal of Reformed Theology* 9 (2015): 166-81.

Van Vliet, J. "우리 악수할까요?" http://reformedjr.com/board0 5_02/442474. 2022년 2월 23일 접속.

_____. "Experiencing Our Only Comfort: A Post-Reformation Refocus in the Heidelberg Catechism." *Puritan Reformed Journal* 6/2 (2014): 149-70.

Van Wyk, G. M. J. "Die Heidelbergse Kategismus oor dieMens as Beeld van God." *In die Skriflig* 47/2 (2013): 1-8.

_____."Mistifikasie en Geloof: Dekonstruksie van Geloofsverstaan in Kategesemateriaal van die Nederduitsch Hervormde Kerk van Afrika." *HTS Teologiese Studies* 73/5 (2017): 153-72.

Van Wyk, I. W. C. "... Conceived by the Holy Spirit and born of the Virgin Mary: The Exposition of the Heidelberg Catechism in the Light of Present-Day Criticism." *HTS Teologiese Studies* 70/1 (2014): 1-9.

Verboom, W. "Vijf Parels in de Heidelbergse Catechismus." *In die Skriflig* 47/2 (2013): 1-8.

Verhey, A. "Prayer and the Moral Life according to the Heidelberg Catechism." *Reformed Review* 48/1 (1994): 26-41.

Vlastuin, W. "The Doctrine of Scripture in the Heidelberg Catechism Revisited: Heidelberg's Relevance for a Postmodern Age." *International Journal of Systematic Theology* 17/1 (2015): 26-45.

_____. "The Joy of the Law: A Revisitation of the Usus Normativus in the Heidelberg Catechism." *Journal of Reformed Theology* 9 (2015): 166-81.

Vorster, J. M. "'N Etiek van Liefde: Die Etiese Perspektiewe van die Heidelbergse Kategismus." *In die Skriflig* 47/2 (2013): 1-9.

Vorster, N. "Reformed Identity revisited: Proposals in the Spirit of Ecclesia Semper Reformanda est." *In die Skriflig* 54/1 (2020): 1-8.

Vosloo, R. "Remembering the Heidelberg Catechism in South Africa Today?: Some Remarks on the Commemoration of a 16th Century Reformed Confession." *Acta Theologica Suppl* 20 (2014): 1-15.

Walton, J. H. et als (ed). 『IVP 성경배경주석』. T*he IVP Background Commentary*. 정옥배 외 역. 서울:IVP, 2010.

Welker, M. "문명전환에 응답하는 신학: Covid-19 유행 상황에서 생각하는 하나님의 영과 인간의 영." 실천신학대학원대학교 주최 세미나 '코로나19와 문명의 전환과 한국교회. 2021년 5월 10일(유투브): 1-11.

_____. "What Profit is the Reign of Christ to Us?: The Heidelberg Catechism and Its Potential for the Future." *Acta Theologica Suppl* 20 (2014): 280-92.

Wethmar, C. J. "Die Gebed: Enkele Gesigspunte in Verbandmet die Aard en die Inhoud van die Christelike Gebed met Besondere Verwysing na die Heidelbergse Kategismus." *Skrif en Kerk* 8/1 (1987): 97-112.

Williamson, G. I. 『하이델베르그 요리문답 해설』. *The Heidelberg Catechism: A Study Guide*. 이길호 역. 서울: 도서출판 베다니, 1995.

Zeze, W. S. D. "The Heidelberg Catechism: A Hidden Creedal Text and Catechetical Manual in the Malawian Reformed Church 1889-2012." *Acta Theologica Suppl* 20 (2014): 250-60.